线上资源获取方法

学生资源

- 慕课视频（读者可进入"广州大学MOOC平台"观看）。
- 本书配套教学案例获取方式：

  第一步，关注"博雅学与练"微信服务号；

  第二步，扫描二维码标签，即可进入资源页面。

  一书一码，相关资源仅供一人使用。

  如在使用过程中遇到技术问题，请发邮件至 em@pup.cn。

战略性绩效管理
请刮开后扫码获取数字资源

本码2029年12月31日前有效

教师资源

欢迎任课教师按照如下步骤获取配套教学课件：

第一步，扫描右侧二维码，关注"北京大学经管书苑"公众号；

第二步，点击菜单栏"在线申请"—"教辅申请"，填写相关信息后点击提交。

21世纪经济与管理规划教材·人力资源管理系列

战略性绩效管理

刘得格 陈卫旗 主 编
朱其权 刘 芳 黄 曼 副主编

STRATEGIC PERFORMANCE MANAGEMENT

北京大学出版社
PEKING UNIVERSITY PRESS

图书在版编目(CIP)数据

战略性绩效管理 / 刘得格,陈卫旗主编. -- 北京:北京大学出版社,2025.1. -- (21世纪经济与管理规划教材). -- ISBN 978-7-301-35643-2

Ⅰ.F272.5

中国国家版本馆 CIP 数据核字第 2024S53S98 号

书　　　名	战略性绩效管理
	ZHANLÜEXING JIXIAO GUANLI
著作责任者	刘得格　陈卫旗　主编
责 任 编 辑	刘冬寒
标 准 书 号	ISBN 978-7-301-35643-2
出 版 发 行	北京大学出版社
地　　　址	北京市海淀区成府路 205 号　100871
网　　　址	http://www.pup.cn
微信公众号	北京大学经管书苑(pupembook)
电 子 邮 箱	编辑部 em@pup.cn　　总编室 zpup@pup.cn
电　　　话	邮购部 010-62752015　发行部 010-62750672　编辑部 010-62752926
印 刷 者	河北博文科技印务有限公司
经 销 者	新华书店
	787 毫米 × 1092 毫米　16 开本　13.75 印张　273 千字
	2025 年 1 月第 1 版　2025 年 1 月第 1 次印刷
定　　　价	42.00 元

未经许可,不得以任何方式复制或抄袭本书之部分或全部内容。
版权所有,侵权必究
举报电话:010-62752024　电子邮箱:fd@pup.cn
图书如有印装质量问题,请与出版部联系,电话:010-62756370

前言

当今世界正处于百年未有之大变局,经济全球化势不可挡,世界经济增长重心发生变化,新一轮科技与产业变革正在催生各种颠覆性科技创新和技术应用,全球经济和产业格局、经济和社会发展模式在新科技浪潮中被重塑。在充满变动性、不确定性、复杂性和模糊性的乌卡(VUCA)时代,企业组织的经营环境发生重大变化,由此战略性绩效管理显得尤为重要。

党的二十大报告强调"全面贯彻党的教育方针,落实立德树人根本任务""坚持为党育人、为国育才"以及"培养德智体美劳全面发展的社会主义建设者和接班人"。本书遵循新时代中国特色社会主义思想,在将思政元素与各章节内容有机融合的同时,系统讲解战略性绩效管理理论、工具和方法,剖析数智时代战略性绩效管理的最新发展趋势,并通过企业组织的绩效管理案例阐释战略性绩效管理理论、工具和方法的实践应用。在此基础上,本书期望为培养德才兼备、引领新时代企业组织高质量发展的高素质人才奠定基础。

本书共分为七章,第一章以战略管理为切入点,把战略性绩效管理纳入战略管理的框架,详细讲解战略性绩效管理的内涵及其与其他人力资源管理模块的关系。第二章主要介绍战略性绩效管理的重要工具,如目标管理、关键绩效指标、目标与关键成果、平衡计分卡。第三章到第六章详细介绍战略性绩效管理四个阶段的内容。第七章剖析数智时代战略性绩效管理的最新前沿、理念和应用思路。本书的特色主要体现在以下三个方面。

第一,立足立德树人这一教育根本任务,将思政元素融入各章节。本书结合战略性绩效管理的知识特点,深入挖掘体现社会主义核心价值观、中华优秀传统文化等的思政元素,并把思政元素融入每个章节。通过这种方式,学生在学习战略性绩效管理的过程中,不仅可以掌握专业知识,还能够形成正确的价值观和道德观。这对于培养全面发展的人才具有重要意义。

第二,理论与实践紧密结合,契合新时代企业组织发展需要。本书在讲解战略性绩效管理理论、工具和方法的同时，通过分析典型案例及实践经验，帮助学生更好地理解和掌握战略性绩效管理的实践应用，促进学生的知识转化，提升其学以致用的能力。

第三，纳入数智时代战略性绩效管理的发展前沿。大数据、人工智能、机器学习等新兴技术的广泛应用改变了传统的绩效管理模式。本书详细介绍这些新兴技术如何改变绩效管理方式，以及如何利用这些技术来提高绩效管理效率，为企业提供一套全新的绩效管理理念和思路。

在编写本书的过程中，编写组每位成员都倾注了各自的智慧和热情。本书的顺利出版离不开编写组成员的共同努力，在付梓之际，感谢每位编写组成员的辛勤劳动和贡献。在编写过程中，编写组参阅了国内外专家的大量著作和研究成果，这些文献不仅为我们提供了宝贵的知识资源，还极大地拓宽了我们的研究视野，在此，向文献作者们表示由衷的敬意和感谢。同时，编写组衷心感谢参与本书出版工作的北京大学出版社有关工作人员，他们在编辑、校对、排版等各个环节中都给予了我们极大的帮助和支持。最后，编写组还要感谢参与校稿的研究生高英慧、何彬、刘晓婷和彭雪等同学，她们在本书的最终定稿阶段付出了辛勤劳动。尽管编写组付出了很大努力，但书中内容难免有所遗漏或不足，敬请各位读者指正，你们的意见和建议将是我们不断改进和提高的动力。

《战略性绩效管理》编写组
广州大学管理学院绩效与薪酬管理教育数智化教研室

第一章　战略性绩效管理概论　/ 001
　　第一节　战略性绩效　/ 002
　　第二节　战略性绩效管理　/ 006
　　第三节　战略性绩效管理与战略性人力资源管理　/ 013

第二章　战略性绩效管理工具　/ 021
　　第一节　目标管理　/ 022
　　第二节　关键绩效指标　/ 027
　　第三节　目标与关键成果　/ 033
　　第四节　平衡计分卡　/ 042

第三章　绩效计划　/ 053
　　第一节　绩效计划概述　/ 054
　　第二节　绩效计划的内容　/ 062
　　第三节　绩效行动方案　/ 087

第四章　绩效监控　/ 091
　　第一节　绩效监控概述　/ 092
　　第二节　绩效沟通　/ 096
　　第三节　绩效辅导　/ 106
　　第四节　绩效信息的收集　/ 115

第五章　绩效评价　/ 123
　　第一节　绩效评价概述　/ 124

第二节　绩效评价过程常见的问题　/ 127

　　第三节　绩效评价方法　/ 134

第六章　绩效反馈与评价结果的应用　/ 149

　　第一节　绩效反馈概述　/ 150

　　第二节　绩效反馈面谈　/ 159

　　第三节　绩效申诉　/ 167

　　第四节　绩效评价结果的应用　/ 171

第七章　数智时代的战略性绩效管理　/ 183

　　第一节　数智时代的企业管理　/ 184

　　第二节　数智时代的绩效管理　/ 190

　　第三节　构建数智化绩效管理体系　/ 198

参考文献　/ 203

第一章 战略性绩效管理概论

本章要点

1. 掌握战略性绩效的概念。
2. 了解绩效管理的发展历程。
3. 掌握战略性绩效管理的内涵和特点。
4. 理解战略性人力资源管理的特征。
5. 掌握战略性绩效管理系统模型的内容。
6. 理解战略性绩效管理和战略性人力资源管理其他模块的关系。

思政元素

中国特色社会主义新时代;百年未有之大变局;高质量发展;系统观;全局观念;经济全球化;公平公正;创新发展;创新意识;科学性;可持续发展;战略性思维;人本管理意识;前瞻意识;法治;树立职业目标、职业理想;合作精神;辩证思维;责任意识和担当精神;集体主义精神。

第一节 战略性绩效

中国特色社会主义发展进入新时代,世界处于百年未有之大变局,两者同步交织、相互激荡。在这个特殊的时代背景下,"变化"与"不确定性"成为时代的标志,乌卡(VUCA[①])时代成为一个高频词,被广泛用于描述当前的商业经营环境。企业在具有乌卡特征的环境中经营业务,有效的战略管理尤为重要。它不仅是企业实现高质量发展的重要前提,更是帮助企业获得竞争优势、实现可持续发展的关键所在。为了实现长期的高质量发展,企业组织战略管理的核心在于:依据确定的企业使命与愿景,在充分分析企业外部环境和内部环境的基础上,制定和选择实现目标的有效战略并将战略付诸实施,在实施过程中进行控制、反馈和改进。战略管理的这一动态管理过程如图1-1所示。

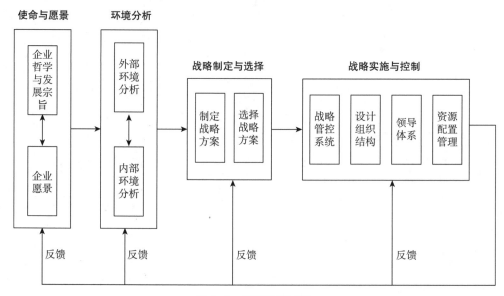

图1-1 战略管理过程

由此可见,在动态的商业竞争中,仅仅制定出企业战略是远远不够的。企业战略是否能发挥作用在很大程度上取决于其是否得到有效执行,而这正是战略性绩效管理的核心。战略性绩效管理关注的是如何在企业组织实施战略的过程中,对企业整体绩效、部门绩效、个人绩效进行有效的计划、监控、评价和反馈,并通过不断改进来提高企业战略性绩效水平,并最终实现战略目标。为此,企业组织必须甄别与战略目标关联、促进企业组织实现战略目标的战略性绩效。只有这样,企业才可能在激烈的商

---

① VUCA指变动性(volatility)、不确定性(uncertainty)、复杂性(complexity)、模糊性(ambiguity)。

业竞争中立于不败之地。一般来说，企业管理实践者和研究者对绩效概念的理解持有三种典型的观点，即结果观、行为观和综合观。

第一种观点认为，绩效是工作结果或产出（结果观）。根据结果观，个人绩效主要通过完成任务、达成目标以及取得实质性的工作成果来加以衡量和评估。结果观在许多企业组织的绩效管理中占据主导地位，因为结果直接反映员工的工作效率及其对组织的贡献。

第二种观点认为，绩效是行为（行为观）。随着对绩效概念认识的不断扩展和深入，将绩效等同于结果或产出的观点逐渐暴露出一些问题。其一，并非所有的绩效结果都完全由个体的努力和行为所决定，而是常常受到外部环境等个体无法控制的因素的影响。其二，管理者如果仅仅关注绩效结果，那么可能会忽略个体在完成工作任务过程中的具体行为和表现，使管理者无法及时获取个体全面的信息，从而不能有效进行反馈和指导。因此，行为观逐渐流行起来，在这一观点中，个人绩效与员工在工作中展现出的态度、努力程度等密切相关，强调关注员工在工作过程中表现出的行为。

第三种观点则认为，绩效是行为和结果的统一体（综合观）。这意味着绩效的评估需要综合考虑员工的行为和工作产出。综合观不仅关注任务的完成情况，还关注员工在达成目标过程中展现出的行为特征。

如表1-1所示，结果观和行为观都各有局限性。一方面，将绩效仅仅定义为工作结果或产出的观点可能忽略了员工在达成目标过程中所采用的方法和工作过程的质量。另一方面，结果观可能过度强调短期成果，而忽略长期战略目标；同时，将绩效视为行为或态度可能导致评估的主观性增强，有些行为或态度可能难以量化，使得评估缺乏客观性。可见，结果观和行为观都无法全面、准确地描述绩效的内涵。在管理实践中，绩效应该是全面的、多维度的，既考虑工作行为也考虑结果，从而可以帮助管理者更全面地了解员工在工作中的表现。因此，许多学者提出，将个人绩效定义为"行为与结果的统一"更为合适。

表1-1 关于绩效的不同观点及划分

划分	观点描述	评价内容
结果观	• 《韦氏词典》（*Merriam Webster's Dictionary*）将绩效定义为完成某项任务或达成某个目标 • Bemardin & Beatty（1984）认为，绩效是在特定时间范围内，对特定工作职能、活动或行为产出的结果记录 • Kane（1996）指出，绩效是一个人留下的东西，这种东西与目的相对独立而存在	结果/产出

(续表)

划分	观点描述	评价内容
行为观	• 《牛津词典》（*Oxford Dictionary*）将绩效解释为执行或完成一项活动、任务或职能的行为或过程 • Katz & Kahn（1987）把绩效分为三个方面：加入组织并留在组织中；达到或超过组织对员工所规定的绩效标准；自发地参加员工职责之外的活动，如与其他成员合作、保护组织免受伤害、为组织的发展提供建议、自我发展等 • Campbell et al.（1990）提出的工作绩效理论将工作绩效定义为：员工所控制的与组织目标有关的行为 • Murphy（1990）指出，绩效是与一个人在其中工作的组织或组织单元的目标有关的一组行为 • Borman & Motowidlo（1993）提出"关系绩效—任务绩效"二维模型。关系绩效指自发的行为或与非特定的工作熟练有关的行为；任务绩效指所规定的行为或与特定的工作熟练有关的行为	行为/态度
综合观	• Brumbrach（1988）认为绩效指行为和结果。行为由从事工作的人表现出来，人又将工作任务付诸实施。行为不仅仅是结果的工具，行为本身也是结果，是为完成工作任务所付出的脑力和体力的结果，并且能与结果分开进行判断 • Olian & Rynes（1995）指出行为能够且应当是任何绩效定义中的一部分，正如结果或成果在理论上能够与行为相关联 • Otley（1999）指出，绩效是工作的过程及其达到的结果 • Mwita（2000）认为，绩效是一个综合的概念，它应包含行为、产出和结果三个因素 • 彭剑锋（2011）认为，绩效是具备一定素质的人通过符合组织要求的行为达成的效果和效率 • 董克用和李超平（2015）认为，绩效是指员工在工作过程中表现出来的、与组织目标相关的、能够被评价的工作行为与结果	行为+结果

资料来源：方振邦和杨畅（2019）。

注：表中提到的参考文献信息请查阅方振邦和杨畅（2019）。

上述观点为我们理解什么是绩效提供了深入的见解，不过，实践者和研究者对绩效的探讨不仅仅局限于上述三种典型观点。随着管理实践的不断拓展和理论研究的逐渐深入，人们对绩效概念的认识也不断深入。目前，"绩效是一个多维构念"这一观点已经被普遍接受。其核心思想是，对绩效执行主体绩效的评价不应该仅仅依赖于单一的维度，而应该考虑多个方面，必要时使用多种考察方法。这要求企业组织必须突破对绩效的狭隘理解，从多维度理解助推企业实现高质量发展的战略性绩效。由此可见，管理者在进行绩效评价时，不仅应该关注绩效执行主体的工作成果和完成的任务，还应该考虑绩效执行主体在这一过程中展现的工作行为和态度，以全面了解绩效执行主体在工作中的表现。企业组织根据自身特点，从多维度准确理解绩效的内涵并对绩效执行主体做出全面的评价，是推动企业组织实现高质量发展的重要切入点。

综合众多学者的观点，本书认为，战略性绩效是指以推动企业组织高质量发展为导向，以实现战略目标为目的而体现在企业不同层级的绩效执行主体的工作行为及其结果。战略性绩效是各绩效执行主体为实现战略目标而做出的履职表现和工作任务完成情况。需要强调的是，无论从哪种角度理解战略性绩效，它都应该是可以被理解、被衡量和被控制的；否则，战略性绩效这一概念对组织就没有任何价值和意义。

根据上述对战略性绩效的界定，理解战略性绩效的概念可以从以下几个方面考虑：

（1）绩效必须以实现战略目标为目的，并与组织战略目标的要求保持一致。组织的绩效和目标应该与其制定的战略方向相匹配，确保绩效及其目标实现符合组织整体战略的要求。不同组织的战略选择和战略目标存在差异，导致其对绩效关注的领域、目标和指标有较大差异。例如，采用扩张型战略的企业关注的绩效重点是高市场占有率和高销售增长率等；而采用成本领先型战略的企业关注的绩效重点则是高生产效率、低成本等。但是，不管企业选择什么战略，其绩效都是为实现战略目标而服务的。

（2）绩效是有层次的。战略性绩效是一个多层次的概念，它不仅仅局限于对员工个人工作表现的评估，而应涵盖从组织到员工个人的各个层面。通常，我们可以将绩效划分为三个不同的层次：组织绩效、部门绩效和个人绩效。其中，组织绩效是指整个企业组织作为一个整体的表现和发展成果。组织绩效的高低直接关系企业的存亡和发展好坏，是衡量企业是否成功的重要标准。通过对组织绩效的评估，企业可以了解自身在市场上的竞争地位，以及在实现战略目标方面的进展情况。部门绩效是指企业内部各个部门的工作表现和工作成果。每个部门都有特定的职责和目标，通过对其绩效的评估，企业可以了解各部门在实现组织目标过程中的贡献程度。个人绩效是指企业内每个员工的工作表现和工作成果。

（3）各级绩效执行主体为实现战略目标而使工作行为与结果相统一。一方面，单纯地关注工作结果而忽视工作行为往往会导致一系列管理问题。例如，如果一个员工仅仅因最终的业绩指标达标而得到奖励，而不考虑他在工作中是否遵循组织的价值观、是否采取合规的行为方式，那么这可能会鼓励其他员工采取不正当手段来追求业绩，从而对组织文化乃至企业社会责任造成危害。另一方面，如果企业组织只关注员工的工作方式和努力程度，而忽视其最终实现的成果，那么这同样可能会导致组织不能有效达成战略目标。因为，无论员工工作多么努力，如果最终没有为组织带来实际的价值，那么这些努力都将失去意义。这意味着企业组织应当同时关注有助于战略目标实现的工作行为和工作结果。

（4）绩效具有多维性。在绩效管理（performance management，PM）的指标内容体系中，我们可以将绩效分为任务绩效、周边绩效和管理绩效三个主要维度。任务绩效与绩效执行主体的职责（职能）直接相关，主要从工作任务、工作结果的角度对工作的数量、质量、时效性等方面进行评价。周边绩效与对完成工作职责、任务以及对组织运行有影响的支持性工作因素直接相关，涉及工作责任心、团队合作、客户服务等方面。它关注的是绩效执行主体在完成职责过程中如何与他人合作，以及如何提供优质的服务来支持组织的运行。管理绩效与管理者的管理过程直接相关，涉及决策与授权、计划与组织、人员和团队管理等方面，以行为描述的方式进行评价。它关注的是管理者在管理团队过程中的表现，以及如何通过有效的决策、计划和组织来提高团队绩效。此外，除了任务绩效、周边绩效和管理绩效，还存在其他多个维度可以用来评价绩效执行主体的绩效，例如创新绩效、自我管理绩效、客户关系绩效等。不同维度的绩效能够帮助组织更全面地了解绩效执行主体的表现和能力，有助于提供更准确、更全面的绩效反馈和发展支持。

（5）绩效受多种因素的影响。绩效不仅受到员工个人因素的影响，还受到一系列组织内部和外部因素的影响。其中，个人因素主要包括个人的知识、技能、态度和性格等。组织内部因素主要包括组织结构、管理制度、企业文化等，它们直接影响员工的工作态度、工作效率和工作质量，从而影响到绩效。例如，一个良好的组织结构可以提高信息传递的效率，减少沟通成本；一项完善的管理制度可以规范员工的行为，提高其工作效率；一种积极的企业文化可以激发员工的工作热情，提高其工作满意度。组织外部因素主要包括市场竞争、政策法规、社会环境等，它们间接影响组织的运行和发展，从而影响不同绩效执行主体的绩效。例如，激烈的市场竞争可能迫使组织不断优化资源配置，提高运营效率；严格的政策法规可能要求组织调整经营策略，以适应政策环境的变化；不稳定的社会环境可能导致市场需求波动，影响组织的销售业绩。

第二节 战略性绩效管理

一、绩效管理的发展历程

绩效管理从早期的萌芽发展到现在，经历了漫长的酝酿、产生和发展的过程。

（一）出勤考核和成本管理阶段

西方国家（如美国）的绩效管理思想与实践始于18世纪末的工业革命。在蒸汽时代，蒸汽机首次替代手工业，把农民变成了工人，改变了农民的工作方式。工厂要求所有人必须按时上班，不得迟到和早退，由此出现用出勤天数对工人进行考勤管理的方法。以劳动投入时间作为衡量工人产出的主要标准，出勤天数就是工人的业绩。1776年，亚当·斯密（Adam Smith）讨论了专业化原则在制造业中的应用。工厂根据专业化原则对制造业工人的工作表现进行监控，并据此给予相应的奖励。

19世纪早期，出现比"出勤考核"稍复杂的管理方式。被誉为"人事管理之父"的罗伯特·欧文（Robert Owen）在苏格兰的棉纺厂首创绩效评估法。他将工人的工作绩效分为不好、一般、良好和优秀四个等级，并分别用黑、蓝、黄、白四色木块表示。每个工人的工作岗位上方都有一块不同颜色的木块，在一天的工作结束后，主管根据工人一天的表现把相应颜色的木块挂到每个工人的工作岗位上方，并面向过道，让每个人都能看到。部门主管根据工人的表现进行考核，厂长再根据部门主管的表现对其进行考核。当一个工人的绩效改变了，挂在工作间的木块颜色也随之改变，这样员工的绩效变化就一目了然。工人如果感到不满可以越级申诉。欧文的人性化改革措施在当时被奴隶的工人群体中产生巨大的反响，于是工人们的生产积极性大大提高，工厂利润获得较大增长。

1813年，美国军队正式实施业绩评价，这通常被视为正式绩效评估的开始。与欧文使用的"四色木块"不同，陆军上将刘易斯·卡斯（Lewis Cass）向美国陆军部报告时，通过对每位军官的描述，对军官进行个人评级。他在描述军官时使用诸如"一个善良的人""一个被所有人鄙视的无赖"之类的短语。可以说，美国的军队在开发绩效评估技术方面走在了前列，并有了强迫选择、排名和特质评定量表等成果。此时，大多数私营企业仍使用非正式的方法来评估个人绩效并做出后续的行政决策。

后来，工厂对工人的业绩评价逐渐演变为产量评价，即对工人的评价和工人的报酬主要以产量为基础，即他们生产了多少"件"工厂要求的产品。通常，管理层会提供奖金和其他有形奖励，以表彰员工对公司的贡献。此时，业绩评价方法相对粗糙和简单。除了对工人个人的考核，工厂还要从成本角度对整个工厂的成本收益进行核算，即"按本求利"。其绩效管理的重要指标就是成本，例如每码成本、每磅成本、每公里成本等。19世纪末，随着资本主义市场经济的深入发展，这种事后分析和核算成本的方式及其相应的管理制度逐渐暴露出弊端，不利于资本家进行积极、主动的事前预算和事中控制，不能满足资本家最大限度地控制成本、提高生产率以获取高利润的目的。因此，企业开始用标准成本的执行情况和差异分析结果作为企业业绩的主要衡量指标。

除了工厂采用的出勤考核和成本管理等手段，19世纪末，一些政府机关也开始对公职人员进行大规模的业绩考核。例如，1854—1870年，为了改变由论资排辈的晋升制度导致的公职人员不思进取的工作状态，英国对文官制度进行了改革，重点考核公职人员的才能和日常表现。1887 年美国政府效仿此法，也建立了公职人员的考核制度，每年从德、能、勤、绩四个方面对公职人员进行考核。这一时期对公职人员进行考核的目的是为奖惩和晋升决策提供依据。

（二）绩效考核和财务管理阶段

19 世纪末、20 世纪初开始流行的绩效考核主要用于军事机构和政府机构，并且出于评价对象规模大、等级结构多、地理位置分散以及有必要为表现最好的人员提供升职机会等原因，此时的业绩和能力评价方法得到推广。

相比于蒸汽时代，电气时代的生产力得到极大提高。各地工厂增多，竞争加剧，摆在工厂主们面前的一个现实问题是：如何最大限度地提高工人们的工作效率以赚取更高的利润？20 世纪早期，以弗雷德里克·W. 泰勒（Frederick W. Taylor）为代表的科学管理学派秉承亚当·斯密的"经济人"观点和大卫·李嘉图（David Ricardo）的"群氓假设"，对如何提高工人的工作效率开展一系列研究。泰勒的科学管理理论主张：① 工作要进行标准化管理（如工具标准化、操作标准化、劳动动作标准化、劳动环境标准化等），把复杂的生产制造工作分解成若干简单的、重复的单项工作；② 为了提高劳动生产率，必须为工作挑选一流工人；③ 工厂只需考核工人的生产结果，并根据考核结果实行差别计件工资制，即按照工人是否完成定额工作量而采用不同的工资率。如果工人能够保质保量地完成定额工作量，就按高工资率付酬，以资鼓励；如果工人的生产没有达到定额工作量，就将全部工作量按低工资率付酬，并予以警告，不改进就要被解雇。

科学管理理论催生了较为系统的组织绩效考评政策与制度。管理者们越来越关注劳动生产率，并相应地使用评级来控制和提高工人的绩效。当时，绩效考评侧重于评价，其目标是为个人绩效进行准确评级。

1914 年，业绩评价在美国工业界的发展始于推销员选拔工作，卡内基梅隆大学的工业心理学家利用特质心理学开发了一个对人的评价系统。工业界希望利用这种评价系统对组织发展做出贡献。1916 年，亨利·法约尔（Henri Fayol）在《工业管理与一般管理》一书中，将掌握对员工的奖罚技巧和对组织的定期检查列入管理者的职责，并认为管理者应该据此对员工进行考核。

20 世纪 20 年代早期，出现了图形评分量表。该量表使用语言和数字"锚"来提高特质评分的准确性。尽管这是绩效考核制度发展的重要一步，但是当时使用的"锚"定义不清（例如，"优秀""好""差"），使评分者对这些"锚"的含义的理解带有各自的主观性。

20世纪30年代后期，随着需求层次理论、人际关系学说、双因素理论、X-Y理论、公平理论和强化理论等员工激励理论的发展，员工的需求、心理及性格被纳入绩效考核的范畴，企业组织开始采用相对定量的方法实施绩效考核，例如行为锁定评定尺度、混合标准尺度、行为观察尺度、关键事件法等。

直到第一次世界大战后，蓝领员工的绩效评价技术才开始广泛应用。第二次世界大战之前的一段时间，企业组织通常使用图形评分量表对员工进行评价，并未把高层管理人员纳入评价对象。衡量管理人员和专业员工绩效的评价体系直到1955年才被广泛使用。到20世纪50年代初，约61%的组织定期使用绩效评价。而第二次世界大战后，这一比例仅为15%。在20世纪50年代的美国和20世纪60年代的欧洲，大约50%—75%的大公司都有自己的绩效评价体系。

从绩效评价的发展来看，由于人力资源管理部门功能薄弱，对绩效评价制度缺乏了解，绩效评价一直被用于行政目的，如保留、解雇、晋升和薪酬管理决策。例如，早在1950年美国国会颁布《绩效评级法》之前，美国联邦政府就以多种形式使用绩效评级系统，从出勤率、应用、习惯和能力等方面对文职人员进行评价，他们的晋升和职级工资的增加完全由评价等级决定。20世纪五六十年代的民权运动引起人们对种族不平等的关注，并促使组织采取更严格的评价方法。1964年的《民权法案》和随后的立法禁止就业实践中的歧视，这些法律上的考虑对组织施加了强大的压力，促使它们在评价格式设计方面开展较多工作，以确保评价基于与工作相关的因素并减轻偏见。例如，当时一种流行的做法是将不同的评价等级与工作行为挂钩，帮助管理者将他们对员工绩效的观察与适当的评价等级相匹配。

彼得·F. 德鲁克（Peter F. Drucker）的目标管理思想就是在这一时期提出的。目标管理强调员工参与目标制定和分解，逐级授权并让员工参与管理，以充分尊重员工意愿并激发其内在动力。目标管理主张将目标作为考核任务完成情况的依据。德鲁克的"目标管理和自我控制"管理思想使目标管理成为一个卓越的管理工具，该思想强调制定明确的目标、评价目标实现情况和绩效反馈的重要性，并将工作成果作为评价目标实现程度的标准，是评价管理工作绩效的最重要的标准之一。

在企业层面的绩效考核方面，从20世纪初开始，随着社会经济和企业经营的发展，出现了同时经营多种业务的综合性企业，也存在多个各自独立的单一经营公司合并创办联合公司的现象。企业面临垂直式综合性企业的多元化经营与市场组合管理，以及如何将资本投向利润最大的经济活动等问题。因此，在企业层面的绩效考核方面，企业逐渐由考核标准成本的执行情况和差异结果分析转向较复杂的财务管理考核，例如，采用投资报酬率、净资产回报率、预算比较和历史比较分析等指标或方法。

1903年，美国杜邦火药公司采用投资报酬率衡量企业整体绩效，并将其发展为一种可评价各部门绩效的工具，从而奠定了以财务指标为主导的绩效评价方式的基础。1920年，杰弗里·钱德勒（Geoffrey Chandler）、托马斯·约翰逊（Thomas Johnson）提出传统财务概念，用现金流量、资产负债、利润率等基本的财务指标衡量以生产为导向的工业时代的企业绩效。20世纪70年代，麦尔尼斯对30家美国跨国公司1971年的绩效进行评估分析后，强调最常用的绩效评价指标为投资报酬率和净资产回报率，其次为预算比较和历史比较。帕森和莱西格对400家跨国公司1979年经营状况进行问卷调查分析，指出绩效评价的财务指标还有销售利润率、每股收益、现金流量和内部报酬率等。

（三）绩效管理阶段

随着经济的全球化，各国企业都面临越来越激烈的市场竞争，为了提高自身的核心竞争力，许多企业都在探索提高生产力和改善组织绩效的方法。研究者和实践者发现，传统财务指标、图形评分量表、行为锁定评定尺度、行为观察尺度等传统绩效考核方法都存在许多不足之处。例如，传统财务指标无法真实反映企业的发展状况；容易受到评价者个人主观因素影响，导致评价偏见等。

到了20世纪70年代后期，学者们在评估绩效考核的限制性因素的基础上，进一步拓展了对绩效的理解，提出了绩效管理概念。80年代初，通用电气前首席执行官杰克·韦尔奇（Jack Welch）提出一种流行的评价方法——强制分布法。通用电气根据员工的相对绩效表现对他们进行分类，其中的一小部分（10%—15%）分别被确定为表现最好和最差的员工，其余大部分被划分为中等水平。公司根据高分组和低分组员工的表现判定哪些人应该升职、哪些人应该被解雇。

尽管强制分布法在被提出以后的三十多年里得到众多企业的认可和推崇，但由于其存在耗时、公平性和准确性等问题，其使用率从2009年的49%下降到2011年的14%——通用电气就是放弃这种评价方法的公司之一。20世纪80年代出现的另一种绩效评价方法是360度反馈法。该方法从平级同事、客户、上司角度对员工进行评价，出发点是那些与员工有不同角色关系的人可以观察到绩效的不同方面。360度反馈法从20世纪80年代开始流行，至今仍被广泛使用。360度反馈法主要用于提供发展性反馈，但如果管理者能恰当地整合和解释不同来源的评价信息，它也可以用于支持决策制定。然而，需要注意的是，与仅用于员工发展相比，该方法用于决策时，其有效性通常会下降。

20世纪七八十年代，企业内部绩效的评价和控制仍然以财务指标为主。自20世纪80年代以来，欧美的一些大公司发现，传统的绩效评价模式产生于工业经济时代，立足于事后评价，关注企业自身状况，重视明确可见的短期绩效，并且以财务指标为主。这种模式对依靠会计信息披露进行投资决策和管理的投资者与分析家来说曾经是有力的工具，但是随着知识经济的兴起，无形资产对企业获取核心竞争优势的作用日益增强，这一典型的"事后评价式"的绩效评价模式暴露出不少缺点，例如不能有效评价知识型员工的贡献等。因此，非常有必要建立一套新的绩效管理体系。1980年以前，研究者和实践者主要关注如何通过开发更好的评分量表、更好的培训计划来提高绩效评价的质量。

总体来说，每个组织中传统绩效管理的细节差异很大，但大多数企业的绩效管理存在一些共同的关键特征：①正式的和定期的，通常与薪酬周期挂钩；②总结性的，评价通常侧重于一段时间内的表现；③可评价的，通常要求评价人员对绩效的质量或可接受性做出判断；④提供详细的绩效反馈；⑤与员工晋升等决策关联。尽管企业在改进传统绩效管理方面做出了巨大努力，但大众对绩效管理的不满仍然普遍存在。例如，人们经常担心绩效管理需要大量的时间和精力，但回报较小；绩效管理提供的反馈缺乏及时性和有用性；绩效管理对组织的效率和成功的贡献不乐观；等等。

尽管存在上述担忧，但绩效管理的思想仍然得到企业的推崇。到20世纪末，绩效管理的应用已经很普遍，绩效管理作为人力资源管理工具的重要性逐渐凸显。一些企业正在创新地使用自我评价制度，特别是对管理人员和高级专业人员的评价。

（四）战略性绩效管理阶段

20世纪90年代，随着企业组织的扁平化和应对竞争的需要，绩效评价演变成更全面的绩效管理过程，企业组织利用一系列更全面的活动对员工行为和结果进行评价，并借此推动绩效提升。常用的绩效管理工具包括跨层级关联目标、期望设置和中期反馈审查等，其中跨层级关联目标通常用于将组织的战略目标与每个员工联系起来。跨层级目标之间的关联将帮助员工了解他们的工作如何与组织的战略和目标保持一致。自此，绩效管理开始明确地与企业战略关联起来。

战略性绩效管理在许多方面是目标管理的一些关键思想的延伸或重新定义。目标管理是一种管理和评价绩效的方法，在20世纪五六十年代发展起来。目标管理有三个主要组成部分：目标设定、参与决策和客观衡量（Rodgers & Hunter, 1991, 1992）。目标管理的关键思想是，主管和下属共同制定新的绩效目标，并就衡量关键绩效目标实现进度的客观指标达成一致。绩效管理通过强调员工个人追求的绩效目标与组织更广泛的战略目标之间的联系来重申这些思想。员工追求的绩效目标是由该员工所在工作组、部门、组织的目标决定的，并与之保持一致。从企业战略出发进行绩效管理回答以下重要问题：如何把公司战略转化为各级绩效执行主体的具体行动？需要解决哪些与战略相关的业务问题？为了实现业务目标，企业组织必须评价哪些指标？为实现业务目标是否需要以及如何针对不同的工作和部门设计不同的绩效管理过程与体系？如何通过制订计划、评价绩效、提供反馈和支持性改进实现绩效持续提升？

关键绩效指标（key performance index, KPI）、平衡计分卡（balanced score card, BSC）、目标与关键成果（objectives and key results, OKR）等战略性绩效管理系统的引入和发展，将组织的战略、运营和个人绩效管理联系起来。个人目标和绩效指标以组织目标为基础，并与组织目标保持一致，最终帮助企业组织实现战略目标。通过将个人目标和绩效指标与组织目标保持一致，组织能够确保每个员工都清楚自己的职责和期望，从而更好地推动组织目标的实现。正因为如此，20世纪90年代以后，战略性绩效管理也成为华为、联想、IBM、联合利华和宝洁等很多国内外知名企业进行绩效管理的主流系统。

二、战略性绩效管理的内涵

（一）战略性绩效管理的概念

战略性绩效管理是管理各级绩效执行主体绩效的综合系统，是管理者确保各级绩效执行主体的工作活动以及工作产出能够与组织目标保持一致的管理系统，是企业赢得竞争优势的中心环节。战略性绩效管理以组织使命、价值观和战略目标为导向，旨在通过制定和实施一系列的绩效计划、监控、评价和反馈措施，促进组织绩效的不断提升和持续改进。战略性绩效管理的重要任务是，在组织战略的指引下对各级绩效执行主体进行科学、全面和系统的计划、实施、监控、评价与反馈，并最终帮助企业组织获得竞争优势，实现可持续发展。其目的是，通过系统性和精细化的管理活动，将组织绩效、部门绩效和个人绩效协同起来，实现各层次绩效的全面提升，最终实现组织的战略目标。

绩效评价、绩效管理与战略性绩效管理在企业组织管理中是经常被提及的概念，它们关系紧密但又有区别。其中，绩效评价是对员工工作表现的定期评价，是绩效管理的重要环节。绩效管理是一个涵盖绩效计划的制订、实施、评价、反馈和激励的较为完整的管理过程。战略性绩效管理是以战略目标为导向的系统性绩效管理方法，它强调将企业的长远目标与员工的个人目标相结合，通过设定明确、可衡量的目标，引导员工向着企业的整体战略方向努力。这种管理方法不仅关注短期业绩，更注重长期的可持续发展。

（二）战略性绩效管理的特点

战略性绩效管理有以下三个特点。

第一，承接组织使命、愿景和战略，并将组织战略转化为各级绩效执行主体的日常行动。为确保组织战略的有效执行，战略性绩效管理的首要任务是确保各级绩效执行主体能够充分理解并承接组织的使命、愿景和战略。在此基础上，建立良好的沟通机制，使上下级绩效执行主体清晰地认识到组织的目标和方向，将组织战略转化为具体的行动计划，并将其分解为各级绩效执行主体的日常行动。这样，员工在日常工作中就能更好地贯彻组织的战略，为实现组织目标做出贡献。

第二，围绕组织战略目标对各级绩效执行主体进行有效的计划、监控、评价和反馈。具体而言，在战略性绩效管理闭环系统中，管理者应制订详细的工作计划，明确各级绩效执行主体的任务和责任，并设定合理的时间节点。在执行过程中，管理者要密切关注各级绩效执行主体的工作进展，发现问题并及时反馈指导。此外，管理者通过对各级绩效执行主体的工作成果定期进行评价，激励优秀员工，帮助落后员工加以改进，使各级绩效执行主体能够根据反馈调整工作策略，不断提高工作效率。

第三，战略性绩效管理是对组织、部门和个人等各级绩效执行主体的全面协调管理。战略性绩效管理的核心目标是实现组织整体业绩的持续改进，为此管理者应当对各级绩效执行主体进行有效的管理和协调。这包括建立良好的沟通机制，促进各级绩效执行主体之间的协作与合作（如跨部门、跨团队的合作）；提供必要的培训和支持，帮助各级绩效执行主体提升能力水平；建立有效的激励机制，激发各级绩效执行主体的积极性和创造力。通过实施上述措施，管理者可以确保各级绩效执行主体共同努力，推动组织整体绩效的持续提升，从而有助于实现组织的战略目标，提高组织的竞争力和可持续发展能力。

第三节 战略性绩效管理与战略性人力资源管理

战略性绩效管理是战略性人力资源管理体系的核心职能模块，深刻理解战略性人力资源管理及其系统模型的构成为有效理解和运用战略性绩效管理提供了重要基础。

一、战略性人力资源管理

从20世纪70年代末开始，西方国家公司的经营遇到一系列重大变化：政府监管收紧、企业生产率下降、人们日益重视工作—生活平衡、市场竞争日趋激烈。在这种背景下，管理者和研究者逐渐认识到，以记录和保管员工档案、监控员工意见箱和管理员工福利为主要任务的传统人事管理常把员工看作"成本"，并不能有效满足公司战略规划与管理的需要，也不能帮助企业有效适应日益严峻的经营环境。因此，管理者和研究者开始强调人力资源管理应该成为组织生存与发展的潜在主要力量,而不应简单地把员工视为"成本"。

Devanna et al.（1981）从战略、管理和操作三个层面深刻分析了组织战略与人力资源管理活动的关系。Devanna et al.（1981）的研究标志着战略性人力资源管理的开端,也被视为开启战略性人力资源管理的标志性成果。资源基础观（resource-based view）（Barney, 1991）的提出更为战略性人力资源的发展提供了有力的理论支持。自20世纪80年代初以来,管理者和研究者开始强调在商业战略与人力资源战略之间维持紧密联系的重要性,并强调在人力资源政策和实践中建立纵向与横向一致性十分重要,主张用科学的人力资源管理方法取代传统的人事管理。战略性人力资源管理在企业发展中的地位不断提升,其影响也不断扩大。

自管理者和研究者把关注焦点从传统人事管理转向战略性人力资源管理以来,针对战略性人力资源管理对企业的贡献,学术界开展了大量研究,这些研究成果可以被划分为最佳实践观点（best practice perspective）、权变观点（contingency perspective）和结构观点（configurational perspective）几类（刘得格等,2009）。

最佳实践观点认为存在既定的可以帮助企业取得竞争优势的人力资源管理实践活动,而这些人力资源管理实践活动与组织绩效有直接的正向关系。当这些实践活动制度化后或者被认为最佳时,企业组织不必特别考虑产品市场、经营目标和组织外部环境等就可以取得竞争优势,其核心是强调一些人力资源管理实践活动对企业绩效具有普遍的促进作用,因此这种模式也可以称为"普遍模式"。

随着研究的发展,最佳实践观点开始受到一些学者的挑战,因为最佳实践具有普遍性,由此很多企业能够相互模仿,而这与资源基础观是不一致的。资源基础观认为企业的持续竞争优势来自企业内部独特的、不易被模仿的、稀缺的资源以及企业运用这些资源的能力。还有一些学者认为最佳实践有适用情景,只有人力资源管理实践和企业战略以及企业内外部环境等其他因素相适应,企业才会获得高绩效。由此,学者们提出权变观点。

权变观点认为人力资源管理实践和企业绩效的关系受到组织战略等权变因素的影响,人力资源管理只有结合企业战略、组织发展阶段和组织文化等因素,才能有效达成组织目标。显然,权变观点比最佳实践观点复杂,因为权变观点包含了人力资源管理实践与其他因素之间的相互作用。

而结构观点认为上述两种观点都在一定程度上简化了人力资源管理系统的复杂性。人力资源管理实践活动只有整合成为一个有效的、有路径依赖的系统,才能对企业维持长久的竞争优势有帮助。结构观点在一定程度上体现了人力资源管理系统的内部结构特性。结构观点首先强调通过人力资源管理实践之间的相互补充和支持形成有效的人力资源管理系统结构,以实现最优的内部匹配。然后,把这些人力资源管理系统和相应的战略形态结构结合起来以实现最大的外部一致性,从而实现人力资源管理活动的内外部匹配。张正堂教授又将结构观点分为最佳系统的结构观点、权变的结构观点和完全的结构观点。显然,结构观点比前两个观点更复杂。至今,从结构观点的角度入手,研究者已经构建出多种类型的人力资源管理系统,如承诺型、控制型、内部发展型、市场导向型、利诱型、投资型、参与型、积累型和协助型等人力资源管理系统。

目前,战略性人力资源管理已经历四十余年的发展,研究者和管理者对战略性人力资源管理逐渐形成了共识。

首先,战略性人力资源管理把各项职能活动(如招募与配置、培训与开发、绩效管理及薪酬管理)与战略管理过程紧密地联系起来,并与组织战略保持动态协同。当组织外部环境(如经济环境、政治环境、文化环境或技术环境等)变化时,人力资源管理战略及其活动需要依据组织战略做出适应性调整,并通过发挥战略伙伴的作用帮助组织实现战略目标。从这方面来看,战略性是战略性人力资源管理的本质特征。

其次,人力资源管理各项职能活动相互协调,组成战略性人力资源管理系统。人力资源管理各模块之间的关系密不可分、相互衔接、相互作用、相互影响,形成一个整体系统。战略性人力资源管理包含若干子系统,各自负责不同的人力资源管理方面,如绩效管理系统、薪酬管理系统等。同时,战略性人力资源管理系统又处于组织这个大系统中,与整个组织的运作密切相关,为组织的整体目标和战略服务。战略性人力资源管理的系统性特征注重系统内各个要素之间的协同作用,以实现整个系统的最优化运作。

再次,战略性人力资源管理强调战略匹配性。战略匹配性包括纵向匹配和横向匹配。纵向匹配强调帮助组织获取竞争优势的人力资源配置能够与组织战略垂直匹配,以确保人力资源管理活动与组织的经营战略及战略性需求相匹配。例如,人力资源具体的实践活动与人力资源规划的匹配;个体目标与组织目标的匹配。横向匹配强调人力资源管理活动和政策,以及组织内部其他各种活动(如组织结构、组织文化、研发活动等)之间的水平匹配。

最后,战略性人力资源管理应当保持动态灵活性。在乌卡时代,组织的内外部环境不断变化,充满不确定性,战略性人力资源管理对组织内外环境的适应性和自身的灵活性非常重要。这就要求战略性人力资源管理实践与组织的内外部环境保持持续的动态适应。因此,组织需要不断增强战略性人力资源管理的战略弹性,进而为提升组织的动态适应能力做出贡献。

二、战略性人力资源管理系统模型

组织使命、愿景和战略是构建高效战略性人力资源管理系统的重要基础，战略性人力资源管理系统承接并服务于组织使命、愿景及战略（如图1-2所示）。战略性人力资源管理系统模型将人力资源管理活动和组织的战略目标紧密结合起来，并把人力资源战略的制定和规划、人力资源管理各项活动视为推动组织战略目标实现的关键要素。战略性人力资源管理系统模型明确了人力资源管理的主要职能及其关系，有助于组织更好地理解人力资源管理的本质和重要性，并为人力资源管理提供更加科学和系统的方法和工具。

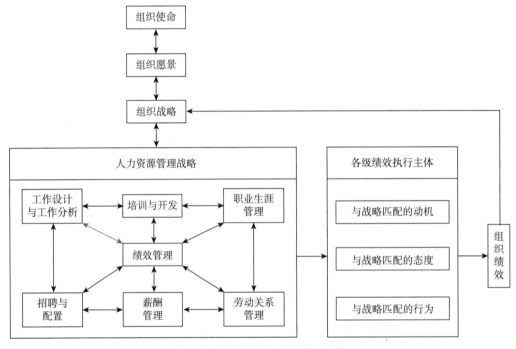

图1-2　战略性人力资源管理系统

三、战略性绩效管理和其他战略性人力资源管理模块的关系

战略性绩效管理不仅是战略性人力资源管理系统的核心要素，还与其他职能活动存在密切的关系。通过与其他职能活动的紧密结合，战略性绩效管理可以促使战略性人力资源管理系统的各个方面相互协调，共同推动组织战略目标的实现。

（一）战略性绩效管理和工作设计与工作分析的关系

工作设计（job design）是根据组织的需要对工作环境、任务分配、员工角色与职责以及工作关系的规划和组织。在满足技术和组织要求以及员工个人要求的前提下，工作设计规定了工作的任务和职能、工作方法、完成工作所需技能、知识和能力、不同工作之间的相互关系。工作分析（job analysis）是确定相关工作所要求的工作经验、教育水平、专业资格、技能以及专业知识水平的过程。在工作分析的过程中，需要形成一份重要的文件，即职位说明书。其关注重点是为制定职位描述和工作规范收集信息，工作分析往往在招聘过程开始之前进行，确保职位描述和工作规范结构合适，以获得最佳候选人。两者的区别是，工作分析的目的是对工作进行概况描述，而工作设计则是进一步确定员工需要完成的实际任务和具体工作内容，以实现组织目标。

战略性绩效管理同工作设计与工作分析的关系体现在以下两个方面。第一，工作设计和工作分析的输出是制定战略性绩效管理系统的关键基础。战略性绩效管理系统中绩效评价的内容必须与工作内容密切相关，绩效评价标准必须确保客观公正，从这方面来说，工作设计与工作分析提高了绩效评价的科学性和有效性。第二，战略性绩效管理的结果也为工作设计与工作分析的有效实施提供了反馈。战略性绩效管理可以反映工作设计中存在的问题，检验工作设计合理与否。例如，如果企业将一项需要高度创造力和分析能力的工作安排给一名员工，但该员工的实际能力和技能水平并不足以胜任这项工作，就应该考虑到可能是工作设计存在问题。因此，企业需要重新检查工作设计与工作分析的有效性。

（二）战略性绩效管理和招募与配置的关系

招募与配置是指组织为实现组织目标所做的发现和吸引潜在员工，并运用甄选工具和手段对求职者进行鉴别与考察，最终挑选出组织所需员工的过程。招募与配置的质量直接影响组织绩效管理的成本和效率。如果招募与配置的质量高，则录用的优秀人才将大大提高组织效率，进而有效降低绩效管理成本。同时，战略性绩效管理也为检验组织招募与配置工作的有效性提供了重要参考依据。战略性绩效管理的结果分析可以识别出员工绩效差的原因，如果原因来自招募与配置环节，企业就需要重新设计招募与配置的方法和程序，以提高招募与配置的有效性。

（三）战略性绩效管理和职业生涯管理的关系

职业生涯管理（career management）是指组织与员工一起对员工个人的职业生涯发展进行职业规划、发展和管理的过程。它通过职业生涯设计、规划、执行、评价和反馈等一系列的活动和决策，旨在实现个人职业目标、提升职业素养和发展职业技能，并最终帮助组织实现战略目标。有效的绩效管理对员工职业生涯的发展具有积极的推动作用。通过绩效管理，组织和员工既可以明确员工自身的绩效情况，也可以发现员工在能力等方面的不足，这意味着员工个人的发展需要提升。通过绩效管理，员工可以了解自身的优势和不足，有助于员工设定目标，并采取措施来实施职业发展计划。因而有效的绩效管理不仅有助于组织的整体发展，也为员工个人的职业发展提供支持，将员工的个人发展规划与组织的整体人力资源规划相结合，确保员工的发展方向与组织的战略目标一致，使两者相互促进、相互支持，从而推动整个组织中员工能力的提升和组织整体目标的实现。

（四）战略性绩效管理和薪酬管理的关系

薪酬管理（compensation management）是组织在综合考虑各种内外部因素影响的情况下，结合员工的实际情况来确定他们的薪酬体系、薪酬水平、薪酬结构、薪酬形式以及薪酬总额等薪酬决策的过程。战略性绩效管理与薪酬管理相互联系、相互作用、相辅相成。越来越多的企业将绩效与薪酬挂钩，以调动员工的工作积极性。例如，制定薪酬的 3P 模型就是从岗位（position）、个人（person）和绩效（performance）三方面确定薪酬。从这方面来看，绩效是决定薪酬的重要因素。因此，绩效管理的效果直接影响薪酬管理的有效性、公平性和科学性。

（五）战略性绩效管理和培训与开发的关系

培训与开发（training & development）是组织为员工提供学习和发展机会，以提升其职业能力、知识的过程。它旨在满足员工的学习需求、提高绩效、促进职业发展，并支持组织战略目标的实现。战略性绩效管理的结果为培训与开发的需求分析、培训计划制订等活动提供重要信息，管理者往往需要根据员工的绩效现状，结合员工个人的发展愿望，与员工共同制订绩效改善计划和未来发展计划。相反，培训与开发也会影响绩效计划沟通、绩效实施等战略性绩效管理活动。

（六）战略性绩效管理和劳动关系管理的关系

劳动关系是指组织与员工之间建立、发展和维护的一种关系。劳动关系管理（labor relations management）涉及处理员工与雇主之间的权利、责任和利益关系以及可能出现的劳动争议，以确保公平、和谐和有效的劳动关系。劳动关系管理有助于建立和谐的劳动关系，提高员工的满意度和忠诚度，提高生产效率和组织绩效。和谐的劳动关系则有利于绩效管理的推行和实施。有效的绩效管理可以加强管理者与员工之间的沟通和理解，有效避免或缓和矛盾与冲突，确保员工的合法利益得到保护，促使劳动关系更加和谐。

四、战略性绩效管理系统模型

由于每个组织面临的外部环境不同，组织发展战略及其战略目标有所差异，因此每个组织的战略性绩效管理实践活动有所差异。尽管如此，不同组织的战略性绩效管理系统模型都涉及绩效管理工具、绩效管理过程和绩效管理内容三个方面。这三个方面都受到组织使命、愿景和战略的影响，并服务于组织使命、愿景和战略。其中，常用的绩效管理工具包括目标管理、关键绩效指标、平衡计分卡、目标与关键成果。绩效管理过程由四个重要阶段组成，即绩效规划阶段、绩效执行阶段、绩效评价阶段、结果应用与改进阶段。绩效管理内容则体现在绩效管理的每个阶段之中（如图1-3所示）。

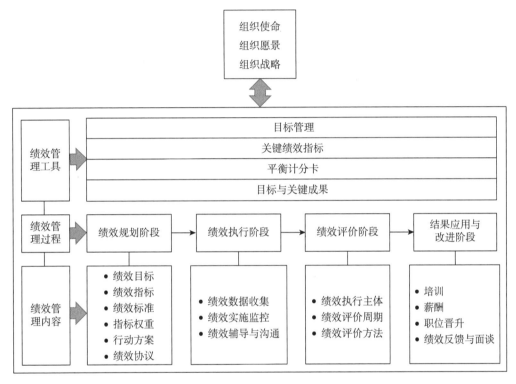

图1-3 战略性绩效管理系统模型

在绩效规划阶段，组织需要设定明确的目标和绩效指标。这些目标和指标应当与组织的整体战略一致，并且能够衡量组织在实现战略目标方面的进展。为了确保目标的实现，组织还需要制订相应的行动方案（包括资源分配方案）。在绩效执行阶段，组织需要实施与这些目标一致的策略，并监控各个指标的绩效进展。这包括对组织内部各项工作进行监督和管理，以确保各项任务按计划顺利进行；同时，组织还需要关注外部环境的变化，及时调整策略以适应市场的需求。在绩效评价阶段，组织需要使用合适的评价方法对绩效执行主体的绩效进行评价。通过对绩效执行主体的绩效进行评价，组织可以了解其在实现目标方面的进展情况，以及存在的问题和不足之处。结果应用与改进阶段涉及绩效结果的应用，以及在分析数据的基础上做出必要的调整以改善绩效。

思考题

1. 谈谈你对战略性绩效的理解。
2. 简述绩效管理的发展历程。
3. 如何理解战略性绩效管理?它有何特性?
4. 战略性绩效管理、绩效管理和绩效评价的联系与区别是什么?
5. 谈谈你对战略性人力资源管理系统模型和战略性绩效管理系统模型的认识。
6. 战略性绩效管理与战略性人力资源管理体系的其他模块有何关系?

战略性绩效管理工具

本章要点

1. 理解目标管理的含义、特点和实施步骤。
2. 掌握关键绩效指标的内涵、实施步骤及其评价。
3. 掌握目标与关键成果的内涵、特征和设计思路。
4. 掌握平衡计分卡的基本内容和实施步骤。

思政元素

中国优秀的传统文化;以人为本,以德为先,人为为人;无为而治,君无为,臣有为;公平竞争;团结和谐;自我超越;民主参与、民主协商、民主决策;积极性、主动性、创造性;承诺、自觉、自治;自我控制;责任意识;重点论,抓住关键少数,把控总体;矛盾的主要方面;一分部署,九分落实;以目标倒逼责任,以时限倒逼进度;善用"分解法",分段分类抓落实;全局观念和系统思维;团队合作;和谐发展。

第一节　目标管理

一、目标管理产生的背景

在第二次世界大战之后，各国经济逐渐恢复并蓬勃发展，各国企业也迎来良好的经营和发展环境。然而，到了20世纪50年代，西方国家的企业开始面临一系列问题，如机构臃肿、管理组织僵化以及效率低下。为了提高竞争力，在竞争激烈的市场中保持领先地位，这些企业急需寻找新的策略来激发员工的积极性。

为了适应生产力发展的要求，在泰勒的科学管理理论、法约尔的一般管理理论、韦伯的行政管理理论和人际关系学派理论的基础上，德鲁克1954年在其著作《管理实践》中首次提出目标管理（management by objectives，MBO）的思想。德鲁克深刻地分析了当时管理学界的两大流派：古典管理学派和行为科学派。他指出，古典管理学派过于关注工作本身，忽略人的社会需求；而行为科学派则过分强调人的因素，却忽视工作的实际需求。德鲁克提出的目标管理理论融合这两大流派的优点，不仅关注工作的效率和成果，同时也重视员工的个人发展和满足其社会需求。目标管理的核心在于，组织的最终目的不仅仅是完成工作任务，而是要通过设定明确的目标来激发员工的工作热情，进而实现工作和人的需求的统一。德鲁克认为，目标不应仅仅是工作的附属品，更应该是工作的基础。只有当企业的使命和任务被转化为具体、可衡量的目标，员工才能明确自己的工作方向和职责。如果一个组织在某个领域没有目标，那么这个领域的工作必然会被忽视，从而影响整个组织的绩效。

目标管理的基本思想是，通过设定和实现目标来驱动人、激发人的潜力。用民主代替集权，以沟通代替命令，让组织成员充分、切实地参与决策，这会增强组织成员的自我控制力，发挥管理者和员工在目标设定中的积极作用，使他们在目标实现过程中投入更多的努力和精力，并且对自己行为的成功或失败负责。

目标管理是一种战略性绩效管理工具和管理方法，旨在通过明确定义管理者和员工都同意的目标来提高组织绩效。根据该理论，在目标设定和行动计划中拥有发言权可以鼓励员工的参与和承诺，并使整个组织的目标保持一致。在实施目标管理的过程中，组织的上下级共同参与协商，明确特定时期内的组织总目标。这些目标的制定基于组织的使命，并作为确定上下级职责和分目标的依据。同时，这些目标也用作组织绩效考核以及评估每个部门和个人对组织贡献的标准。

德鲁克的"目标管理和自我控制"理念极大地推动了目标管理成为一个卓越的管理工具。目标管理被提出以后，很快被来自美国、欧洲国家和日本的众多企业采用，如英特尔、丰田等，风靡一时。目标管理在 20 世纪 80 年代被引入我国，同样受到众多企业的欢迎，例如 TCL、蒙牛、海尔等知名企业都曾用过目标管理。

二、目标管理的特点

目标管理作为组织目标实现的有效方法，有其比较鲜明的特点。

（一）强调目标和目标体系

目标管理是一种以目标为核心的管理方法，它通过将组织的整体目标逐级分解为各个部门和每个员工的分目标，使所有活动都围绕整体目标展开。这些分目标方向一致、紧密相扣，形成一个协调统一的目标体系。上下级之间对目标有共同的理解和认知，使得组织成员能够齐心协力地实现组织目标。预先设定的目标不仅是工作推进的指导原则，也是评估工作成果的客观标准。每个个体都致力于充分发挥自身潜力，完成个人分目标，从而推动整个组织朝着既定目标迈进。这种协同努力确保了组织整体目标的实现。

（二）强调权、责、利的明确

目标管理注重组织内上下级共同参与制定整体目标的过程，并将每个个体的预期成果与其主要职责明确相联系。与此同时，目标管理赋予目标责任人相应的权限，并明确针对其工作成果的奖惩办法，从而使权、责、利之间的关系更加清晰。这种管理方式有助于避免传统企业组织结构中可能出现的信息传递漏洞，并在维持有效控制的前提下激发组织内部的活力。通过目标管理，组织能够更加精准地激励和引导个体，确保每个成员的努力都有助于整体目标的实现，促使组织更灵活、更高效地运转。

（三）强调参与管理

德鲁克认为，目标管理是一种程序或过程，它使组织中的上下级一起协商，根据组织的使命确定一定时期内组织的整体目标，由此决定上下级的责任和分目标，并把这些分目标作为组织经营、评估和奖惩的标准。这一方法突破了传统的金字塔式组织结构和部门壁垒，通过让员工参与目标制定，营造了一种上级对下级的信任和重视的氛围。这种管理方式激发了组织成员的积极性，增强了员工的参与感和责任感。同时，它使整个组织更加灵活，促进了团队的协同合作。

（四）强调自我控制

目标管理作为一种注重民主参与的管理方法，致力于将个体需求与组织目标有机结合，通过设定和实现目标来驱动与激发人的潜力。这种方法倡导自我控制的管理方式，代替传统的命令式管理，使得组织成员更加主动参与和投入工作。在目标管理的过程中，组织成员可以在工作中发挥自己的聪明才智和创造力，为实现组织目标做出贡献。

三、目标管理的实施步骤

从程序上看，目标管理的实施过程一般分为三个阶段：目标设定、目标执行、目标成果评价。

（一）目标设定

目标设定是目标管理中至关重要的步骤，也是关键环节。这个过程涉及确定组织总目标、分解总目标以及协调整个目标体系。目标管理特别强调下级在目标制定过程中的积极参与，通过上下级的平等协商和充分沟通，确保目标设定的合理性。

在绩效目标的设定过程中，组织最高层管理者首先明确组织的使命、愿景和战略目标，随后通过目标逐级分解的方式将总目标传递至具体的各个员工（如图2-1所示）。每个员工与上级进行协商，共同设定个人绩效目标。个人绩效目标的完成代表了他们对于实现组织战略目标最有帮助的绩效产出。确定好目标之后，还需要设定目标达成的时间节点。例如，销售额在第一季度末达到400万元。这里的第一季度末就是一个销售额目标实现的时间节点。

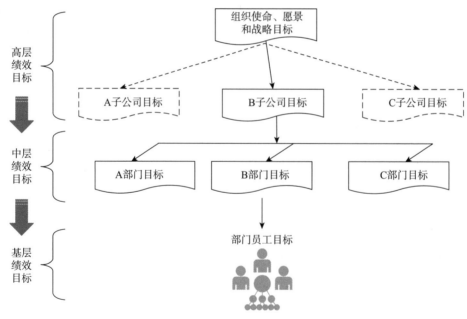

图2-1　组织目标结构和目标分解

（二）目标执行

目标管理强调自我控制，但绝不是放弃管理控制。在设定目标之后，上下级就需要按照目标制订执行计划，并对目标的实现进行监控，保证目标按预期计划执行。在目标执行过程中，尽管目标管理主张组织成员自我控制，但仍然需要上级对下级给予协助。

首先，适当授权。授权意味着赋予下级决定权，使他们在目标执行过程中具有自主性和责任感。通过授权，可以促进执行者实现"自我控制与调节"，提高他们的自主管理能力，从而更好地实现目标。

其次，给予下级支援和协调。在实施目标管理的过程中，上级应根据下级完成目标所需提供人力、物力等方面的支持。此外，如果下级需要其他部门的协助来完成所设定的目标，上级应负责进行"横向联系"，协调各部门间的团队合作，共同实现目标。

最后，适时沟通。目标管理要求执行者自主推动工作，但这并不意味着上级完全不干预。为确保目标的顺利实现，上级应适时与下级沟通，了解下级的目标完成情况，并提供必要的指导和支持。

（三）目标成果评价

目标成果评价是指目标实现之后，管理者将实际实现的目标与预先设定的目标进行比较，评估目标实现情况的过程。其目的是让执行者能够找出未能达到目标或实际超出预期目标的原因，从而帮助管理者做出合理的决策。例如，为下一个周期的目标设定做准备；给予表现优秀的员工奖励、表彰，给予表现差的员工批评、惩罚。

四、对目标管理的评价

20 世纪 50—70 年代，目标管理作为一种系统性管理方法，在西方管理学界和企业管理实践中产生重要影响。目标管理在 20 世纪 80 年代被引入我国之后，受到 TCL、蒙牛、海尔等众多知名企业的欢迎。其中一个重要的原因是，目标管理中蕴含的一些思想与中华文化的思想元素是相通的。例如，儒家文化"以人为本、以德为先、人为为人"的思想和目标管理"有责任心的人"假设（也称"人性假设"）的基本思想具有一致性；道家文化"无为而治"的思想也和目标管理"自我控制"的思想相通，自我控制主张通过员工自我管理实现组织目标，道家文化主张"君无为、臣有为"，通过"臣有为"实现国家善治。中国企业融合西方目标管理思想和中华文化，形成了中国式目标管理实践。

虽然目标管理理论得到理论界与实践界的充分肯定，但它仍有不足之处。表 2-1 总结了目标管理的优缺点。

表 2-1 目标管理的优缺点

优点	缺点
• 激发员工内在潜力，提高士气	• 目标管理的人性假设不一定普遍成立
• 增加管理者与员工之间的沟通	• 实施目标管理的成本过高
• 有利于组织目标的实现	• 有些目标难以设定
	• 容易导致短视行为

（一）目标管理的优点

1. 激发员工内在潜力，提高士气

目标管理强调目标管理和自我控制，它鼓励员工在工作中自我控制，通过让下级参与目标设定、上级和下级共同协商确定绩效目标，员工感受到被重视和被尊重，由此激发他们的工作热情和价值感。同时，重视员工激励也是目标管理的一个重要方面，提高员工的向心力和士气，可以进一步提高员工的工作积极性和绩效。

2. 增加管理者与员工之间的沟通

目标管理强调上下级之间的充分沟通，在设定和实现目标的过程中，管理者与员工之间需要频繁地交流、协商和合作。这种沟通方式有助于增进彼此的理解和信任，从而有效地改善人际关系，营造积极向上、和谐共处的组织氛围。

3. 有利于组织目标的实现

目标管理的优势在于通过专门设计的流程，组织中的管理者和员工清晰了解整体目标、结构体系以及个体任务和责任。这种系统性方法不仅有助于管理者厘清思路，更为重要的是为组织建立明确的工作框架，促进协同合作和团队努力，从而有利于高效实现组织既定目标。

（二）目标管理的缺点

1. 目标管理的人性假设不一定普遍成立

目标管理以 Y 理论的人性假设为基础。Y 理论对人性持乐观态度，但实际上人们往往表现出"机会主义"本性，在没有监督的情况下更是如此。因此，目标管理忽视员工的惰性和成熟程度，导致目标管理所期望的承诺、自觉和自治氛围难以形成。

正是基于这个原因，目标管理对组织内员工的素质、知识和技能提出了更高的要求。许多组织在运用目标管理时，通常仅将其局限于中高层管理者或技术人员。

2. 实施目标管理的成本过高

在目标管理的实施过程中，上下级之间需要反复沟通，以确保共同目标的设定和思想的统一。然而，这一过程需要耗费大量的时间和成本。例如，罗伯特·H. 谢弗（Robert H. Schaffer）指出了一个颇具讽刺意味的现象：在许多情况下，目标管理的实施并没有达到预期效果，反而导致一种"纸片风景"的出现。这意味着，组织内部的计划书越来越冗长，相关的文件堆积如山，而本应聚焦的核心问题却变得模糊不清。谢弗进一步指出，由于目标管理中设定了过多的标准，这些标准的质量和效果参差不齐，导致组织在追求这些标准的过程中无法保证一致的高水准。更为严重的是，组织的精力和资源往往被消耗在维护与调整这些机制上，而不是真正关注实现结果和提升绩效。这种情况下，目标管理很容易成为一种"走过场"的形式，失去其原本的意义和价值。此外，目标管理还可能导致每个组织、部门或员工只关注自身目标的完成情况，而忽视相互之间的协作。这种过度关注本位主义可能会引发组织内部合作的不足，进而导致管理成本大幅增加。

3. 有些目标难以设定

在实施目标管理时，组织需要将整体目标分解为具体的、可量化的分目标，以便进行绩效评价。然而，并非所有的工作都容易量化和衡量。例如，团队氛围是一个难以量化的因素，它涉及员工之间的合作、沟通和相互支持等方面。虽然团队氛围对于组织的绩效和发展至关重要，但它很难通过具体的目标来衡量和改进。

4. 容易导致短视行为

目标管理的确会带来一定的压力，因为它强调员工在规定的时间内完成设定的目标。这种压力可能使员工更加注重在评价周期内被过分强调的短期目标，而忽视或牺牲重要但需要更长时间才能实现的长期目标。这种现象可能会对组织的长期利益产生不利影响。如果员工过分关注短期目标而忽视长期目标，可能会导致组织在追求短期效益的同时失去长远发展的竞争力。

总的来说，无论如何，目标管理在管理思想史上仍然具有重要的划时代意义，为现代战略性绩效管理的发展奠定了重要基础。例如，目标管理倡导的员工参与理念已被广泛应用于关键绩效指标的考核方法中。目标与关键成果法也是在目标管理法的基础上发展而来，成为组织在制定、实施和评估目标时的一种有效工具。

第二节 关键绩效指标

一、关键绩效指标的产生背景

1897 年，意大利经济学家维尔弗雷多·帕累托（Vilfredo Pareto）在研究中发现，19 世纪英国人的大部分财富流向了少数人手里。同时，他还从早期的资料中发现，这种现象在其他国家中也存在。1906 年，帕累托提出一个关于意大利社会财富分配情况的著名研究结论：20%的人口掌握了 80%的社会财富。这一结论在大多数国家的社会财富分配中都是适用的。

第二次世界大战结束以后，罗马尼亚裔美国著名质量管理专家约瑟夫·M. 朱兰（Joseph M. Juran）把帕累托的研究结论应用于日本企业的质量管理。在 1951 年出版的《朱兰质量控制手册》中，朱兰首次提出帕累托图，并明确提出了"帕累托定律",又称二八法则。二八法则后来被美国等西方国家的众多企业接受和使用。劳伦斯·J.彼得（Laurence J. Peter）在深入研究美国和日本知名企业如何成功运用二八法则的经营实践时得出两个重要的启示：其一，明确自己企业中20%的重点经营要务是哪些；其二，明确应该采取什么样的措施，以确保20%的重点经营要务取得重大突破。对于管理者来说，二八法则意味着在日常经营管理工作中，不应事无巨细地处理所有事务，而应集中精力，抓住管理的重点，包括关键人员、关键环节、关键岗位和关键项目等。

关键绩效指标（key performance indicator, KPI）是在"二八法则"的基础上发展起来的。它是指将组织战略目标经过层层分解而产生的、可操作的、用于衡量组织战略实施效果的关键性指标体系。其核心思想在于，通过精确识别组织的关键成功领域（key result area, KRA），深入了解推动组织关键成功领域的关键绩效要素（key performance factor, KPF），并根据关键绩效要素有效地提炼和管理关键绩效指标，组织不仅能够确保战略目标的顺利实现，还能够在激烈的市场竞争中构建起坚实的竞争优势，从而在长期中获得持续的成功。其中，关键成功领域是组织为实现战略目标必须做好的几方面工作。关键绩效要素是对关键成功领域的进一步细化和定性描述，为制定关键绩效指标提供基础。组织使命、愿景和战略目标始终是关键成功领域、关键绩效要素和关键绩效指标的着力点，三者之间的关系如图2-2所示。

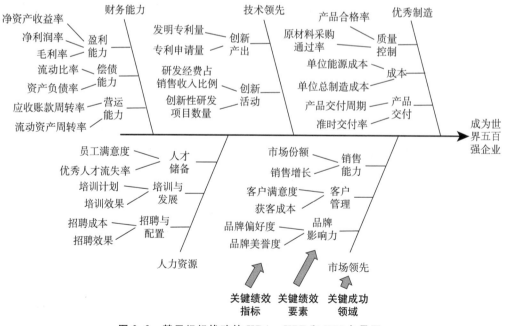

图2-2 基于组织战略的KRA、KPF和KPI鱼骨图

当企业根据使命、愿景和战略目标明确了各级绩效执行主体的关键绩效指标之

后，关键绩效指标体系便形成了（如图 2-3 所示）。关键绩效指标体系是指企业组织建立的用于评价绩效执行主体业绩表现、推动实现组织战略目标的一整套指标体系。通过关键绩效指标体系，企业能够对其运营的各个方面进行监控和评价，确保所有活动都能够支持并推动企业的运营朝着既定的战略目标前进。理解关键绩效指标体系的深层含义，需要从多个重要方面进行全面把握。

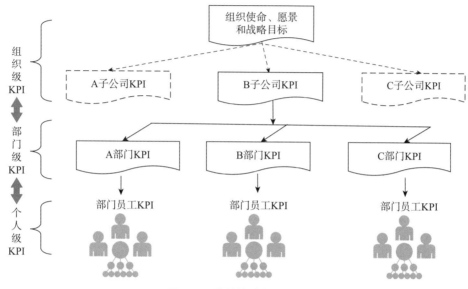

图 2-3　关键绩效指标体系

1. KPI 体现的是对组织战略目标有增值作用的绩效指标

KPI 并非涵盖与组织经营管理相关的所有指标，而是专注于那些对组织绩效发挥关键作用的特定指标。这些指标是连接个人绩效、部门绩效与组织战略目标的重要桥梁。通过 KPI，组织能够将战略目标和业务重点有效贯彻到各个层面，促使管理者能够专注于对绩效驱动影响最大的关键经营活动。KPI 能够引导员工的行为与组织目标相一致，推动组织和员工的绩效持续改进，实现全面提升。

2. KPI 是用于评估员工绩效的可量化和可行为化的考核体系

设计关键绩效指标体系的目的在于构建一种机制，将组织的战略转化为内部流程和活动，从而促使组织获得持续的竞争优势。为了有效衡量战略的实施效果，KPI 必须是可量化和可行为化的。如果无法满足这两个特征，就不符合 KPI 的要求。

3. KPI 是促进基层员工和中高层管理人员就工作期望、表现和未来发展进行沟通的桥梁

KPI 为组织内的绩效沟通奠定坚实基础，成为一种共同的"沟通语言"。这种共同语言不仅传递了组织的价值导向，还能有效激励员工，确保对组织做出积极贡献的

行为得到应有的鼓励。通过这种方式,全体员工能够齐心协力,共同为实现组织的战略目标而努力奋斗。

二、关键绩效指标体系的设计思路

关键绩效指标体系通常采用鱼骨图法进行设计。基本思路是通过对组织战略的深入分析,找出组织关键成功领域(KRA),然后逐层分解并找出推动 KRA 成功的 KPF,最终据此设定各层级的 KPI。在设计关键绩效指标体系时,组织应将战略目标置于绩效管理的核心位置,充分利用 KPI 来推动绩效管理实践,并发挥组织战略的引领作用。通常,建立一个基于 KPI 的完整关键绩效指标体系包括 6 个步骤(如图 2-4 所示)。其中,前五步聚焦于设定组织的 KPI,这是构建关键绩效指标体系的核心和基础所在。

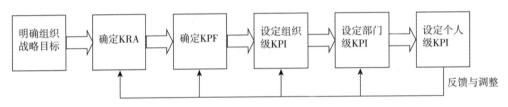

图 2-4 建立关键绩效指标体系的步骤

1. 明确组织战略目标

企业组织的绩效管理活动都应该围绕如何实现组织的使命、愿景和战略目标进行。为此,组织在构建和实施关键绩效指标体系时,必须首先明确战略目标。通过将关键绩效指标与组织战略目标紧密结合,组织不仅能够确保每个部门和个人的工作都与总体目标保持一致,还能够定期监测这些指标来评估目标的实现情况,从而及时调整策略和行动计划。这样做有助于确保所有成员都朝着战略目标共同努力,确保组织资源的有效分配以及工作努力的正确方向,充分发挥组织战略的引领作用,从而提高整体运营效率。

2. 确定 KRA

KRA 指的是对组织实现战略目标具有重大影响的领域。这主要通过对组织战略进行分析,运用鱼骨图法寻找实现战略目标的关键方面。在确定组织的 KRA 时,我们需要深入探究组织在过去和未来能够取得成就的根本原因,以及助推组织实现未来战略目标的基石,并确定实现战略目标所需的 KRA,如创新策略、人才发展、技术升级、市场扩张等。如图 2-2 所示,为了实现成为世界五百强企业的战略目标,确定了人力资源、市场领先、技术领先、优秀制造和财务能力五个 KRA。

3. 确定 KPF

一旦确定了 KRA，企业组织便可以将其进一步分解和细化，并据此明确影响 KRA 成功的 KPF。企业组织可以通过回答"每个 KRA 包含的内容是什么？""如何保证在该领域获得成功？""在该领域取得成功所需的关键措施和手段是什么？""在该领域成功的标准是什么？"等一系列问题确定 KPF（方振邦和杨畅，2019）。通过对上述问题的深入分析和回答，企业组织便可以确定对 KRA 的成功至关重要的 KPF，而这些 KPF 将成为企业组织设定 KPI 的基础。如图 2-2 所示，在技术领先这一 KRA 中，通过对上述问题的分析和回答，企业组织确定创新产出和创新活动两个 KPF。

4. 设定组织级 KPI

在确定 KPF 之后，下一步便是设定与每个特定绩效要素紧密相连的 KPI。这个过程涉及将较宽泛的 KPF 拆分成更具体、可操作、可衡量的具体指标。在选择 KPI 时，企业组织应尽量确保每一个指标都满足 SMART 原则，即明确具体的、可衡量的、可实现的、与既定目标紧密关联的、有时间限制的。同时，企业组织需要综合考虑定量 KPI、定性 KPI、领先性 KPI 和滞后性 KPI。如图 2-2 所示，在确定的创新产出和创新活动两个 KPF 的基础上，企业组织又设定了发明专利量、专利申请量、研发经费占销售收入比例、创新性研发项目数量等指标。

5. 设定部门级 KPI

组织目标的实现需要各部门的协同合作和支持。为了确保各部门能够有效达成组织级 KPI，我们需要指派和分解这些指标，以确保组织级 KPI 能够全面落实到各个具体部门。这一过程是设定部门级 KPI 的关键环节。如图 2-5 所示，专利申请量指标可以直接指派给研发部，并确定为研发部的 KPI。对于那些不能直接指派的指标，需要将其进一步分解。关键绩效指标的分解通常有两条主要途径：一是根据组织结构进行分解；二是根据主要流程进行分解。例如，将图 2-2 中的准时交付率进一步分解为采购部的采购及时率指标和生产部的生产计划完成率指标（如图 2-5 所示）。此外，通过指派承接或分解确定部门级 KPI 之后，还需要根据部门职责和工作流程对部门级 KPI 进行补充，以便形成相对全面的部门考核指标。

6. 设定个人级 KPI

设定个人级 KPI 的方式与设定部门级 KPI 的思路类似，主要通过将部门级 KPI 进行分解和指派得出个人级 KPI。如图 2-5 所示，将生产计划完成率指标直接指派给生产部员工 1，由他承接该指标。将产品合格率指标分解成生产部员工 2 的设备操作故障率指标和采购部员工的采购原材料合格率指标。此外，通过指派和分解确定个人级 KPI 之后，还需要根据个人职责和工作任务对其 KPI 进行补充，以确保部门所有 KPI 最终都有人承担，并最终确保组织战略落实到员工的工作行为上。

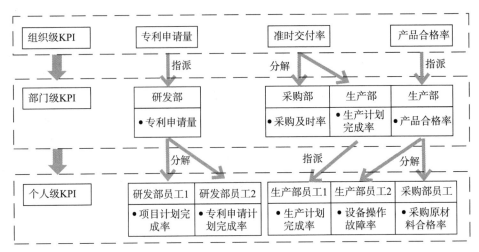

图 2-5　指标分解和指派

三、对关键绩效指标的评价

1. 关键绩效指标的优点

KPI 是绩效管理中不可或缺的工具，已被广泛应用于实践之中。通过运用 KPI，组织能够实现更有效的绩效管理，构建员工激励和约束机制，同时发挥战略导向的引领作用。总体来说，KPI 的优点主要表现在以下几个方面。

（1）强调组织战略的牵引作用。通过建立关键绩效指标体系，将战略目标细化为可衡量的指标，可以在组织内形成一致的行动导向，助推战略目标的实现。这一过程包括分解战略目标，确定 KRA 并设定 KPI，确保指标体系与组织战略保持一致。同时，KPI 的动态调整能够适应组织环境或战略的变化，保证绩效管理系统与战略目标的持续衔接，提升适应性和可操作性。

（2）将个人日常工作与公司的更大战略目标紧密联系起来，确保组织绩效与个人绩效协调一致。KPI 继承了目标管理主张的员工参与思想，注重在组织级 KPI 的层层分解的过程中，上下级通过沟通共同确定个人级 KPI。KPI 有利于确保个人绩效与组织绩效保持一致。

（3）KPI 是在二八法则的基础上建立的，强调目标明确和重点突出。这使得 KPI 能够有效规避指标繁琐和工作重心不明确所带来的问题，确保关键工作不被忽视，执行得到妥善推进。

2. 关键绩效指标的缺点

尽管 KPI 在理论界和实践界获得广泛认可并具有显著优势，但随着管理实践的深入，人们逐渐发现 KPI 的局限性，主要表现在以下几个方面。

(1) 过度关注实现短期目标，不利于实现长期目标。KPI 过多关注结果，可能会导致员工更关注实现短期目标和 KPI 数字，而忽视长期目标和业务。这可能使组织在追求短期利益的过程中，损害长期的可持续发展和战略规划。

(2) 不同部门的 KPI 相对独立，缺少相互协同。KRA 是基于战略需求确定的，指的是那些对整体战略目标有贡献的独立领域。然而，采用这种划分方式可能会忽略不同领域之间的横向协同和合作关系，导致这些领域之间缺乏逻辑关系。这种缺乏逻辑关系的现象也会直接反映在 KPI 之间，使它们无法有效地相互支持和衡量整体绩效。

(3) 指标分解过细，增加考核成本和难度。个人级 KPI 是由组织级 KPI 经过层层分解得来的，在实践过程中，组织对 KPI 的分解过于细致，使考核成本增加，甚至会带来不良后果，最终导致难以落地。例如，海底捞就曾把 KPI 细化到"客人杯子里的水不能低于多少""来客人一定要给眼镜布"等，实践证明，这种做法往往会适得其反。

第三节　目标与关键成果

一、目标与关键成果的产生背景

1954 年，德鲁克在其著作《管理实践》中提出了 MBO 的思想。MBO 对美国企业产生了重要影响，一些企业纷纷在经营中采用 MBO。但是，这些企业实施 MBO 的具体做法五花八门，甚至偏离德鲁克提出目标管理思想的初衷。例如，目标管理要求下级高度参与目标制定活动，一些企业却采用自上而下的强制分配目标的做法。因此，尽管 MBO 在一些企业中得到应用，但并没有真正带来预期的效益，反而引发大众的质疑和批评。

身为英特尔公司创始人之一的安迪·格鲁夫（Andy Grove）意识到 MBO 的潜在价值，于是他在 1971 年，以德鲁克的 MBO 为基础并做出相应调整，提出英特尔公司的目标管理系统（iMBOs），并于 1975 年前后在公司内部全面实施。格鲁夫认为，一个成功的目标管理系统要回答以下两个问题："我想去哪里？"（目标）和"我如何知道正朝着目标迈进？"（通过成果了解是否朝着目标前进）。相较于德鲁克的 MBO，格鲁夫的 iMBOs 打破了许多企业传统的自上而下的官僚体制，更加注重自上而下与自下而上的结合，强调目标与关键成果的结合，这对 iMBOs 的成功实施起到了至关重要的作用。

1999 年，曾在英特尔工作的约翰·杜尔（John Doerr）把英特尔公司的 iMBOs 理念引入他投资不久的谷歌，并基于格鲁夫提出的上述两个问题形成了正式的目标与关键成果（objectives and key results，OKR），自此谷歌开始全面推广OKR。谷歌将OKR分为公司、部门、团队与员工四个层级。在这个层级体系中，每一层级的OKR都是基于上一层级制定的，并且与企业战略目标保持一致。这种分级结构有效确保了企业所有成员的努力方向是统一的，各层级的OKR相互衔接，共同推动组织上下朝着整体战略目标努力。在OKR的帮助下，谷歌成功实现了惊人的10倍利润增长。

OKR在谷歌的成功实践，促使越来越多的公司开始效仿，例如通用电气、松下、埃森哲、优步、爱彼迎、宝马、西门子、三星、亚马逊、脸书等无不是OKR的推崇者。2014年，OKR被引入中国，同样被阿里巴巴、百度、腾讯、小米、华为、字节跳动等知名企业采用。

二、OKR的内涵和特征

OKR是一套目标管理系统，旨在帮助组织、团队和员工设定明确的目标，并通过关键成果来衡量目标的实现情况，它要求公司、部门、团队和员工在设定目标的同时，明确具体的行动计划以实现目标。OKR自上而下贯穿整个企业，确保所有层级都能明确自己的目标和责任，从而形成一个高效、有序的工作环境。《OKR：源于英特尔和谷歌的目标管理利器》的作者保罗·R.尼文（Paul R. Niven）和本·拉莫尔特（Ben Lamorte）认为，作为一套严密的目标管理系统，OKR旨在确保各绩效执行主体紧密协作，把精力聚焦在能促进组织成长的、可衡量的贡献上。OKR由两部分组成，即目标（O）和关键成果（KR）。其中，目标是对组织或个人希望达成的最终状态的描述，是组织期望的发展方向，它应当是有挑战性的、激励人心的，并且能够清晰地传达给所有相关的团队成员。目标通常回答"我想去哪里？"的问题，为团队提供一个共同的方向和焦点。关键成果是对目标的具体化和量化。关键成果是一系列可衡量的结果，它们直接支持目标的实现，并能够清晰地展示目标完成程度。关键成果应当是具体的、有时间限制的、可量化的，并且有明确的责任人，这样才能有效跟踪进度和评估成效。关键成果回答的是"我如何知道正朝着目标迈进？"的问题。例如，某公司市场部的OKR如下：

> **市场部的目标：**
>
> O1：实现大幅销售增长
>
> **市场部的关键成果：**
>
> KR1：比上个季度销售收入增长10%
>
> KR2：转化率提升5%
>
> KR3：营销费用率控制在5%以内

市场部的目标：

O2：提高品牌知名度

市场部的关键成果：

KR1：吸引 1 000 万网络访问者

KR2：社交媒体关注量增加 20 倍

KR3：在 10 个知名渠道投放品牌宣传片

在实践中，企业通常会根据具体情况设定 2—4 个目标，以确保组织能够迅速聚焦于核心工作；同时，每个目标下又会设置 3—5 个关键成果，以明确评估目标的实现程度。作为 OKR 的两个核心组成部分，目标和关键成果各具特征。

1. 目标的特征

（1）挑战性。出色的目标应当具有挑战性，能够激励员工去追求更高层次的业绩，而不仅仅是完成企业设定的简单任务。

（2）可衡量性。尽管目标本身不一定是量化的，但它应该是可以通过关键成果来衡量实现进度和完成情况的。

（3）连接和对齐。OKR 强调目标的连接和对齐，确保公司、部门、团队和员工的目标相互关联、相互支持，并与整体战略保持一致。通过目标的连接和对齐，各级目标之间形成协同效应，推动整个组织朝着统一的方向努力。

2. 关键成果的特征

（1）可量化性。有效的关键成果必须具备可量化性，具体且清晰，而不是模糊的指标分类。可量化的关键成果为目标的完成提供明确的衡量标准，使绩效执行主体能够了解他们在实现目标方面的进展和绩效。

（2）自下而上制定。关键成果要求由下而上制定，因为企业实践表明，关键成果制定的自发性越强，越能产生好的效果。另一个重要原因是关键成果的专业性。例如，对于互联网行业来说，采用次日留存率或次月留存率的提升作为关键成果是一个非常专业的运营问题，只有负责增长工作的团队负责人才能提供更准确的数据、信息和专业建议。

（3）可追踪性。关键成果应该可以定期追踪，以便及时了解进度和执行效果。

（4）关联性。关键成果应该与目标密切相关，能够直接或间接对目标的实现产生影响。关键成果的设定应该与目标保持一致，并能够帮助实现目标的具体细节和要求。

（5）具体性。关键成果要求具体而明确，避免模糊不清的描述，以便进行准确评估。

（6）时限性。有效的关键成果是有时限的，以便企业组织在指定期间（通常是一个季度)结束时,定期检查并对关键成果进行评级,确定其是否已实现。

OKR 与 KPI 的区别如表 2-2 所示。从理论基础方面考虑,OKR 建立在目标管理的基础上,它关注的是设定有挑战性的、可激励人们的目标,并通过关键成果来跟踪进度。而 KPI 的理论基础是二八法则,这一法则认为 80% 的效果来自 20% 的原因。因此,KPI 着重于识别和监控关键的少数指标,这些指标被认为对公司的成功至关重要,员工的表现通常根据指标完成情况来评估。OKR 通过多种结果来衡量目标的实现情况,而 KPI 衡量单一结果的绩效。OKR 强调的是上下结合、纵横对齐的方式,这意味着在制定 OKR 时,上到高层管理者、下至普通员工都参与其中。这种方法鼓励跨层级和跨部门的协作与沟通,确保所有团队成员都朝着共同的方向努力,从而形成一个紧密相连的目标网络。相反,KPI 更多地采用自上而下的方法,由高层领导设定整体目标,然后逐级分解到各个部门和个人。这种方式可能导致员工对公司整体目标的理解不充分,因为他们在目标设定过程的参与度较低。OKR 的目标和关键成果通常是富有挑战性的,它们鼓励员工超越自己的舒适区,实现更高、更有挑战性的目标。在 OKR 框架下允许失败,即使未能完全达成目标,只要取得实质性进展,也被视为成功的一部分。相比之下,KPI 要求 100% 达成目标,员工的表现直接与他们达到的绩效评价分数挂钩,这就意味着在 KPI 体系中,分数越高,个人的绩效评价也就越高。

表 2-2 OKR 与 KPI 的区别

OKR	KPI
重结果、更重过程	重结果、轻过程
上下结合、纵横对齐,共同参与目标制定	自上而下,层层分解目标
标准不一定是可量化、可衡量的	标准是可量化的、可衡量的
与绩效弱挂钩	与绩效强挂钩
日常沟通频率高	日常沟通频率低
以目标管理为基础	以二八法则为基础
以目标为核心驱动	以考核为核心驱动
富有挑战性,允许失败	要求 100% 达成,分数越高,绩效评价越高

值得注意的是,尽管 OKR 和 KPI 不同,但二者并不矛盾。在企业组织的实际操作中,可以把 KPI 整合到 OKR 中。如表 2-3 所示,针对基于结果的关键成果,如果它有明确的衡量标准、数据源和时间段,那么企业组织可以将其视为一个 KPI。但是,针对不可量化的关键成果,企业组织就不能将其视为一个 KPI。例如,"在 9 月底之前设计并实施客户合作计划"就不能被视为一个 KPI。

表 2-3 KPI 和 OKR 的关系示例

目标：增加销售收入	
KR1	将网络流量转化率提高 30%（可以被视为一个 KPI）
KR2	将会员订阅数量从 3 万人增加到 10 万人（可以被视为一个 KPI）
KR3	在 9 月月底之前设计并实施客户合作计划（不可以被视为一个 KPI）

三、OKR 的设计思路

OKR 是有效的战略执行与绩效管理工具，其设计与实施始于公司的使命、愿景和战略（如图 2-6 所示）。因此，设计 OKR 的第一步就是梳理公司的使命、愿景和战略。使命陈述了一个组织存在的理由。愿景描绘了一个组织未来的景象，即 5 年后、10 年后甚至 15 年后的组织状态。战略则是在使命和愿景的基础上形成的、奔向组织愿景和使命的方向选择，它锁定了一个范围，让组织在面对不同的机会时知道如何取舍，即该做什么和不该做什么。

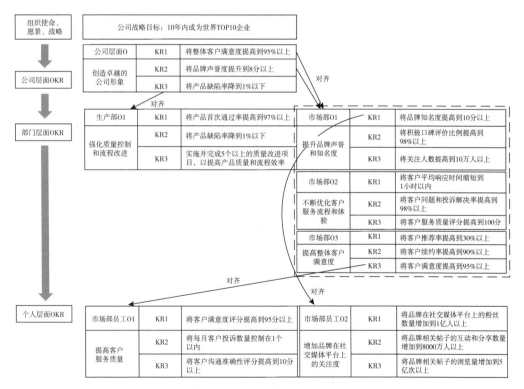

图 2-6 OKR 设计思路示例

第一步，明确组织使命、愿景和战略。

第二步，根据战略目标，设定公司层面的顶层目标。

根据公司战略目标设定公司层面的顶层目标是公司 OKR 落地过程中最重要的部分，因为公司其他层面的目标都是根据公司级目标层层分解而来的。公司层面的顶层目标是公司战略的支柱，是达成公司使命、愿景和战略目标的重要且实质性的活动。根据图 2-6，公司的战略目标是"10 年内成为世界 TOP10 企业"，据此，公司层面的一个重要目标是"创造卓越的公司形象"。

第三步，创建全公司范围内的关键成果。

一旦确定公司范围内的目标，就要明确如何跟踪这些目标的实现进度，即确定公司范围内的关键成果。关键成果是为实现公司目标而设定的具体结果或里程碑。关键成果应该与目标直接相关，关注结果而不是任务和努力（输入），并且应该具备可衡量性、可实现性和挑战性，能够指导团队的行动和决策。根据图 2-6，在公司的"创造卓越的公司形象"目标的基础上，设定以下关键成果：

KR1：将整体客户满意度提高到 95% 以上

KR2：将品牌声誉度提升到 8 分以上

KR3：将产品缺陷率降到 1% 以下

第四步，设定部门层面 OKR。

一旦确定了公司层面的 OKR，下一步就需要设定部门层面 OKR。在设定部门层面 OKR 时需要考虑公司战略、部门职能和部门计划等方面的内容，明确部门在实现公司战略目标方面的潜在贡献，并以此为基础进行 OKR 的设计，使团队目标与组织目标一致。根据图 2-6 中"将产品缺陷率降到 1% 以下"这一关键成果，设定生产部的一个重要目标是"强化质量控制和流程改进"，并在此基础上设定与该目标一致的关键成果。具体如下：

KR1：将产品首次通过率提高到 97% 以上

KR2：将产品缺陷率降到 1% 以下

KR3：实施并完成 5 个以上的质量改进项目，以提高产品质量和流程效率

第五步，设定个人层面 OKR。

在设定个人层面 OKR 时，需要考虑部门 OKR、工作岗位和工作计划等内容。员工应与上级领导进行充分的沟通，明确 OKR 周期内的工作目标和预期成果，确保个人的 OKR 与部门的工作目标及公司战略目标保持一致。根据图 2-6 中市场部"将整体客户满意度提高到 95% 以上"这一关键成果，设定市场部员工的目标是"提高客户服务质量"，并在此基础上设定与该目标一致的关键成果。具体如下：

KR1：将客户满意度评分提高到 95 分以上

KR2：将每月客户投诉数量控制在1个以内

KR3：将客户沟通准确性评分提高到10分以上

需要说明的是，在设定个人层面OKR时，不同员工所承担的工作职责或者大部分工作内容是相同的，但部门为他们设定的目标不同，完成目标的过程也不同。不过，他们的目标所指向的结果是一样的，即为实现部门目标服务。

第六步，监督执行过程。

监督执行过程有助于管理者和员工反思前期的决策，及时纠正错误行为。一旦OKR进入实施阶段，企业应密切关注任务的进展，总结可能已经出现或者潜在存在的问题并寻找解决途径，确保能够及时审视和调整OKR的实施过程。在面临无法解决的问题时，企业组织应重新评估目标和关键成果，考虑是否需要调整OKR。监督检查的频率通常是每季度一次，具体可以根据企业的实际情况灵活调整。对于规模较小、人数较少的中小企业，可能在季度过半时进行检查更为适宜；而对于组织较为复杂的大企业，月度和季度检查可能更为合适。

第七步，总结成果。

在OKR周期结束时，公司需要对OKR周期内的成果进行总结与回顾。负责人根据评分规则对自己的OKR进行评分。通常情况下，高管会为公司层面OKR评分，团队负责人或业务单元经理会为部门层面OKR评分，员工则会为自己的个人层面OKR评分。

在完成评分之后，公司需要召开OKR回顾会议。各层级的绩效执行主体需要详细解释各自的OKR成果、自评得分以及评分理由。通过这样的会议，组织内的每个成员都能充分了解他们完成的任务、取得的成果以及对整个组织的贡献。

在回顾会议中，各层级的成员可以通过分享成功经验、交流经验教训，共同探讨所面临的困难，并寻求提升各自能力的方法。

四、OKR的评分规则

企业组织为了追踪OKR的实施情况，需要对关键成果的达成度进行评分。一般来说，企业组织可以采用0—1评分范围来评估关键成果的达成情况（如图2-7和表2-4所示）。根据图2-7和表2-4的评分尺度和评分规则计算得分后，如果绩效执行主体没有达成所有关键成果也没关系，因为达成所有关键成果的团队或个人可能没有设定有足够挑战性的目标，达成70%左右的关键成果可视为正常情况。

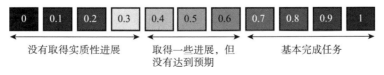

图2-7　OKR的评分尺度

表 2-4 OKR 的评分规则

分值	评判依据
1 分	完成了几乎不可能完成的任务
0.7 分	对于有难度的任务，努力后基本完成
0.3 分	完成了一些任务，但距期望结果仍有很大差距
0 分	无任何进展

在实践过程中，企业组织也可以设置更细致的评分标准（如表 2-5 所示）。企业组织在进行评分时，可以首先给关键成果单独评分，然后求同一目标下所有关键成果的平均值计算目标的得分，并依次计算个人、部门或公司的最终得分。如果同一目标下的关键成果有明确的分配权重，那么也可以按权重计算目标的加权平均评分。例如，针对"大幅增加第三季度在线销售收入"这一目标，设定了三个关键成果：第三季度在线销售额达到 200 万元、网站流量增加 25% 和将转化率提高至 10%。企业组织在评分时可以按照表 2-5 中的标准对关键成果进行单独评分。假设销售部在三个关键成果方面实际取得的业绩分别为 180 万元、11% 和 9%，企业组织在评分时可以按照表 2-5 中的标准计算"大幅增加第三季度在线销售收入"这一目标的得分，即 (0.8+0.4+0.8)/3＝0.67。这意味着销售部在该目标上获得 0.67 分，表明他们在目标方面取得良好进展，但并未完全达成所有关键成果。通常，关键成果和目标的评分集中在 0.4—0.7。

表 2-5 KR1—KR3 的评分标准

目标	关键成果	评分标准	实际业绩	得分
大幅增加第三季度在线销售收入	KR1：第三季度在线销售额达到 200 万元	0 分：低于 100 万元 0.4—0.6 分：100 万—159 万元 0.7—0.9 分：160 万—199 万元 1.0 分：200 万元或以上	180 万元	0.8
	KR2：网站流量增加 25%	0 分：增幅小于 10% 0.4—0.6 分：增幅为 10%—15% 0.7—0.9 分：增幅为 16%—25% 1.0 分：增幅为 25% 以上	11%	0.4
	KR3：将转化率提高至 10%	0 分：转化率小于 6% 0.4—0.6 分：转化率为 6%—7% 0.7—0.9 分：转化率为 8%—10% 1.0 分：转化率高于 10%	9%	0.8

OKR 的实施旨在让绩效执行主体集中精力完成关键任务,并按照有挑战性的目标去执行任务。如果员工很容易获得满分,这可能表明任务难度较低,企业没有设定具有足够挑战性的目标。相反,如果员工在较努力的情况下得分为 0.3 及以下,则需要深入分析员工在完成 OKR 过程中的努力程度,或者考虑 OKR 的设定是否合理,员工是否难以实现目标。

五、对 OKR 的评价

作为一种管理工具,OKR 在企业组织中得到广泛的应用。它通过设定明确的目标和可衡量的关键成果,帮助团队和个人将精力集中在最重要的任务上,从而增强执行力和成就感。然而,尽管 OKR 有诸多优点,但它也存在一些潜在的缺点,从而可能会影响其效果和实施的成功率。

1. OKR 的优点

(1)明确方向。OKR 帮助员工理解公司和团队的目标方向,从而更好地调整自己的工作方向。

(2)提高执行力。OKR 强调追求进步而非完美,可以减轻员工的恐惧感并提高执行力。

(3)提升协作。OKR 可以让不同部门之间了解互相的目标和进度,有助于公司内部协作。

(4)灵活调整。OKR 采用定期评审的方式,公司可以及时调整目标、适应环境变化。

(5)增强员工主动性。OKR 让员工参与目标制定可以激发员工的主人翁精神。

(6)促进持续改进。OKR 提供一种结构化的方式来定期审查和评估进度,使公司能够持续评估和改进绩效。

2. OKR 的缺点

(1)目标不一定合理。目标可能过于理想化,造成员工压力过大。

(2)因流程过于复杂而变成一种负担。如果 OKR 的设定和执行变得过于繁琐,它不仅不能成为提升组织效能的有效工具,反而可能转变为团队的累赘。这种情况通常发生在两种情境:OKR 流程被过度规范化,或者在设定目标及其对应的关键成果时所采用的表述不够清晰和具体。当这些情况发生时,OKR 系统的核心价值和效率可能会受到严重影响,导致其无法达到预期效果。

(3)适用性存在局限。OKR 并不适用于所有的公司,也不适用于所有部门,对于一些生产经营非常稳定、规模庞大、变化缓慢、注重细节执行的公司,有时实施其他的绩效管理工具反而更合适。OKR 更适用于初创期企业、科技类公司和处于变革期的公司。另外,OKR 也并不适用于行政类岗位的绩效管理。

第四节 平衡计分卡

一、平衡计分卡的产生背景

20世纪初,杜邦公司采用的资本回报率指标及其综合财务分析体系曾在西方企业界得到广泛推崇和应用。90年代,随着知识经济和信息技术的兴起与发展,人力资本、知识资本等无形资产的重要性日益凸显。可是,传统的财务分析体系无法对无形资产进行有效评估。另外,为了能够迅速应对环境变化和市场需求,管理者需要全面了解组织的经营业绩和运作情况,并更加重视无形资产对价值创造的贡献。然而,传统的财务分析体系由于其固有的滞后性,已经无法满足管理实践的现实需求。因此,公司迫切需要一种新的评估模式去评估公司的无形资产。在这样的背景下,平衡计分卡应运而生。

1990年,哈佛大学商学院教授罗伯特·卡普兰(Robert Kaplan)和波士顿咨询公司的咨询顾问戴维·诺顿(David Norton)带领一个研究小组,对12家公司进行深入研究,以寻找一种新的组织绩效管理方法。这项研究的起因是人们逐渐认识到仅仅依赖财务指标来监控公司绩效是不够的。同时,卡普兰和诺顿以及这12家公司都认识到,过分依靠财务指标可能会对公司的创造力和长期可持续性产生负面影响。在讨论多种可能的替代方法后,研究团队最终决定通过评估相互之间存在逻辑关系的、反映四种组织活动(财务、客户、内部业务流程、学习与成长)的绩效指标组合来全面监控组织的绩效表现。

1992年,卡普兰和诺顿在《哈佛商业评论》上发表他们的研究结果——《平衡计分卡:驱动绩效的衡量体系》,正式提出平衡计分卡的概念。1996年,卡普兰和诺顿出版《平衡计分卡:化战略为行动》,标志着这一概念的成熟,并将平衡计分卡由一个绩效衡量工具转变为战略实施工具。

二、平衡计分卡的基本内容

根据卡普兰和诺顿的研究,平衡计分卡是一种将公司战略、业务战略活动与管理指标相结合的系统性的战略性绩效管理工具,通过在财务、客户、内部业务流程、学习与成长这四个维度上建立具有紧密因果关系的指标体系,全面衡量组织的绩效,以实现短期目标和长期目标、财务指标和非财务指标、客观指标和主观指标、滞后指标和领先指标、外部绩效和内部绩效的多种平衡。

（一）平衡计分卡的四个维度

1. 财务维度

财务维度回答"股东如何看待我们？"的问题，它关注的是企业的经济收益，以及企业的努力是否最终对经济收益产生积极的影响。财务方面的指标能够反映公司经营方案的经济后果，为评估企业运营效果提供关键信息。这些指标主要涉及企业的盈利能力、经营效能和偿债能力等方面，例如营业收入、投资报酬率、经营活动现金流量、成本降低率等。根据平衡计分卡理论，企业可以通过两条基本的途径来增加企业的经济价值：一是收入增长战略，二是降本节流战略。

2. 客户维度

客户维度回答"客户如何看待我们？"的问题，从客户的角度审视企业的经营活动。客户维度专注于组织如何通过产品/服务特征、客户关系、形象和声誉三个领域服务于客户，并确保客户的需求和期望得到满足。客户维度的目标是通过提供高质量的产品和服务来提高客户满意度、忠诚度和市场份额。其中，产品/服务特征领域的内容涉及时间、质量、功能、成本四个方面；客户关系领域的内容涉及客户服务和伙伴关系；声誉形象领域的内容涉及品牌管理。

3. 内部业务流程维度

内部业务流程维度聚焦于企业的核心竞争力，旨在回答"我们的优势是什么？"的问题。要实现按时向客户交货、满足客户现在和未来的需求、维护好与客户的关系，企业必须建立合理而流畅的内部业务流程。内部业务流程关注能创造价值并提升企业经营业绩的关键活动，涵盖从企业投入一系列生产要素到为客户提供有价值的产品和服务的各项活动。

内部业务流程的核心目标在于推动企业的两个战略要素的实施，这两个要素是企业成功的关键支柱：

第一，企业需要通过业务流程为客户创造和传递价值主张。这意味着企业必须理解并满足客户的需求，提供高质量的产品和服务，以确保客户有较高的满意度和忠诚度。通过有效的流程管理，企业需要确保产品和服务的设计、开发和交付过程能够满足甚至超越客户的期望。

第二，企业通过降低成本和提高效率来实现生产力的提升。这涉及对所有业务流程的持续审查和改进，以消除浪费，减少不必要的步骤，提高资源利用效率，从而降低整体成本。通过这种方式，企业可以提高运营的灵活性和响应市场变化的能力，同时提高利润率。

为了更好地管理和优化内部业务流程，我们可以根据创造价值所需的时间长短将这些流程划分为四类：

（1）运营管理流程。这类流程关注生产和交付产品与服务，是日常业务活动的基础，主要包括开发并维护供应商关系、生产产品和服务、向客户分销产品和服务、风险管理四个关键子流程。它们对于确保产品的及时生产和服务的连续提供至关重要。

（2）客户管理流程。这类流程专注于开发和维护客户关系，主要包括选择目标客户、获得目标客户、保留目标客户、扩大客户业务四个子流程。通过这些流程，企业能够吸引新客户，维护现有客户，并提高客户的终身价值。

（3）创新流程。创新是企业持续成长和保持竞争力的关键。这类流程关注创造新产品和服务，涉及新产品的研发、新技术的应用、新市场的开拓等，主要包括识别新产品和服务的机会、管理研究和开发、设计和开发新产品和服务、将新产品和服务推向市场四个子流程。新产品上市是产品开发循环的最后阶段，标志着创新流程的成功完成。

（4）法规与社会流程。这类流程的核心在于改善社区和环境，包括遵守法律法规、满足社会期望以及建立繁荣的社区等方面。有效的法规与社会流程对于推动长期股东价值创造、提高效率和降低运营成本具有积极作用。一般而言，管理法规与社会流程需要从以下四个方面入手：环境业绩、安全和健康业绩、员工雇用、社区投资。

每一类流程都由若干子流程构成，这些子流程相互关联，共同支持企业的整体战略目标。通过细致管理和不断优化这些流程，企业能够确保其业务流程的有效性和高效性，从而在市场中保持竞争优势。

4. 学习与成长维度

学习与成长维度旨在回答"我们能否持续提高并创造价值？"的问题。这一维度强调企业不断开发新产品，为客户创造更多价值以及提高经营效率的重要性。只有不断进取，企业才能成功打入新市场，赢得客户的满意，并最终增加股东价值。该维度还描述了组织的无形资产以及这些资产在战略中的关键作用。卡普兰和诺顿将无形资产划分为人力资本、信息资本和组织资本三种类型。

第一，人力资本。它包括知识、技能和价值观三个层面。

第二，信息资本。它分为"硬件"和"软件"两个部分，具体包括信息系统、数据库、网络和技术基础设施。

第三，组织资本。它被定义为推动并维持变革流程、执行战略所需的动员和协同组织的各项能力和技术。通俗地说，组织资本就是将组织拥有的资源、知识和技能有效整合以实现战略目标的综合能力。

（二）平衡计分卡的框架

在当今竞争激烈的商业环境中，企业组织为了确保战略目标的有效实施和组织绩效的持续改进，越来越多地采用平衡计分卡作为战略性绩效管理工具。平衡计分卡不仅能够帮助企业衡量财务成果，还能衡量非财务方面的绩效，如客户满意度、内部流程效率等。然而，要成功创建和实施平衡计分卡，企业组织首先必须确定几个关键参数：公司管理层确定期望达成的目标以及目标之间的逻辑；确定适当的指标来衡量目标的达成程度；根据指标的结果设定具体目标；设计具体的计划、项目或活动来实现目标。这几个关键参数组成平衡计分卡的基本框架：战略地图、计分卡、战略行动计划表。

1. 战略地图

战略地图是一种包括财务、客户、内部业务流程、学习与成长四个关键维度及其相应战略目标要素的逻辑关系的可视化工具，用于展示组织的战略目标、关键活动和战略之间的因果关系（如图2-8所示）。通过战略地图，组织能够清晰地理解如何通过改进内部业务流程和员工能力来影响客户满意度与财务表现。这种可视化的工具有助于沟通战略的实施，确保所有团队成员都对组织的长期目标有清晰的认识，并且能够看到自己的工作对于实现目标的贡献。

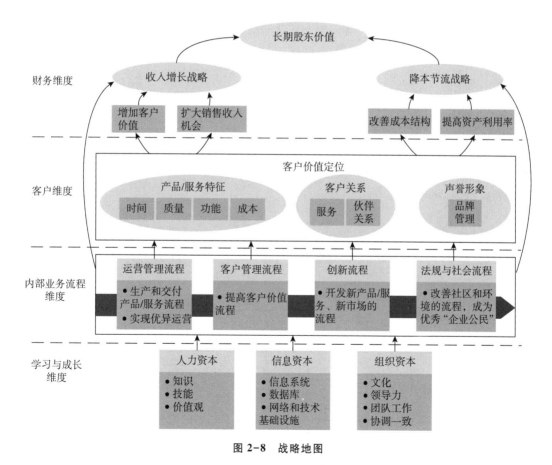

图 2-8 战略地图

资料来源：Kaplan, R. S., & Norton, D. P. (2000). Having trouble with your strategy? Then map it. *Focusing Your Organization on Strategy—with the Balanced Scorecard*, 49 (5), 167-176.

财务维度和客户维度具体描述组织期望实现的财务和客户（市场）绩效目标，明确战略的预期成果；内部业务流程维度和学习与成长维度则具体阐述组织创造价值的核心流程和无形资产，明确定义推动组织实现期望绩效的关键战略驱动要素。财务维度突出收入增长和降本节流两大财务战略，其中收入增长由增加客户价值和扩大销售收入机会支撑，降本节流由改善成本结构和提高资产利用率支撑。客户维度的各项指标构成一个相互关联的因果链。客户满意度是决定新客户获得率和客户保持率的主要因素，而这两个因素又共同决定市场份额。以上维度的综合作用最终决定了企业从客户处获得的利润率。而客户满意度的源头则在企业的客户价值主张之中，具体体现在对客户需求响应速度的快慢，以及产品在质量、功能、成本、品牌等方面的综合表现。内部业务流程发挥了组织战略的两个关键作用：一是针对客户维度的价值主张，实现高效的生产和交付；二是通过流程优化和运作，促进财务维度中的生产力提升、成本降低和收入增长。学习与成长维度为其他三个维度的目标提供坚实基础，是推动上述三个维度取得卓越成果的强大动力。学习与成长维度通过在人力资本、信息资本和组织资本三方面持续不懈的努力，推动企业提升经营效率，从而持续为客户创造更多价值。

2. 计分卡

在确定战略地图之后，企业下一步的任务就是把战略地图转化为计分卡。计分卡是一种由战略目标主题、关键衡量指标、目标值、支持计划和责任人等要素构成的二维表格（如表2-6所示）。

表2-6 计分卡示例

维度	战略目标主题	关键衡量指标	目标值	支持计划	责任人
财务	经济增加值	总资产增长率	30%		
	将生产成本降至最低	成本降低率	10%		
	主营产品销量增长位居行业前五	营业利润增长率	35%		
		营业收入增长率	40%		
客户	提升"孤儿单"客户转化率	"孤儿单"客户转化率	20%		
		"孤儿单"客户满意度	9		
	优化客户管理系统	客户数据库优化进度	12月31日前全部完成		
		客户分类管理能力	经验收，达到优秀级别		

(续表)

维度	战略目标主题	关键衡量指标	目标值	支持计划	责任人
内部业务流程	建立卓越的运营管理模式	构建 BSC 战略管理体系	12月31日前全部完成		
		加强资源配置	12月31日前全部完成		
	构建内容管理体系	建设高效财务管理平台	12月31日前全部完成		
		建设风险防范体系	12月31日前全部完成		
		建设全面预算管理体系	12月31日前全部完成		
学习与成长	提升人员服务能力	员工培训完成率	100%		
	提升经理人领导力	经理人培训完成率	100%		
	加强关键岗位人才引进	关键岗位人才配置率	100%		

3. 战略行动计划表

战略行动计划是指达成计分卡中列出的各个关键衡量指标要求的目标和业绩的实施策略和举措（行动方案）。它是将战略目标细化为一系列具体、可操作、可监控的行动计划，并规定明确的时间节点、责任归属和资源安排的工具表（如表2-7所示）。战略行动计划表帮助组织将战略转化为可操作的计划，确保团队明确任务和目标，并按计划执行。

表 2-7 战略行动计划表示例

维度	战略目标主题	关键衡量指标	目标值	行动计划	责任人	协同单位	所需资源
客户	提升"孤儿单"客户转化率	"孤儿单"客户转化率	20%	• 开展调研，深入了解"孤儿单"客户需求 • 优化客户体验 • 与"孤儿单"客户积极沟通，并提供持续的支持和帮助			
		"孤儿单"客户满意度	9				
	优化客户管理系统	客户数据库优化进度	12月31日前全部完成	• 7月31日前，完成客户数据库调研，形成调研报告 • 8月10日前，设计出优化方案 • 9月30日前，完成客户数据库优化，并投入预测 • 12月31日前，根据预测调试客户数据库系统，并准备验收			
		客户分类管理能力	经验收，达到优秀级别	• 验收客户数据库系统后，在12月31日前完成所有业务代表的培训			

在制订战略行动计划表时，需要明确开始和结束的时间，并确定责任人。这些计划可以由单独的部门完成，也可以跨部门协作完成。在制定和筛选行动计划方案时，需要考虑资源的限制，以确保方案的可行性和高效性。不同指标的行动计划方案应当捆绑在相应的战略主题下，形成一个整体性的行动计划方案组合。同一战略主题下的所有行动计划方案必须同步实施。需要注意的是，当组织内产生多种行动计划方案时，管理者应当进行认真筛选、管理和评估。这一过程旨在确保所选取的行动计划方案能够有力地支持战略目标，并在实施中取得切实有效的成果。

三、平衡计分卡的实施步骤

平衡计分卡的实施步骤如下。

第一步，重新审视和明确企业的战略目标。

企业战略是企业根据内外部环境和自身资源，在综合考虑使命和愿景的基础上做出的中长期发展规划。企业战略制定以后，要通过各种形式和方法让员工理解企业战略，并使战略得到有效执行。平衡计分卡提供了能够从四个不同维度描述战略以及战略目标关系的管理框架，可以有效帮助企业组织各个层次的员工理解并执行战略。因此，企业要想通过平衡计分卡使企业战略得到有效执行，首先要重新审视和明确战略目标。

第二步，创建战略地图。

创建战略地图是设计和实施平衡计分卡非常重要的一项内容。战略地图是显示财务、客户、内部业务流程、学习与成长四个维度的战略目标之间逻辑关联的框架图（如图2-8所示）。在创建战略地图时，企业组织首先要列出组织层面的财务、客户、内部业务流程、学习与成长四个维度，然后明确每个维度的战略主题和目标，最后绘制每个维度战略主题和目标之间的逻辑关系。

在创建了组织层面的战略地图之后，就要使用"级联与对齐"方法创建部门和岗位的战略地图，通过"级联与对齐"创建的不同层级的战略地图可以快速传达并呈现每个部门和岗位如何为公司的战略目标做出贡献。其中，"级联与对齐"是将组织层面目标分解为相互关联和协调统一的、小的、独立的部门或岗位目标的过程。从平衡计分卡的四个维度出发创建不同层级绩效执行主体的战略地图比较常用的方法就是"级联与对齐"（如图2-9所示）。

需要注意的是，在确定部门或岗位的战略地图和平衡计分卡时，需要综合考虑部门或岗位的职责定位、对公司目标的贡献，以及跨部门和跨岗位之间的协作等问题，并在此基础上明确部门或岗位的独有目标、跨部门和跨岗位之间的共享目标，以及部门或岗位对其他部门和岗位的贡献目标。

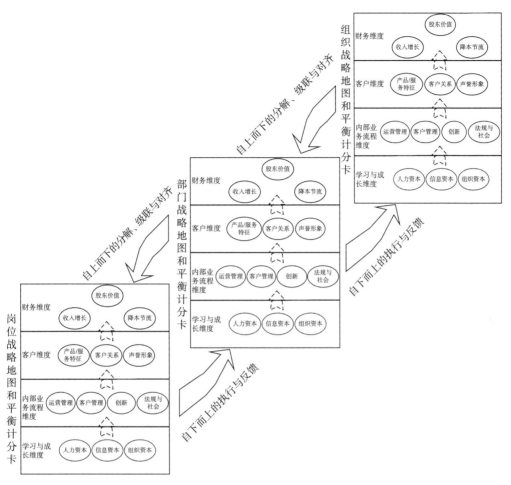

图 2-9 不同层级战略地图和平衡计分卡的级联与对齐

第三步，创建计分卡。

在通过"级联与对齐"方法从平衡计分卡的四个维度出发创建不同层级绩效执行主体的战略地图之后，紧接着就要创建相应的计分卡。具体形式请参见本章"平衡计分卡的框架"部分的内容。

第四步，创建战略行动计划表。

创建战略行动计划表的目的是将计分卡中的战略目标细化为一系列具体的、可操作的、可监控的行动计划，并明确每项目标任务的完成时间节点、责任归属和资源安排等。具体形式请参见本章"平衡计分卡的框架"部分的内容。

第五步，实施平衡计分卡。

在确定平衡计分卡各维度的指标及其目标值之后，公司需要在特定的绩效管理周期对指标的相应内容进行过程管理，收集绩效方面的信息和数据，及时了解公司战略目标的执行情况。若出现问题，则有针对性地加以改进。

第六步，评价与反馈。

在特定绩效管理周期结束后，组织、部门要根据绩效信息对组织、部门和岗位的绩效进行评价。通过比较平衡计分卡各维度指标的目标值和实际值，明确组织、部门和岗位的绩效完成情况，将各考核对象的绩效结果反馈给他们，并讨论沟通业绩达标与不达标的原因，制订绩效改进计划。

四、对平衡计分卡的评价

传统的财务分析体系仅仅能够衡量组织过去取得的绩效，无法评估组织前瞻性的发展指标。平衡计分卡打破了这种局限性，它从财务、客户、内部业务流程、学习与成长四个维度衡量组织的绩效，弥补了传统模式的不足。平衡计分卡在战略的指导下，实现了组织内外部各方力量和利益的有效平衡。

（1）财务指标与非财务指标的平衡。为了克服传统绩效衡量方法仅依赖财务指标的不足，平衡计分卡引入了非财务指标，涵盖了客户、内部业务流程、人力资源、信息管理以及组织发展等多个方面。

（2）长期目标与短期目标的平衡。企业的核心目标是创造持续增长的股东价值，这代表一项长期的承诺；然而，企业在追求长期价值的同时，也不能忽视对短期业绩的关注。在平衡计分卡中，内部业务流程层面的各类流程在为组织带来益处的时间段上存在差异，通过巧妙地组合内部业务流程，管理者可以塑造不同的战略主题，确保企业在经营决策中平衡考虑长期利益和短期利益，从而实现可持续的发展。

（3）客观指标与主观指标的平衡。平衡计分卡倡导的绩效评价指标体系是一个综合性体系，它不仅仅局限于即时获取客观数据的财务指标，更纳入涉及客户、流程以及无形资产方面的多维度指标。特别是针对无形资产的衡量指标，由于其复杂性和抽象性，往往难以仅凭单一数据进行精确判断，而更多地依赖个体的亲身体验、主观感受和经验判断。

（4）滞后指标与领先指标的平衡。平衡计分卡的财务和客户层面主要描述组织预期达成的绩效结果，这些结果可以体现组织在市场和财务方面的表现。而内部业务流程和学习与成长层面则描绘组织实现战略目标的驱动因素，这些因素决定组织如何实现目标。在平衡计分卡中，前两个维度的指标是对工作最终结果的衡量，被界定为滞后指标；后两个维度的指标则是对工作过程或阶段性成果的衡量，被界定为领先指标。

（5）外部绩效和内部绩效的平衡。组织的经营管理决策和行为不仅受到政府、供应商、辅助厂商、客户、竞争对手、行业协会和股东等外部利益相关者的深刻影响，同时还受到组织内部各个子系统（如生产、研发、营销和人力资源等）的复杂影响。平衡计分卡作为一种综合性战略管理工具被应用于企业管理，管理者应深刻认识到实施战略过程中有效平衡不同群体利益的重要性。它旨在通过确保组织在有效执行战略的过程中妥善平衡不同群体间的利益，从而确保战略的顺利实施和组织的长期成功。

总体而言，平衡计分卡具有诸多优点，主要体现在以下几个方面。

（1）使整个组织行动一致，服务于战略目标。平衡计分卡的每个目标、每项措施都与组织的战略目标紧密相关，因此能够有效地将组织战略转化为各级员工的绩效指标。这种转化确保整个组织的行动保持一致，从而更好地服务于战略目标。

（2）有效平衡多方面指标，防止顾此失彼。平衡计分卡成功地结合了组织的多方面指标和关键要素，使管理者能够全面考虑不同方面和不同部门的职能。这种综合性方法可以有效避免为提高某一方面的绩效而牺牲其他部门利益的决策，确保了组织的整体平衡和可持续发展。

（3）将员工个人与组织目标串联起来，促进各级员工对组织目标和战略的沟通与理解。平衡计分卡为整个组织提供了一种共同语言，把组织各级绩效执行主体的目标联系起来。这种相互连接的"共同语言"和"统一的目标"促进了各级绩效执行主体之间的交流与协作。

虽然平衡计分卡有诸多优点，但它也有局限，例如，设计和实施平衡计分卡非常复杂，设计和实施成本高昂；而且，如果没有高层管理者的支持，很难成功实施平衡计分卡。尽管如此，自1992年被正式提出以来，平衡计分卡还是得到广泛的认可和高度评价。平衡计分卡为管理人员提供了一个全面的战略管理框架，将公司的战略目标转化为一套相互关联的绩效衡量指标。它不仅是一种绩效评估工具，更是一个连接战略与运营的闭环战略管理系统，有助于公司在生产、流程、客户和市场开发等关键领域实现突破性进步。

近年来，卡普兰和诺顿结合数字时代企业经营的特点与背景，提出第二代平衡计分卡战略管理理念。这一理念旨在帮助企业适应时代的发展并更好地进行数字化敏捷战略管理，并提供新的管理工具。

思考题

1. 目标管理的含义是什么？如何理解并评价目标管理的地位和作用？
2. 关键绩效指标是如何产生的？它的设计思路是什么？
3. 谈谈目标与关键成果法的内涵、特征及设计思路。
4. 简述 KPI 和 OKR 的区别与联系。
5. 谈谈你对平衡计分卡四个维度的认识。
6. 论述如何创建平衡计分卡。

第三章

绩效计划

本章要点

1. 理解绩效计划的内涵。
2. 明确绩效计划的类型以及制订绩效计划应遵循的原则。
3. 熟练掌握制订绩效计划的步骤。
4. 明确制订绩效计划时需要做的准备。
5. 掌握绩效目标、绩效指标、绩效指标的权重、绩效标准等与绩效计划相关的内容。
6. 明确如何制定有效的绩效行动方案体系。

思政元素

平衡与和谐；公平与正义；价值引领；大同思想；以人为本；民主参与、民主协商、民主决策；系统观；分工合作，互利共赢；客观评判，实事求是；服务意识；团队精神；创新精神，创造能力；危机管理和忧患意识；主观能动性；权利与责任；可持续发展；审时度势，稳中求进；规则意识，规范意识；趋利避害，扬长避短。

第一节　绩效计划概述

一、绩效计划的内涵

绩效计划是确定组织对部门以及部门对员工的绩效期望，并得到其认可的过程。在这个过程中，管理者和员工基于组织的战略规划及年度工作计划，通过绩效面谈的方式，共同确定组织、部门及个人的工作任务与工作目标，并最终签订绩效协议（合约）。通常来说，绩效计划包括一系列明确的目标、标准和指标等重要内容，旨在确保员工的工作任务与组织的长期目标和战略一致，助推组织把公司战略转化为绩效执行主体的具体行动。通过绩效计划，管理层可以设定具体的期望值，为员工提供清晰的工作方向。

为了深入理解绩效计划，我们要全面把握以下几个方面。

（一）绩效计划是基于公司战略目标的协议体系

绩效计划是将组织的战略目标转化为具体行动的重要过程和环节，通常涵盖组织、部门和个人三个层面的绩效计划，这三个层面的绩效计划形成一个兼具系统性、协同性和可操作性的绩效计划体系。除此之外，实践中还可能有子公司层面的绩效计划。如图3-1所示，某集团公司绩效计划体系包括从《集团公司绩效计划》，到《子公司绩效计划》《部门绩效计划》，直至员工个人层面的《员工绩效计划》共四个层级。其中，员工绩效计划作为整个绩效计划体系的基础，要求各级管理者与员工共同参与、双向沟通。在制订员工绩效计划时，双方需要充分讨论员工在绩效周期内要做什么、为什么做、需要做到什么程度、应何时做完等问题，以促进相互理解、达成共识，并建立和谐的工作关系。通过绩效计划体系，员工的工作行为和结果能够与组织战略性绩效紧密相连，推动组织的持续改进和提升，进而实现组织战略目标。

（二）绩效面谈是绩效计划制订中不可或缺的互动环节

绩效面谈是整个绩效计划制订过程中不可或缺的一部分。在这个环节中，上下级的互动沟通有助于双方对绩效目标的理解，对工作期望的明确，以及对绩效改进的方向达成共识。通过面谈，上级管理者可以向下级绩效执行主体解释组织的期望和目标，并与他们协商达成共识，确保绩效目标的合理性和可行性。面谈还为下级绩效执行主体提供表达想法、提出建议和反馈的机会，提高绩效执行主体的参与度和承诺。如图3-1所示，在组织层面，集团公司董事会需要和公司经营班子就集团层面的绩效任务目标进行充分的沟通。相应地，在子公司、部门层面都需要上下级对绩效计划进

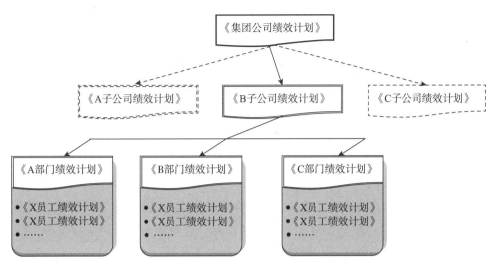

图3-1 某集团公司绩效计划体系示例

行充分的商谈。在员工个人层面，管理者与下属就绩效计划的问题进行双向、全面和持续的沟通。这个过程体现了全员参与的原则，意味着每个绩效执行主体都有机会表达自己的观点和意见，并参与制订和执行绩效计划的过程。

（三）绩效目标、绩效指标、绩效标准和行动方案是绩效计划的关键组成部分

绩效计划的主体内容是指在充分的沟通和协商基础上，上下级绩效执行主体共同明确一个绩效周期内应该做什么、如何做、为什么做、需要做到什么程度以及各项绩效任务的相对重要性（权重）等问题。这些内容在绩效计划中具体体现为绩效目标、绩效指标、绩效标准和行动方案。这些关键组成部分相互关联，共同确保绩效计划体系的完整性和实用性。行动方案是为了帮助员工实现绩效目标而制订的具体行动步骤和计划，包括必要的资源支持、培训发展和工作安排等。

（四）绩效协议是绩效计划的最终呈现形式

通过签订绩效协议，上下级就绩效协议内容达成共识。绩效协议通常包括绩效目标的具体描述，绩效指标的具体设定、衡量方法、评价时间和频率、奖励和激励措施等内容，这些内容共同构成绩效计划的核心框架。签订绩效协议为组织和员工提供了明确的行动指南与目标导向，有助于明确双方的责任和期望，建立起双向的沟通和合作机制，为绩效计划的实施提供明确的指导和参考。在实际操作中，绩效计划的最终呈现形式会因组织的实际情况而有所不同。

二、绩效计划的类型

绩效计划可以根据不同的分类方式进行划分。这些分类方式有助于企业根据自身的具体需求和特点，设计和实施最为合适的绩效管理体系。

（一）按战略目标划分

按战略目标的纵向分解，绩效计划可以分为组织绩效计划、部门绩效计划和个人绩效计划，这是绩效管理实践中最普遍的分类方式。这种分类方式将绩效目标从整体组织层级逐渐分解到部门和个人层级，以确保整个组织的战略目标能够得以实现。

1. 组织绩效计划

组织绩效计划是在组织层面制定的，关注整个组织的绩效目标和绩效改进。它与组织的战略目标密切相关，旨在确保组织能够朝着战略方向前进。组织绩效计划通常由高层管理团队制订，涉及战略规划、市场份额、盈利能力、客户满意度等关键指标。这些目标和指标可以通过分解和设定关键成果来实现，以便更好地追踪和评估组织的整体绩效。

2. 部门绩效计划

部门绩效计划是在组织绩效计划的基础上制订的，着重于部门层级的目标和绩效评估。每个部门根据组织绩效目标制订自己的绩效计划，旨在为实现组织战略目标做出贡献。部门绩效计划可以涉及部门绩效指标、目标标准、资源利用效率、团队合作等方面。这些目标和指标需要与组织绩效计划一致，并且具体到相关部门的实际情况，以确保部门能够在整体战略中发挥有效的作用。

3. 个人绩效计划

个人绩效计划是在部门绩效计划的基础上制订的，着重于员工个人的目标和绩效评估。每个员工根据部门绩效目标制订自己的绩效计划，旨在为部门和组织的绩效改进提供支持。个人绩效计划可以包括个人工作目标、指标和标准、个人能力提升等方面。这些目标和指标需要与部门绩效计划相衔接，并且与员工的角色和职责相匹配，以确保员工在实现部门和组织绩效目标方面具有明确的职责和贡献。

通过这种纵向分解的绩效计划分类方式，组织能够将整体战略目标转化为可操作和可衡量的绩效目标，并将其与不同层级的员工目标相衔接。这种分类方式使得每个层级的绩效计划都与整体目标保持一致，并在不同层级之间形成协同。

（二）按时间周期划分

按时间周期，绩效计划可以分为年度绩效计划、季度绩效计划和月度绩效计划。

1. 年度绩效计划

年度绩效计划是针对整个工作年度制订的计划，它通常由上下级绩效执行主体共同制订，涵盖全年的目标和关键成果。年度绩效计划关注长期目标的实现和组织战略的推进。年度绩效计划中可以设定具体的绩效目标，明确期望的绩效水平，并确定相应的绩效指标和标准。此外，年度绩效计划还可以包括提供培训和发展机会，以支持员工的成长和绩效改进。

2. 季度绩效计划

季度绩效计划是在年度绩效计划的基础上制订的稍短期计划，它将整个工作年度分解为四个季度，每个季度设定具体的目标和行动计划。季度绩效计划通常更加具体和可操作，以帮助绩效执行主体更好地了解当前阶段的重点工作和期望绩效。季度绩效计划中可以设定具体的绩效指标和标准，进行更频繁的绩效评估和反馈。此外，季度绩效计划还可以调整年度绩效计划中的目标和策略，以适应不断变化的环境和业务需求。

3. 月度绩效计划

月度绩效计划是在季度绩效计划的基础上制订的更短期计划，它将整个季度进一步分解为每个月的目标和行动计划。相较于季度绩效计划，月度绩效计划更加具体和可操作，以帮助绩效执行主体更好地规划和执行工作任务。月度绩效计划中可以设定具体的任务和绩效指标，进行更细致、更及时的绩效评估和反馈。此外，月度绩效计划可以帮助员工及时调整工作重点，解决问题，保持工作的动力和效率。

（三）按职位层级划分

根据组织内绩效执行主体的职位层级，绩效计划还可以分为高层管理者绩效计划、部门管理者或团队领导绩效计划、一般员工绩效计划。

1. 高层管理者绩效计划

高层管理者绩效计划是针对组织高层管理者（包括首席执行官、高级副总裁、总监等职位）制订的。高层管理者的绩效计划关注整个组织的战略制定和执行，以及组织的整体绩效。他们的绩效目标通常与组织的长期发展、利润增长、市场份额扩大、战略合作等相关。高层管理者绩效计划中可能包括利润指标、组织发展和战略目标的达成情况等。

2. 部门管理者或团队领导绩效计划

部门管理者或团队领导绩效计划是针对中层管理层或团队领导者制订的。他们负责管理和领导特定的部门或团队，以及实施组织战略并推动绩效改进。他们的绩效计划目标通常与部门绩效、团队协作和员工发展等方面相关。

3. 一般员工绩效计划

一般员工绩效计划适用于非管理层的员工，与按照战略目标纵向分解方法中的个人绩效计划类似。一般员工的绩效计划通常包括工作目标、工作质量、效率和个人发展等方面。

三、制订绩效计划的原则

在制订绩效计划的过程中，无论针对哪种类型的绩效计划，都应该遵循以下基本原则。

（一）战略性原则

绩效计划应该与组织的战略目标和方向紧密对齐。这意味着绩效目标和指标应该直接支持组织的使命愿景与战略规划。制定与战略一致的绩效目标，可以确保绩效执行主体的努力和行动与组织的整体方向一致，促进战略实施和取得成功。

（二）协同性原则

绩效计划应该强调团队和部门之间的协同合作。组织的绩效不仅取决于个体的表现，还取决于团队和部门的协同工作。因此，绩效计划应该鼓励各绩效执行主体之间的合作、知识共享和相互支持，以推动整个组织绩效提升。协同性原则促进了跨职能和跨层级部门之间的合作，有助于实现绩效的整体优化。

（三）参与性原则

绩效计划的制订和执行过程应该充分考虑员工的意见及建议。员工在参与目标设定、绩效评估和奖励决策的过程中表达自己的意见和观点，可以增强其对绩效计划的认同感和承诺度。此外，员工对自身工作和绩效目标有着独特的了解与洞察，可以提供更准确的绩效评估和改进建议，促进员工发展和组织的持续改进。

（四）双向沟通原则

在绩效计划过程中，双向沟通在绩效计划过程中起到至关重要的作用。双向沟通旨在确保各绩效执行主体都能清楚地理解组织目标、部门目标以及对员工的期望，有助于各绩效执行主体之间的信息传递和理解，从而提高工作绩效计划制定的效果和效率。通过双向沟通，员工可以更好地了解组织和部门的目标，明确自己的工作职责和期望；同时，管理者也可以了解员工的需求和问题，为员工提供指导和支持。

四、制订绩效计划的步骤

战略性绩效管理系统把组织战略转化为每个员工的日常行动，确保组织战略目标的实现。在绩效管理实践中，有效的绩效计划的制订通常分为绩效计划的准备、绩效计划的制订、绩效协议的审核和签订三个基本步骤（如图 3-2 所示）。

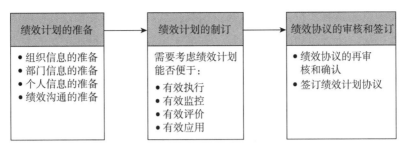

图 3-2 制订绩效计划的步骤

（一）绩效计划的准备

绩效计划是确保组织目标与员工个人发展目标一致的关键工具。为了制订一份有效的绩效计划，需要详细准备和考虑以下几个方面。

1. 组织信息的准备

组织信息的准备是制订绩效计划的基础。在绩效计划的制订过程中，首先要收集和整理组织层面的相关信息，包括组织的使命、愿景、战略目标以及经营计划。明确组织的核心使命和愿景，即组织的长期目标和期望的未来状态，可以为绩效计划提供整体的指导方向。了解组织当前的战略目标，有助于确保各绩效执行主体的工作与组织整体战略目标一致，并将绩效计划与战略目标对齐。

了解组织的经营计划可以帮助管理者更好地将组织的核心业务活动和战略目标紧密相连，识别关键绩效指标，确定绩效计划的时间框架和优先级。例如，如果组织的经营计划强调年度市场份额的增长，那么绩效计划中可能包含与市场扩张相关的销售目标和客户满意度指标；如果组织的经营计划强调提高产品质量和创新能力，那么绩效计划可能包括研发效率和产品合格率等指标。

2. 部门信息的准备

部门信息的准备是针对特定部门或业务单元的绩效计划制订的关键。在准备部门信息时，需要特别关注以下几个方面。

第一，明确部门的具体目标。在绩效计划中，明确部门的具体目标是关键步骤之一，包括确定部门在特定时间范围内需要实现的关键成果和绩效指标。这些目标应当与组织的愿景、整体战略目标及经营计划保持一致，同时也要反映部门独特的职能和贡献。

第二，梳理部门的职责。了解部门的职责有助于明确部门的经营任务重点和目标，确保绩效计划与部门的具体职能匹配。此外，清楚了解部门的职责还可以为员工提供明确的工作方向和期望结果。

第三，明确部门如何与组织其他部门相互配合。在绩效计划中，需要考虑部门间的合作方式和沟通机制，包括了解本部门与其他部门的依赖关系、协作项目和信息交流渠道。确保部门间协作的顺畅和高效，有助于实现整体组织的绩效目标，并为绩效计划的制订提供更全面的视角。

第四，了解部门的工作流程。这包括了解部门的工作流程、流程中的关键环节和所需的资源。了解工作流程有助于确定绩效目标和评估标准，并为优化流程提供改进的机会。考虑工作流程中的效率和质量要求，以确保绩效计划与部门工作的实际情况相契合。

第五，收集部门上一个周期的绩效情况。了解部门在上一个绩效周期内的表现和绩效情况对于制订新的绩效计划至关重要。通过回顾和评估过去的绩效表现，确定部门的强项和改进空间，并为新行动计划的制订提供参考。

3. 个人信息的准备

个人信息的准备需要考虑每个员工的职责描述、上一周期的绩效表现、技能和能力。了解每个员工的职责描述是绩效计划准备的基础。通过仔细审视员工的角色、职责、权责等职位描述，确保设定的绩效目标与员工的职责和期望一致。回顾员工在上一个绩效周期内的表现是制订新绩效计划的重要依据，有助于确定合理的目标和期望，并为制订个体发展计划和奖惩措施提供参考。了解员工的技能和能力既有助于确定他们在绩效计划中能够发挥的作用和承担的职责，又可以明确他们在完成绩效计划过程中所需的资源支持和指导帮助。

4. 绩效沟通的准备

在制订绩效计划的过程中，充分且双向的沟通至关重要。上下级绩效执行主体需要就绩效计划的具体内容达成共识，并确保双方在绩效协议上做出明确的承诺。因此，除收集组织、部门和个人的相关信息外，还需要为绩效计划的沟通环节做好准备工作，并确保沟通的顺畅和高效。

绩效沟通的准备主要涉及沟通形式和沟通内容。企业组织应当根据绩效管理的实际需求，确定适合的沟通形式，可以是全员性动员大会、小型动员会或讨论会，也可以是一对一的绩效计划面谈。不同层级和不同发展阶段的具体沟通内容会有所差异。在实际操作过程中，管理者至少需要向员工解释和说明以下几个方面的内容。

（1）组织整体目标。管理者需要向员工阐述组织的整体目标，让员工了解组织的发展方向和愿景，以便员工能够更好地为组织的目标而努力。

（2）部门（业务单元）目标。管理者需要向员工明确所在部门或业务单元的目标，让员工了解他们的工作如何与整个组织的目标相互关联。

（3）对员工的期望。管理者需要向员工明确为了达成公司和部门（业务单元）的目标，对员工的期望是什么，包括员工需要完成的任务、达到的业绩等。

（4）工作标准和时间期限。管理者需要向员工明确他们的工作应该达到什么样的标准，以及完成工作的期限长短。这有助于员工明确自己的工作职责和时间安排。

同时，员工需要向管理者表达至少以下几个方面的内容。

（1）对工作目标和完成工作的认识。员工需要向管理者表达自己对工作目标的理解，以及关于完成工作的想法。这有助于管理者了解员工的工作计划和思路。

（2）对工作的疑惑和不理解之处。员工需要向管理者提出自己在工作中遇到的疑惑和不理解的地方，以便管理者能够及时给予解答和指导。

（3）对工作的计划和打算。员工需要向管理者表达自己在工作中的计划和打算，以便管理者了解员工的工作进展和可能遇到的问题。

（4）在完成工作中可能遇到的问题和所需资源。员工需要向管理者反映在完成工作中可能遇到的问题，以及为解决问题所需的资源。这有助于管理者了解员工的需求，从而提供相应的支持和帮助。

（二）绩效计划的制订

绩效计划的制订是绩效计划的关键管理活动，它涉及对组织战略目标的明确、分解和转化，使组织、部门和个人层面的绩效计划相互衔接，并在此基础上形成绩效计划体系，最终为实现组织战略目标服务。明确的战略目标为绩效计划提供明确的方向和目标，确保绩效计划与组织的整体战略保持一致。战略目标的分解可以从组织层面到部门和个人层面，确保每个层级的目标都与上级目标紧密连接和相互支持。这种层级目标的对齐和衔接确保了绩效计划的一致性和整体性。绩效计划的制订涉及的具体内容和绩效行动方案将在本章第二节和第三节详细介绍。

（三）绩效协议的审核与签订

在制订绩效计划之后，企业组织需要进行审定，以确保其符合组织的政策和要求，以及每个层级的绩效计划与组织的战略目标保持一致。这个过程通常涉及核对绩效计划的合规性、可行性、一致性和衔接性，以及具体的绩效目标、指标的权重和设定方法、评估周期和频率、行动计划等。在审定绩效计划的细节时，应确保其具有可衡量性、公正性和可操作性。审定的参与者可以包括人力资源部门、上级主管、绩效管理团队等。一旦确定绩效计划的细节，绩效执行主体就可以签订绩效协议，以明确双方的权责和约定。签订绩效协议时，应确保员工充分理解和认同绩效目标、评估标准、奖励措施等内容，并明确双方的责任和权利。签订绩效协议的目的是激励员工努力工作、实现预期目标，并为绩效评估提供明确的依据。

第二节 绩效计划的内容

为了确保绩效计划的可操作性，企业必须明确各绩效执行主体在绩效计划中需要关注的关键内容，如绩效目标、绩效指标等。这些内容是绩效计划的核心组成部分，为绩效执行主体提供明确的指导和方向，可以帮助绩效执行主体了解自己在特定时间段内需要达到的绩效目标、标准和工作重点等。

一、绩效目标

（一）绩效目标的内涵

绩效目标是绩效计划的基石，它是指在特定绩效周期内绩效执行主体需要达成的具体目标或成果，也是企业组织对绩效执行主体的期望表现的明确表述。绩效目标不仅为绩效执行主体提供明确的工作方向，还是评估其工作表现的基础。通过将组织战略进行分解和细化，绩效目标将抽象的战略转化为具体的、可操作的行动，为制定绩效指标、绩效标准、行动方案提供基础和依据。绩效目标传递了组织战略对员工的价值引领方向，正确的价值引领能够使员工按照组织要求将战略付诸实施。

1. 绩效目标的组成

绩效目标主要由绩效目标的内容和绩效目标值组成。

（1）绩效目标的内容。绩效目标的内容通常是指绩效执行主体在绩效周期内应完成的工作任务项目，包括绩效项目和绩效指标两个方面。绩效项目是指绩效维度，即从哪些方面对部门或员工进行评估，如工作业绩、工作能力、工作态度等。绩效指标则是对绩效维度进一步分解和细化得到的具体评价指标。以工作业绩为例，可以将其细分为货款回收率和客户满意度等方面；工作能力则可以具体分为分析判断能力、沟通协调能力、组织指挥能力和开拓创新能力等。其中，工作业绩和工作能力是绩效维度，货款回收率、客户满意度、分析判断能力、沟通协调能力、组织指挥能力和开拓创新能力则是与其对应的绩效指标。

（2）绩效目标值。绩效目标值是针对每个具体目标任务（绩效指标）设定的业绩要求，它明确了目标任务应达到的业绩水平。举例来说，汽车销售量达到500万台就是一个具体的绩效目标值。通常，绩效目标值也可以作为绩效标准，用于衡量绩效执行主体的绩效水平。

2. 绩效目标的制定依据

制定绩效目标通常有以下四点依据。

第一，组织战略。组织战略通常由高级管理者制定，关注组织在市场上的定位、增长目标、利润和市场份额等方面。在制定绩效目标时，高级管理者需要将组织战略转化为能够指导组织、部门及员工个人行动的具体目标和指标。通过将战略分解和细化为各级绩效执行主体的绩效目标，组织能够为每个绩效执行主体提供明确的工作方向，确保他们的工作与组织战略保持一致，从而推动战略的顺利实施。

第二，部门和职位的具体职责。每个部门和职位在组织中扮演不同的角色与职能，因此其绩效目标应该与职责相匹配。例如，销售部门的绩效目标可能包括销售额、市场份额和客户满意度等指标，而研发部门的绩效目标可能包括产品创新和研发效率等指标。根据部门和职位的特点设定绩效目标，可以确保绩效执行主体在实施组织战略的同时履行自身的具体职责。

第三，客户需求。企业的成功与否往往取决于其能否满足客户的需求并提供卓越的产品或服务。因此，绩效目标应该与客户需求紧密相关，可能涉及提高产品质量、缩短交付时间、提供个性化的解决方案、增强客户体验等方面。通过将客户需求纳入绩效目标的制定依据，企业可以更好地关注客户价值，提高客户满意度，并在市场竞争中保持竞争优势。

第四，市场竞争。企业组织需要关注竞争对手的行动和市场表现，并制定相应的绩效目标来应对竞争与挑战，可能包括增强产品或服务的特色和差异化、降低成本、提升市场份额等。通过将市场竞争纳入绩效目标的制定，企业组织可以更好地适应市场变化，保持竞争力，并实现可持续发展。

（二）绩效目标的类型

在绩效管理实践中，绩效目标的分类方式多种多样，每种分类都与特定应用场景关联。除常见的组织绩效目标、部门绩效目标和个人绩效目标的分类方式外，还有以下几种分类方式：

1. 根据绩效周期的长短，绩效目标可以分为短期目标、中期目标和长期目标

（1）短期目标通常是指在一个较短的时间（如一个季度或者半年）内需要达成的目标。这些目标通常是具体且明确的，易于量化，比如提高本季度的销售业绩、减少生产成本或提升客户满意度等。短期目标有助于员工集中精力解决眼前的问题，同时也为中期目标和长期目标的实现打下基础。

（2）中期目标是指在一两年的时间范围内设定的目标。这些目标往往比短期目标更为复杂，可能需要多个部门或团队的合作才能实现，比如开发新产品、进入新市场或改善组织结构等。中期目标有助于引导员工关注公司的战略发展，同时也为短期目标和长期目标的连接起到"纽带"作用。

（3）长期目标是指三年以上的远景规划，它是公司未来发展的蓝图，通常与公司的战略、愿景和使命紧密相关，可能包括成为行业领导者、实现可持续发展、建立国际品牌等宏大目标。这些目标往往需要长期的规划和持续的努力才能实现，其实现对公司的长远发展具有决定性的影响。

不同类型的绩效目标相辅相成，共同构成一个完整的目标体系。企业在制定绩效目标时，需要综合考虑短期目标、中期目标和长期目标的关系，确保它们之间的连贯性和协同性，从而推动整个组织向着既定方向发展。

2. 根据能否用数字来衡量，绩效目标可以分为定量目标和定性目标

（1）定量目标。定量目标是指可以用具体数字来衡量的目标。这些目标通常可以转化为可量化的绩效指标，如销售额、利润增长率、市场份额、生产效率等。定量目标具有明确性和可衡量性，使员工能够清晰地了解他们需要达到的具体目标数值。

（2）定性目标。定性目标是指无法用具体数字来衡量，但可以通过描述以及评估员工的行为、技能和态度来衡量的目标。这些目标通常涉及员工的职业素养、团队合作、领导能力、客户关系管理等方面。定性目标的评估通常基于观察、反馈和信息的综合，它可以帮助员工发展关键的软技能和行为特质，促进团队合作及跨部门协同。

（三）绩效目标的制定原则

在绩效管理实践中，制定绩效目标时应遵循SMART原则，其具体含义如下。

1. 具体的（specific）

绩效目标应该明确阐述所期望的结果或行为。这意味着绩效目标应该明确回答以下问题：要实现什么？为什么要实现？在哪个领域或方面要实现？这一特征有助于消除绩效目标的歧义和模糊性，使员工清楚地了解他们需要做什么和为何这样做。

2. 可衡量的（measurable）

绩效目标应该是可衡量的，即能够使用具体的指标或标准来评估目标的达成程度。可衡量性使得绩效目标能够被量化、监测和追踪，以便进行绩效评估和反馈。目标可衡量意味着每个具体的目标任务有明确的衡量标准，这些标准可以客观地衡量目标的完成情况。例如，客户经理的绩效目标是"提高客户满意度"，其中一个衡量指标是"客户投诉率"，绩效标准为"5%以内"。

3. 可达到的（attainable）

绩效目标应该是可达到的，即具备一定的挑战性和可行性。目标不应过于简单，

否则将缺乏激励和发展的空间；也不应过于困难，否则将导致员工感到无望达成。确保目标可达到有助于员工保持积极性、专注度和动力，并使员工确信通过努力能够实现目标。

4. 相关的（relevant）

绩效目标应该与组织战略和绩效执行主体的角色职责相关。目标需要与组织的整体目标和愿景保持一致，以确保绩效执行主体的努力和成果与组织的发展方向相契合。相关性也包括确保目标与绩效执行主体的职位、职责和个人发展需求相匹配。

5. 有时限的（time-bounded）

绩效目标应该设定明确的时间限制或截止日期。时限性有助于确保目标具备明确的时间框架，促使绩效执行主体及时行动和追求目标的完成。设定时间限制也有助于确保绩效评估和反馈的周期性，以及对目标进展进行跟踪和调整。

二、绩效指标

在确定绩效目标之后，下一个非常重要的工作就是把绩效目标转化为具体的、可衡量的绩效指标。这个过程要求细致地分析目标，并将其拆分、细化为具体指标，以便能够准确地跟踪绩效执行主体的目标完成进度。需要注意的是，在将绩效目标转化为绩效指标时，企业组织应确保绩效指标与绩效目标内容之间存在明确的对应关系，且绩效指标应该能够直接或间接地反映绩效目标内容，以及绩效执行主体对绩效目标的贡献内容（如表3-1所示）。这说明绩效执行主体完成指标的情况体现了绩效目标的实际达成情况。例如，如果公司给市场部经理制定的绩效目标是完成职责内的工作任务，则其相应的绩效指标可以包括销售额完成率和计划工作达成率等。

表 3-1 绩效目标及其对应指标示例

绩效目标	绩效指标
完成职责内的工作任务	销售额完成率
	市场策划的实施效果
	月度信息汇总的及时性
	计划工作达成率
优化内部管理	下属培训、能力发展效果
	部门出勤率
	实际可控费用/计划预计费用

为了使绩效目标转化为绩效指标后具有可操作性，企业组织应进一步明确绩效指

标的内涵和计算公式，以及绩效指标的类型、设计原则等。

（一）绩效指标的内涵和计算公式

绩效指标是对绩效目标的内容进一步细化后得到的具体评价内容或项目。它是绩效目标内容的载体和外在表现，为工作评价提供可参考的依据。为了便于绩效计划和后期绩效评估的有效执行，企业组织在确定绩效指标时还应明确每个指标的具体内涵及其计算公式，这样才能避免员工相互推诿责任或扯皮等现象。理解绩效指标的内涵需要明确两方面的内容，即指标名称和指标定义。指标名称是对评价指标内容的总体概括，如销售收入、利润率和产品合格率等。这些名称简明扼要地表达评价指标的核心内容，方便人们理解和记忆。指标定义提供了对指标内容的具体、可操作的定义或界定，用于揭示评价指标的关键可变特征和所涵盖的内容范围。例如，可将销售收入界定为"公司账户实际收到的资金"。

指标的计算公式是由指标定义和内涵转化而成的具体数学表达式。例如，计算员工个人缺勤率的公式是"实际缺勤天数/应出勤天数"。计算公式一旦确定，就能够用于计算绩效指标的达成情况，其结果可以用于评估、比较和监控绩效执行主体的表现。

对于为什么要清楚界定绩效指标的内涵这个问题，本书通过一个实例予以详细说明。例如，针对业务员的"销售额"绩效指标，按字面意思可以理解为销售单价乘以产品或服务的单位数量的总和。但是，对于销售额，至少有以下两种不同的理解：

（1）以产品销售后的回款总金额进行计算。这里的金额仍然需要明确是否包括现金、可兑现或可向第三方支付的通用有效票据。

（2）以产品出厂时数量与单价之积的总和进行计算。

由此可见，从不同角度理解销售额，其结果可能差别甚大。因此，在确定各绩效执行主体的绩效指标时非常有必要明确其内涵，统一各方的理解，并在此基础上确定指标的计算公式（如表3-2所示）。

表3-2 绩效指标、内涵及其计算公式示例

绩效指标	内涵	计算公式
销售额	以产品销售后的回款总金额进行计算。这里的金额仍然需要明确是否包括现金、可兑现或可向第三方支付的通用有效票据	产品销售后的回款总金额
运输过程损失比率	以产品交付客户后运输过程中的产品损失金额与总金额之比进行计算	（产品交付客户后运输过程中的产品损失金额/运输产品总金额）×100%

(续表)

绩效指标	内涵	计算公式
采购及时性	采购及时性是指按照质量标准检查合格后，按计划内规定把采购材料送达指定地方的概率，可以根据"（计划采购数量－延误数量）/计划采购数量"进行计算。其中，计划采购数量为指定时间内公司计划采购的原材料数量（件）；延误数量为指定时间内未按计划把采购材料送达指定地方的原材料数量（件），即未及时采购的原材料数量（件）	[（计划采购数量－延误数量）/计划采购数量]×100%

对于绩效指标的计算，通常有扣分法、绝对统计法、比例计算法和其他方法。

1. 扣分法

扣分法是按照一定规则将负面因素和错误行为转化为扣分的一种指标计算方法。根据事先确定的规则和要求，对员工的行为、结果或过程指标进行评估，并针对不符合规则和要求的情况从相应指标的配分中扣除一定的分数。例如，针对安全生产指标，如果发生安全事故，企业组织就可以根据事故严重程度从该指标中扣除一定分数；如果安全事故非常严重，则可以直接扣除全部分数。

2. 绝对统计法

绝对统计法是直接测量和统计绩效执行主体在某个绩效指标上的结果数值进行计算的一种方法。例如，为了衡量绩效执行主体的绩效，企业组织可以统计销售额、生产件数、客户投诉数量等指标的结果数值。

3. 比例计算法

比例计算法是将绩效指标的实际完成数量与其预设目标值或标准进行比较的一种计算方法。它通过将绩效执行主体实际达到的绩效指标值与设定的目标值或标准进行比较，计算出相对的绩效指标得分或达成率。例如，企业组织可以将员工的实际销售额与销售目标额进行比较，计算销售目标达成率。

4. 其他方法

随着大数据和智能算法技术的应用，除了扣分法、绝对统计法和比例计算法，企业组织可以利用大数据和算法模型来分析员工的绩效数据，提供更准确和个性化的绩效评估。例如，程序员利用算法将骑手的实时地理位置信息与任务相关信息（如新订单、优先级变化、截止时间）联系起来，平台根据骑手的工作量发放工资。

需要注意的是，选择合适的绩效指标计算方法是确保绩效评估有效的关键。不同的组织和岗位可能需要根据特定的业务需求选择适合的计算方法。无论是扣分法、绝对统计法、比例计算法还是其他先进的计算方法,其最终目的都是提高员工的工作绩效,促进组织的整体发展。

(二)绩效指标的类型

绩效指标是用于衡量绩效目标达成程度的具体评价内容或项目。它们可以是定量的,如销售额的增长率、次品率等;也可以是定性的,如客户满意度、团队合作质量等。为了构建全面、有效的绩效管理指标体系,确保评价指标的合理性和绩效计划的科学性,企业组织应当对绩效指标进行深入的理解和分类。从不同角度看,绩效指标有多种分类方式,常见的有以下几种。

1. 根据指标是否可以被量化分类

根据是否可以被量化,指标可以分为硬指标和软指标。

硬指标是一种基于统计数据的评价指标,通过建立数学公式或模型来计算评价结果,并以数量表示,如营业额、净利润率等。由于硬指标具有统计数据基础,因此其评价结果相对客观和可靠,能够减弱个人经验和主观意识的影响。然而,如果评价所依据的数据不可靠或评价的指标难以量化,那么硬指标的评价结果也可能不够客观和准确。

软指标主要依赖于评价者对评价对象的主观评价,并通过这种方式得出评价结果。软指标完全取决于评价者的知识和经验,容易受到各种主观因素和经验的影响。为了克服这些局限,实践中通常会采用多个评价主体共同参与的方式对软指标做出评价。

在实际评价工作中,通常不能只依赖硬指标或软指标对评价对象进行单一的评价,二者应当相互补充。在数据比较充足的情况下,应以硬指标为主、软指标为辅进行评价;在数据相对缺乏的情况下,则应以软指标为主、硬指标为辅进行评价。

2. 根据评价内容分类

根据评价内容,指标可以分为业绩指标、能力指标和态度指标。

业绩指标是评估员工表现的最直接和最常见的方式,是衡量员工在工作任务和职责方面的表现与成果的指标。一些常见的业绩指标包括:

① 工作数量指标。工作数量指标衡量绩效执行主体在一定时间内完成的任务数量,如生产的产品数量、处理的文件数量或服务的顾客数量等。

② 工作质量指标。工作质量指标衡量绩效执行主体完成的工作任务的质量水平,如产品的次品率、客户满意度、项目成功率等。

③ 工作效率指标。工作效率指标衡量绩效执行主体在完成工作任务时的效率,如工作速度、资源利用率、流程改进等。

④ 成本费用指标。成本费用指标衡量绩效执行主体在完成工作任务时所产生的成本，涉及绩效执行主体在完成工作任务时所产生的直接或间接成本，如材料成本、人力成本、运营成本等。

能力指标是衡量绩效执行主体所需的能力结构和能力水平的指标。一些常见的能力指标包括：

① 技术能力指标。技术能力指标衡量员工在特定技术领域的专业知识和技能水平。

② 沟通能力指标。沟通能力指标衡量员工与他人沟通、交流和表达的能力，包括口头沟通和书面沟通。

③ 领导能力指标。领导能力指标衡量员工在领导、激励和管理他人方面的能力，适用于管理层的绩效评价。

④ 问题解决能力指标。问题解决能力指标衡量员工解决问题、分析情况和制定解决方案的能力。

在实际操作过程中，不同层级、类型的绩效执行主体可能需要具备不同的能力，企业组织在设定工作能力指标时可以根据具体职位和角色要求而灵活调整。基层员工可能更注重其操作技能、执行能力和基本的问题解决能力。中层管理人员可能需要具备较强的组织协调能力、决策能力和团队管理能力。高层领导者则可能更加重视战略思维、领导力和创新能力。

态度指标反映不同绩效执行主体对工作所持的态度、情感、价值观、职业精神和个人品质，可以衡量员工的积极性、责任心和团队合作精神等方面。一些常见的工作态度指标包括：

① 事业心指标。事业心指标衡量员工对工作的投入、自我激励和对组织使命的认同，体现在员工对工作的热情以及追求职业发展的积极态度等方面。

② 成就感指标。成就感指标衡量员工对完成工作任务和取得成就的满意程度与自豪感，通常与个人的自信心和对工作成果的认可有关。

③ 责任心指标。责任心指标衡量员工对工作结果和职责的承担程度，表现为员工对待工作的认真态度、对团队和组织的忠诚度、面对挑战的担当精神。

④ 团队合作指标。团队合作指标衡量员工与他人合作、协作和提供支持的能力，以及构建积极的工作关系和团队精神。

3. 根据特质、行为和结果分类

这种分类方法把绩效指标分为特质类指标、行为类指标和结果类指标（如表3-3所示）。

特质类指标关注员工的内在属性，这些属性通常是个人的性格特征、能力或资质，包括但不限于智力、情商、专业技能、创造力及领导力等。特质类指标通常在招聘和选拔过程中被用来预测员工未来的工作表现，因为它们被认为是个人成功的基础。

行为类指标则侧重于评价员工在工作中的具体行为和活动，可能包括团队合作、沟通能力、客户服务、问题解决技巧以及对工作流程的遵循程度。行为类指标的评估通常通过观察和记录员工的日常表现进行，以确保员工的行为与组织的期望和文化相一致。

结果类指标则是对员工工作成果的量化衡量，可能包括销售额、项目完成情况、客户满意度、生产效率或其他具体的业绩目标。结果类指标是员工对公司目标贡献程度的直接反映，通常用于确定奖金、晋升或其他激励措施。

表 3-3 特质、行为、结果三类绩效评价指标

	特质类指标	行为类指标	结果类指标
适用范围	适用于对未来的工作潜力做出预测	适用于评价可以通过单一方法或程序化方法实现绩效标准或绩效目标的岗位	适用于评价可以通过多种方法达到绩效标准或绩效目标的岗位
不足	• 没有考虑情境因素，通常预测效度较低 • 不能有效反映实际工作绩效，员工易产生不公平感 • 将注意力集中在短期内难以改变的员工个人特质上，不利于改进绩效	• 需要区分能够达到目标的不同行为方式，以选择真正适合组织需要的方式，这一点是十分困难的 • 当员工认为其工作重要性较小时，意义不大	• 有时结果不完全受绩效执行主体的控制 • 容易诱使绩效执行主体为达到一定的结果而不择手段，使组织在获得短期效益的同时忽视长期利益

资料来源：杨杰，方俐洛，凌文辁（2000）.对绩效评价的若干基本问题的思考.《中国管理科学》，（04），75-81.

除上述指标的分类方式外，还可以依据不同的维度和标准进行更细致的分类。这种多元化的分类方式有助于从不同角度全面评估组织的运营效果。例如，根据平衡计分卡框架，绩效指标可以分为财务指标和非财务指标。财务指标通常关注企业的经济效益，如收入、利润和成本等；非财务指标则涉及客户满意度、员工参与度和内部流程效率等方面。

绩效指标也可以分为客观指标和主观指标。客观指标基于可量化的数据和事实，如销售额和市场份额；主观指标则依赖于个人的观点和感受，如员工的满意度和领导力的评价。

此外，绩效指标还可以根据其在管理过程中的作用被分为领先指标和滞后指标。

领先指标是领先于结果的指标，可以预测未来的表现，如新产品开发时间；滞后指标则是对已经发生的结果进行衡量，如季度销售业绩。

总之，根据不同分类标准，指标可以有多种分类方式，企业组织可以根据自身需要对指标分类，并据此对绩效执行主体进行评价。

（三）绩效指标的设计原则

为了确保绩效指标能够有效支撑企业战略目标，而且能够反映绩效执行主体对企业战略目标的贡献，企业组织在设计绩效指标时应遵循一系列原则。

1. 独立性原则

独立性原则是指绩效指标之间应该相互独立，指标之间应有明确的界限，且指标内涵不相互冲突或重叠。每个绩效指标应该独立地评价绩效执行主体在不同方面的表现和贡献，避免指标之间的干扰和重复计算。这样可以确保绩效评价的准确性和公正性，同时鼓励员工在多个维度上全面发展和取得成绩。例如，在"沟通协调能力""组织协调能力"两个指标中都包含"协调"一词，但实际上它们适用于不同类型员工的评价，并且含义也有所不同。对于普通员工的评价，可以使用"沟通协调能力"这一指标；而对于中层管理人员，尤其是负责管理一定数量下属的管理者，则可以通过"组织协调能力"这一指标评价他们在部门协调和员工协调方面的工作表现。

2. 可测性原则

评价指标的可测性是由其本身的特征和评价过程的可行性共同决定的。首先，评价指标应具备明确的定义和操作方法，以便能够准确地测量和评估。这意味着指标应该具备明确的量化方法或标准化的评分体系，以确保不同评价者在评价过程中能够得出一致的结果。其次，评价指标还应考虑到实际环境中的各种因素和限制，以确保评价过程的可行性和有效性。例如，评价指标所依赖的数据或信息是否容易获取，评价所需的资源和时间是否可行，评价过程中是否存在其他干扰因素，等等。只有在这些现实问题得到妥善解决的情况下，评价指标才能够被有效地应用于实际绩效评价。最后，企业组织应尽可能地量化绩效指标。对于难以量化的指标，应尽量将其日程化或行为化，以便评价者对绩效执行主体进行客观评估，这样可以确保绩效评估的准确性和可靠性。

3. 对齐性原则

对齐性原则强调将个人、部门和组织层级的绩效指标与企业各级目标保持一致。这意味着绩效指标应该与组织的战略方向、长期目标和短期目标相契合。通过确保各级指标之间的对齐，员工的绩效评价和奖励与组织的整体目标一致，从而实现协同效应和达成战略目标。

(四)绩效指标体系设计

根据指标的设计原则,企业组织可以设计出一套有效的绩效指标体系,这样的绩效指标体系将为组织提供有价值的信息和数据,以支持决策制定、员工发展和组织流程的持续改进。

1. 确定绩效指标的方法

绩效指标必须与企业战略目标紧密相连,并反映部门和个人的具体工作任务及其对战略目标的贡献。因此,企业组织在确定绩效指标时,需要采用科学且系统的方法来提取与组织战略匹配的绩效指标。几种常见的提取绩效指标的方法如下。

(1)工作分析法。工作分析是一种系统地研究和收集工作岗位信息的过程,涉及对特定职位的任务、职责、技能要求、工作环境以及完成工作所需的其他关键因素的详细审查和分析。通过工作分析,组织能够获得两项至关重要的成果:职位描述和任职要求。这两项成果对于组织的人力资源管理至关重要,它们为招聘新员工、设计培训计划、进行绩效评价、制定薪酬标准等提供翔实的依据。

在以提取绩效指标为目的的工作分析中,企业首先要明确某一岗位的任职者应当具备哪些能力,以及该任职者的工作职责;还要确定用什么指标衡量任职者的能力和工作职责,并指出这些能力和工作职责的相对重要性。例如,某公司通过工作分析明确了工业工程师的重要工作职责包括标准制定、编写 SOP 文件、改进工艺以提高产能,据此,公司就可以把 SOP 文件和产能提高程度作为工业工程师的重要绩效考核指标。

(2)个案研究法。个案研究法是一种在较长时间内对个体、群体或组织进行持续、系统深入研究的方法,这种方法的核心在于通过对精心挑选的典型个案进行深入研究,从中提炼出具有普遍性的规律和原则,这些规律和原则往往能够为理解绩效执行主体的绩效指标提供关键依据。

常见的个案研究包括典型任务(事件)研究与资料研究两类。典型任务(事件)研究关注的是那些被认为典型的工作任务或特定事件的详细情况。在这种类型的研究中,研究者会将焦点放在典型人物的实际工作环境上,观察他们的行为表现、决策过程以及与工作绩效相关的各种因素。通过对这些典型人物的细致观察和记录,研究者可以收集到关于工作行为和绩效的直接证据。这些证据随后会被用来分析和确定对评价工作表现至关重要的评定要素。资料研究则侧重于对典型任务或事件的文本资料进行深入分析,涉及对大量的文档、报告、访谈记录、日记、信件等材料的收集和研究。研究者会对这些资料进行归纳、比较和批判性分析,以便从中提取出关键的主题和模式。这一过程不但有助于揭示个体或事件的内在动态,而且有助于发现那些可能在多个个案中普遍存在的共同要素。无论是典型任务（事件）研究还是资料研究，个案研究法都要求研究者具备高度的分析能力和洞察力。

（3）问卷调查法。问卷调查法是一种常用的研究方法，它通过设计一张调查表来收集和征求不同人员的意见。在设计调查表时，研究者应根据研究目的和需求，清晰地列出需要调查的内容，并提供填表说明和要求；然后，将调查表分发给被调查者，让他们根据自己的知识和经验自行选择答案。这种方法可以有效地获取大量的数据，并从中筛选出关键的评价指标。例如，研究者通过访谈归纳出 40 个员工的绩效评价指标，为了进一步缩减绩效指标的数目或突出比较重要的绩效指标，可以使用问卷调查法从这 40 个指标中筛选出最重要的几个。

根据问卷中答案的形式，问卷可以分为封闭式问卷和开放式问卷两大类。在设计封闭式问卷时，可以使用是非法、选择法、排列法和计分法来设计答案选项。

① 是非法。问卷中提出一系列问题，要求被调查者回答"是"或"否"。

例如：销售人员需要具备较强的沟通能力吗？　是（　）　　否（　）

② 选择法。被调查者必须在列举的两种陈述中选择一项。

例如：对营销主管而言，最重要的应该是专业的策划理论知识。（　）

对营销主管而言，最重要的应该是协作能力。（　）

③ 排列法。被调查者需要对多种可供选择的方案进行排序，以确定其重要程度。

例如：一个优秀的营销主管应具有沟通能力、协调能力、高度的责任心、丰富的专业知识、团队管理能力、营销谈判能力等特征，请根据这几项特征的重要性进行排序。

④ 计分法。被调查者应根据几个等级分数进行判断选择。

例如：营销主管的沟通能力应该

稍低于一般水平（　）　　具备一般水平（　）

稍高于一般水平（　）　　具备相当高的水平（　）

与封闭式问卷不同的是，开放式问卷不设定标准答案，被调查者可以根据个人意愿自由回答。例如，在一份关于营销主管绩效考核指标的问卷中，可能包含以下两个问题：

作为主管营销的领导，您认为在该职位上，营销主管最需要具备哪些关键能力？

作为主管营销的领导，您是否认为考勤记录是评价营销主管绩效的重要因素？

（4）专题访谈法。专题访谈法是一种通过面对面的口头沟通来获取相关信息的研究方法。它依赖于面对面的直接交流，通过口头沟通来收集深入、详细的信息。在实际应用中，专题访谈法通常涉及邀请受访者进行深入的对话，受访者通常为企业内部的关键人物，包括各部门的主管、人力资源部门的专员，甚至特定职位上的普通员工。研究者会与受访者进行一对一或小组形式的访谈，探讨各种主题，例如公司的绩效指标、工作流程、员工满意度等关键信息。通过这种方式，研究者能够获得第一手资料，这些资料往往比简单的问卷调查或公开的数据更丰富、更真实。

根据访谈对象的不同，专题访谈法可以分为个别访谈法和群体访谈法两种主要形式。个别访谈法强调的是与单一受访者建立信任和沟通的氛围，访谈通常在一个私密的环境中进行，使得受访者能够在轻松、自由、无压力的环境中表达自己的观点和想法。这种亲密的交流方式有助于研究者快速获取深层次的信息，并且能够让研究者捕捉到受访者的真实反应和非语言信息。群体访谈法则是以座谈会的形式进行，通常会邀请多位具有相似背景或经验的受访者参与。这种形式的访谈能够激发集体智慧，促进受访者之间的思想碰撞和经验分享。群体访谈法的优势在于集思广益，能够收集到多样化的观点，同时也体现团结民主的精神，让每个人都有机会发表自己的意见。

（5）经验总结法。经验总结法是一种在人力资源管理领域广泛应用的研究方法，它依赖于对过去实践经验的深入分析和归纳。这种方法的核心在于通过梳理和总结专家的经验，提炼出具有普遍适用性的规律和原则。经验总结法可以进一步细分为个人总结法和集体总结法。

个人总结法侧重于个体的经验积累。在这种方法中，通常会有人力资源领域的专家或企业内部的人力资源部门员工参与，他们深入回顾并反思自己在职场上的经历，特别是那些最成功或最失败的决策案例。通过对这些案例的深入剖析，他们能够识别出导致成败的关键因素，并从中提炼出宝贵的经验和教训。基于这些个人的反思和总结，专家们能够设计出一套用于评估员工工作绩效的指标目录，这些指标旨在量化和标准化员工的表现，以便更客观地衡量他们的工作成果。

集体总结法则是个人总结法的延伸，它涉及更广泛的参与者和更多的数据来源。在这种方法中，不是仅仅收集单个专家的意见，而是集合多个专家或者团队成员的经验和观点。通过组织研讨会、座谈会或工作坊等形式，促进知识共享和经验交流，从而使得团队能够集思广益，共同识别出行业内的最佳实践和常见陷阱。集体总结法有助于形成更全面、更多元的理解，因为它融合了来自不同背景和具备不同专长的人们的视角。

无论是个人总结法还是集体总结法，它们都强调从实际经验中学习的重要性。这些方法帮助人力资源从业人员更好地理解员工的行为模式，优化绩效评估体系，并为未来的决策提供数据支持。

2. 绩效指标体系框架

企业组织为了实现战略目标，需要将目标逐层分解，并最终形成一个绩效目标系统。这个系统不仅包含整个企业的宏观战略目标，还涵盖各个部门、团队及个人职位的具体目标。为了有效监控和评估这些绩效目标的实现情况，企业管理层必须设计一套绩效指标体系。这套体系能够全面反映企业在追求战略目标过程中的表现，并且能够提供关于各个层面绩效的详细数据（如图3-3所示）。因此，绩效指标体系也呈现出结构层次性。通过这套绩效指标体系，企业管理层可以更好地把握整个组织在不同层面的表现，及时发现问题并采取措施进行调整。这种分层的绩效管理指标体系有助于确保每个部门和员工的目标与企业的整体战略保持一致，从而推动企业向着既定的战略目标稳步前进。

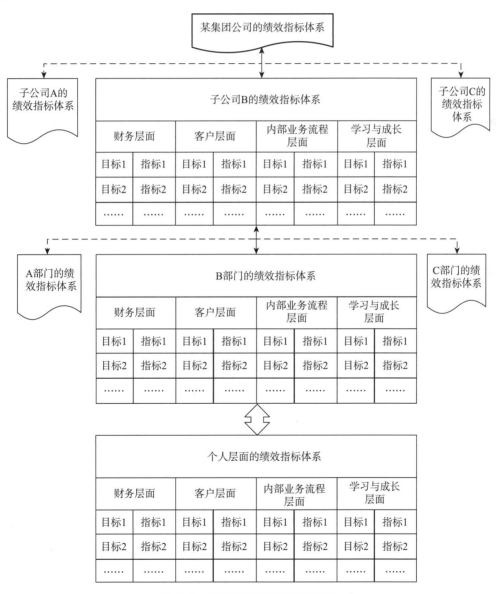

图3-3　全面协同的绩效指标体系

三、绩效指标的权重

绩效指标的权重是指在绩效评估过程中,各项指标所占比重或重要程度,反映各个绩效指标对绩效目标实现的贡献程度或相对重要性。绩效指标的权重分配,实际上是对组织战略重点的一种体现。通过合理地设置权重,员工可以明确哪些绩效指标是当前和未来一段时间内组织最为关注和重视的。这种明确的指示无疑会对员工的行为产生引导作用,激励他们将更多的精力和资源投入被赋予较高权重的绩效指标上。此外,合理的权重分配还能够帮助员工更好地理解绩效评估的依据和如何实现目标。当员工清楚地知道哪些行为和成果更重要时,他们在工作中的目标设定和优先级排序就会更加明确,从而更有针对性地提升自己的工作表现,以期达到甚至超越既定的绩效目标。

确定绩效指标的权重需要考虑以下几个因素。

(1)指标的重要性。不同的绩效指标反映了不同的业务目标和关键成果。在确定权重时,应根据指标的重要性及其对组织战略的贡献程度来赋予相应的权重。重要的指标应该具有较高的权重,以确保其对整体绩效评估有足够的影响力。

(2)相对优先级。在绩效评估中,可能存在一些指标相对于其他指标具有更高优先级的情况。这些指标可能与当前业务重点、关键绩效驱动因素或组织发展阶段等相关。在分配权重时,可以考虑给予这些相对优先的指标更高的权重。

(3)业务需求和环境。不同的业务需求和工作环境可能会对绩效指标的权重产生影响。例如,某些行业或部门可能更关注财务绩效,而其他行业或部门可能更关注客户满意度或创新能力。根据业务需求和环境特点,可以调整权重以反映不同绩效指标的重要性。

(4)参与者的意见和共识。在确定绩效指标的权重时,应该充分考虑管理层、员工及其他相关参与者的意见和共识。他们对各项指标的理解和认可程度可以为权重的确定提供有益的参考与支持,从而确保权重的公正性和可接受性。

需要注意的是,指标权重并非一成不变,随着业务环境和战略重点的变化,权重的调整和修订也是必要的。定期审查和调整绩效指标的权重,可以保持绩效评估的有效性和适应性。

在通常情况下,企业组织可以采用定性和定量两种方法设计指标的权重。定性方法包括主观经验法和德尔菲法。定量方法包括倍数加权法、权值因子判断表法和层次分析法(analytic hierarchy process,AHP)。

1. 定性方法

(1)主观经验法。这种权重确定方法最为简单,它依赖于决策者个人的经验及其对绩效指标重要性的理解进行权重分配。在某些情况下，决策者会召集相关人员和专家共同讨论，以收集多方意见并共同确定权重。此外，决策者也可以邀请多位专家为每个绩效指标打分，然后计算专家评分的平均值作为权重。主观经验法主要建立在个人主观经验的基础上，具有一定的主观性。

（2）德尔菲法。德尔菲法是一种系统地收集和整合多位专家意见的方法，通过多轮的调查问卷来获取专家们对某一问题的共识。在确定指标权重时，德尔菲法能够帮助企业汇集不同专家的见解，减少个人偏见，并提高决策的整体质量。采用德尔菲法确定权重的步骤如下。

① 确定专家组。选择一组具有相关专业知识和经验的专家参与德尔菲法的实施过程。这些专家对于所要评价指标的领域具有深入的了解和专业见解。

② 设计调查问卷。调查问卷用于收集专家的意见。问卷应明确列出需要评估的指标，并提供一个评价指标重要性的量表或方法。

③ 开展第一轮调查。将问卷发送给专家组，并要求他们根据自身的专业知识和经验，各自独立地对每个指标的重要性进行评估。可以使用数字评分、百分比或其他量化方式，让专家给出相对权重。

④ 汇总结果。收集专家的意见，并计算指标的平均分数或权重。汇总结果后，可以为每个指标生成一个权重分配的初步估计值。

⑤ 反馈结果。将上一步的汇总结果反馈给专家。需要注意的是，在反馈过程中应将专家的评分作匿名化处理，这样可以尽量保证评估专家不受其他人的影响。

⑥ 开展第二轮调查。在第一轮调查的基础上，重新发送问卷给专家。在第二轮调查中，要求专家根据第一轮调查的汇总结果对指标的重要性程度再次做出评估。

⑦ 汇总和分析。再次汇总专家的意见，并计算指标的平均分数或权重。比较第一轮和第二轮的调查结果，观察是否存在明显的差异。

⑧ 反复迭代。如果在第二轮调查中发现专家的意见仍存在较大的分歧或差异，则可以重复③—⑤的步骤，开展第三轮或更多轮的调查。通过多次迭代，专家之间的意见逐渐趋于一致，权重的确定也更准确、更可靠。

⑨ 最终确定权重。根据德尔菲法的结果和专家共识，最终确定指标的权重。可以使用平均值、加权平均值或其他协商的方法计算最终权重。

2. 定量方法

（1）倍数加权法。倍数加权法的实施步骤如下：

第一步，找出评价指标中重要性程度最小的一个指标，将其作为基准评价指标，并为其赋值"1"。

第二步，根据评分规则（如表3-4所示），将其他各指标与基准评价指标进行对比，做出其重要性是基准评价指标多少倍的判断，得到重要性倍数值。例如，如果销售量指标和基准评价指标（出勤）相比，销售量指标非常重要，那么就给销售量指标赋值"5"；将其他指标都与出勤相比，并赋予它们相应的重要性倍数值。

表3-4 倍数加权法评分规则

赋值	赋值判断依据
1	表示两个因素相比，具有同样重要性
2	介于"1"和"3"之间
3	表示两个因素相比，后者比前者稍微重要
4	介于"3"和"5"之间
5	表示两个因素相比，后者比前者明显重要，即非常重要

第三步，再用各指标的重要性倍数与倍数总和进行对比分析，换算成百分数，即为各个评价指标的权重（如表3-5所示）。

表3-5 倍数加权法评价指标权重表示例

评价指标	与出勤的倍数关系	权重（%）
下属培养	3	16
销售量	5	26
成本减少	3	16
品德素养	4	21
工作经验	3	16
出勤	1	5
倍数总和	19	100

注：权重=（重要性倍数/倍数总和）×100%

（2）权值因子判断表法。权值因子判断表法是通过组建专家小组来编制和填写权值因子判断表，并根据专家们的判断来确定各绩效指标的权重的一种方法。其中，专家通常是来自相关领域的资深人士，如人力资源专家、评价指标相关领域的管理者等，他们具备丰富的经验和专业知识，能够对不同绩效指标的重要性进行准确的评估。该方法主要操作步骤如下。

① 组建一个由绩效管理部门人员、评价专家及其他相关人员构成的专家组，专家组的构成可根据不同的指标和目的进行调整。

② 编制绩效指标权值因子判断表，如表3-6所示。需要注意的是，企业组织在

使用权值因子判断表时，每个指标不需要与自身进行比较，因此对角线单元格不必填写比较值。

表3-6 权值因子判断表示例

评价指标	下属培养	销售量	成本减少	品德素养	工作经验	出勤
下属培养						
销售量						
成本减少						
品德素养						
工作经验						
出勤						

③ 专家填写权值因子判断表。将各行中的指标与各列中的指标进行对比以确定绩效指标的相对重要性。如果采用四分制，非常重要的指标将被赋值4分，比较重要的指标被赋值3分，同等重要的指标被赋值2分，不太重要的指标被赋值1分，非常不重要的指标被赋0分（如表3-7所示）。

表3-7 权值因子判断表填写结果示例

评价指标	下属培养	销售量	成本减少	品德素养	工作经验	出勤	评分值
下属培养		3	3	3	3	2	14
销售量	1		2	2	4	3	12
成本减少	1	2		1	3	2	9
品德素养	1	2	3		3	3	12
工作经验	1	0	1	1		3	6
出勤	2	1	2	1	1		7

④ 统计各位专家填写的权值因子判断表，如表3-8所示。需要注意的是，为了方便后期计算，可以对指标权重进行适当的调整，例如可以把销售量权重调整为20%。

表3-8 权值因子判断表统计结果示例

评价指标	评价专家			评分总计	平均评分	权重（%）	调整后的权重（%）
	1	2	3				
下属培养	14	15	16	45	15.00	25.00	25
销售量	12	12	11	35	11.67	19.44	20

(续表)

评价指标	评价专家			评分总计	平均评分	权重（%）	调整后的权重（%）
	1	2	3				
成本减少	9	8	9	26	8.67	14.44	15
品德素养	12	12	12	36	12.00	20.00	20
工作经验	6	9	8	23	7.67	12.78	10
出勤	7	4	4	15	5.00	8.33	10
合计	60	60	60	180	—	100.00	100

（3）层次分析法。层次分析法是一种结构化的决策方法，由美国运筹学家托马斯·L. 萨蒂（Thomas L. Saaty）在 20 世纪 70 年代初提出。根据层次分析法的原理，管理者可以通过比较不同绩效指标之间的相对重要性来确定各指标的权重。管理者在运用层次分析法确定绩效指标的权重时，应遵循以下步骤。

① 明确企业组织、部门和员工个人层面的绩效指标体系。

② 创建比较矩阵。比较矩阵是对每个绩效指标进行两两比较的方阵（如表 3-9 所示），方便专家比较指标之间的相对重要性。

表 3-9 绩效指标比较矩阵示例

	下属培养	销售量	成本减少	品德素养	工作经验	出勤
下属培养						
销售量						
成本减少						
品德素养						
工作经验						
出勤						

③ 根据表 3-10 中的判断标准，由专家对绩效指标进行两两成对比较，以判断各指标的相对重要性。其中，行和列对应不同指标，每个单元格中的比较值表示两个指标之间的相对重要性结果（如表 3-11 所示）。

表 3-10 绩效指标比较判断标准示例

比较值	含义
1	表示两个指标相比，具有同等重要性
3	表示两个指标相比，一个指标比另一个指标稍微重要

(续表)

比较值	含义
5	表示两个指标相比，一个指标比另一个指标明显重要
7	表示两个指标相比，一个指标比另一个指标强烈重要
9	表示两个指标相比，一个指标比另一个指标极端重要
2，4，6，8	为上述相邻判断的中值

表 3-11 绩效指标两两比较结果示例

	下属培养	销售量	成本减少	品德素养	工作经验	出勤
下属培养	1	2	6	1	2	6
销售量	1/2	1	4	1/2	1	4
成本减少	1/6	1/4	1	1/6	1/4	1
品德素养	1	2	6	1	2	6
工作经验	1/2	1	4	1/2	1	4
出勤	1/6	1/4	1	1/6	1/4	1

④ 计算权重。首先对判断矩阵的每一列进行归一化处理，即将每列各单元格中的数值加总，用各单元格的数值除以该单元格所在列的总和。处理后的结果如表 3-12 所示。

表 3-12 每列归一化后的结果示例

	下属培养	销售量	成本减少	品德素养	工作经验	出勤
下属培养	0.30	0.31	0.27	0.30	0.31	0.27
销售量	0.15	0.15	0.18	0.15	0.15	0.18
成本减少	0.05	0.04	0.05	0.05	0.04	0.05
品德素养	0.30	0.31	0.27	0.30	0.31	0.27
工作经验	0.15	0.15	0.18	0.15	0.15	0.18
出勤	0.05	0.04	0.05	0.05	0.04	0.05

其次，按行对归一化后的判断矩阵结果进行相加，即把每行各单元格中的数值加总。处理后的结果如表 3-13 所示。

表 3-13　每行加总后的结果示例

	下属培养	销售量	成本减少	品德素养	工作经验	出勤	行归一化
下属培养	0.30	0.31	0.27	0.30	0.31	0.27	1.76
销售量	0.15	0.15	0.18	0.15	0.15	0.18	0.97
成本减少	0.05	0.04	0.05	0.05	0.04	0.05	0.27
品德素养	0.30	0.31	0.27	0.30	0.31	0.27	1.76
工作经验	0.15	0.15	0.18	0.15	0.15	0.18	0.97
出勤	0.05	0.04	0.05	0.05	0.04	0.05	0.27

最后，根据行归一化的结果计算各因素的权重（如表 3-14 所示）。需要注意的是，为了方便后期计算，可以对指标权重进行适当的调整，例如可以把销售量权重调整为 15%。

表 3-14　每行加总后的结果及权重示例

	行归一化	权重（%）	调整后的权重（%）
下属培养	1.76	29.33	30
销售量	0.97	16.17	15
成本减少	0.27	4.50	5
品德素养	1.76	29.33	30
工作经验	0.97	16.17	15
出勤	0.27	4.50	5
合计	6.00	100.00	100

四、绩效标准

绩效标准描述的是绩效指标应达到的程度，即指标应该达到什么样的水平，反映企业组织对特定绩效指标的期望。客观科学的绩效标准可以营造公平、公开、公正的绩效管理氛围。换句话说，绩效指标关注的是企业需要评价的内容，而绩效标准关注的是被评价者在各指标上应该达到什么样的水平或完成多少任务，例如产品合格率应达到 98%。

在实际操作过程中，制定某绩效指标的标准往往涉及指标的等级标识和等级定义。其中，等级标识是用于区分不同绩效水平的符号标识；而等级定义则明确与这些标识对应的各个等级的具体范围，以揭示绩效水平在不同等级之间的差异（如表 3-15 所示）。

表 3-15　绩效指标的等级标识和等级定义示例

指标名称	净利润增长				
指标定义	在特定绩效周期，净利润相比上一周期的增长百分比				
等级标识	A	B	C	D	E
等级定义	>10%	8%—10%	6%—8%	3%—6%	<3%

绩效标准可以是定量的，如特定的数值目标；也可以是定性的，如特定的行为描述或日程描述。绩效标准确立了评价的基准，帮助评价者和被评价者明确预期的绩效水平，并提供衡量和比较的依据。

1. 定量标准

定量标准通过具体的目标数值来衡量绩效指标，如销售额增长率达到10%、生产效率提高20%、客户投诉率低于5%等。定量标准能够提供明确的衡量尺度，使评价过程更客观和可量化。在制定定量标准时，需要考虑标准的基准点和等级间的差距。深刻理解标准的基准点和等级间的差距有助于制定绩效指标的评分细则。基于基准点和不同等级之间的差距，评价者能够制定区分每个绩效等级所代表水平的评判准则，并依据该准则以客观的方式将被评价者的表现与这些等级进行比较，进而确定被评价者的绩效得分。

（1）标准的基准点。基准点是企业组织针对某个指标为被评价者设定的基本标准或基准标准，在企业组织的绩效评估体系中扮演至关重要的角色，决定被评价者应该达到的基本要求。基准点的设定，不是简单地寻找一个"中间值"或者"平均水平"，而是被评价者必须达到的基本要求。基准点代表企业组织对绩效执行主体的基本期望水平，是衡量绩效的基线。通过这个基准点，企业能够清晰地界定什么是可接受的表现、什么是需要改进的地方，从而确保所有被评价者都能朝着组织的最终目标努力。

在实际操作过程中，基准点通常位于考核尺度的最高标准值和最低标准值之间，提供了向上和向下调整的空间（如表3-16所示）。对于一些特殊指标，如火灾、爆炸等重大安全生产事故等，其对应的基准点可能设定在最高等级，因为企业组织需要完全避免发生这样的安全生产事故。

表 3-16 最高标准、最低标准和基准点示例

指标	指标内涵	计算公式	考核标准		
			最高标准	基准点	最低标准
切割合格率	经过切割的产品经检验员检验后合格的概率	（合格数/切割总数）×100%	100%	98%	90%
设备故障率	车间内的设备在生产计划安排内正常工作的概率。坏机时数是设备在生产计划安排时间内的故障时间；月完成工时是指正常生产应完成的标准工时	（坏机时数/应完成工时）×100%	2%	5%	10%

（2）等级间的差距。绩效标准的等级差距涉及两种情况，一是等距等差，二是非等距等差。例如，针对等距等差，在确定销售总监的销售总量这一指标的标准时，把年销售 50 万套零件定为基准标准，考核等级为 3 级，销售量每增加 4% 就提高一个等级，销售量每减少 4% 就降低一个等级。在这个例子中，就提高或降低一个级别，要求的数量差应当相同。

针对非等距等差，在确定销售总监的销售总量这一指标的标准时，把年销售 50 万套零件定为基准标准，年销售量每增加 4%，就提高一个等级；年销售量每减少 3%，降低一个等级。这反映了不同级别之间要求的数量差不同。

在设计绩效标准时，企业组织应根据具体情况来决定是采用等距等差，还是采用非等距等差。一般来说，在基准点以上，提高绩效的难度会不断增大，因此绩效标准的上行差距应逐渐减小，而其下行差距应逐渐增大。

有时，为了更好地控制员工绩效并增加他们达到基准点的压力，也可以通过调整绩效标准的等级差距来实现。例如，在确定销售总监的销售总量这一指标的标准时，把年销售 50 万套零件定为基准标准，考核等级为 3 级，销售量每增加 4% 就提高一个等级，销售量每减少 1% 就降低一个等级。

2. 定性标准

定性标准也称描述性标准，是一种非数量化的标准，它通过详细的文字来描述期望达到的状态或水平（如表 3-17 所示）。这种标准通常用于特质类绩效指标和行为类绩效指标，并在整体性结果的评价中得到广泛应用。在特质类绩效指标中，定性标准主要用于区分被评价者在能力或特质方面的差异。

表 3-17 描述性标准示例

评价指标	定义及评价等级
客户服务质量	定义：服务外部客户，让其满意 5级：总是提供超出客户预期的服务，经常受到客户称赞 4级：主动了解客户需求，提供的服务令客户满意 3级：当客户提出要求时，基本满足客户要求，很少听到客户抱怨 2级：服务水平还有差距，少数客户抱怨（1—2次） 1级：服务不能令客户满意，客户投诉频繁（2次以上）
沟通合作	定义：交流沟通，与人合作 5级：有很强的沟通愿望，能有效采取各种方式进行沟通，并促进高质量合作 4级：善于沟通，乐于合作，促成合作 3级：沟通方式易被接受，表现出互相接受的合作倾向 2级：交流、沟通方式混淆，缺乏中心议题，不易于合作 1级：缺乏有效的沟通方式，不善交流，难以表达自己的思想、方法

当定性标准应用于行为类绩效指标时，它就形成行为特征标准。例如，关键事件法和行为锚定评价量表法都是建立在大量的行为标准基础之上的。在关键事件法中，定性标准用于描述关键事件的具体行为表现，以便评价者可以根据这些描述来评价个体的绩效。行为锚定评价量表法使用定性标准来描述不同绩效等级的行为特征，帮助评价者准确评价被评价者的绩效水平。

需要注意的是，定性标准的制定及应用要考虑评价的准确性和一致性。为了确保评价的公正性和可靠性，定性标准应该具备明确性、可比性和可操作性。明确性确保评价者和被评价者对期望的表现有清晰的理解；可比性确保不同评价者在使用定性标准时能够达成一致的理解和评价；可操作性一方面体现在评价者能够根据定性描述对被评价者进行准确的评价，另一方面体现在定性标准能够指导具体的行为和改进措施。

3. 制定绩效标准的方法

（1）定量标准的制定方法。确定基准标准是企业组织制定定量标准的重要任务。为了确保基准标准的准确性和合理性，企业组织可以采用以下方法来确定绩效指标的基准标准：内部历史数据法、外部数据法、假设求证法和战略目标值法。

① 内部历史数据法。这种方法利用组织内部的历史数据和绩效记录来确定基准标准。企业组织可以回顾过去的绩效数据，分析过去的表现和结果，以确定合理的基准水平。这种方法适用于已经有一定历史数据的组织，并且这些数据被认为是可靠的、有代表性的。对于公司内部可控程度较高的指标，如产品直通率、及时检验率等，可以通过分析公司内部历史数据来确定标准。

② 外部数据法。对于一些受市场竞争影响较大且企业自身难以控制的指标，企业组织应通过比较企业实际情况和行业标杆来设定标准。这是企业组织依赖外部数据或行业标准来确定基准标准的方法，常用于强调因市场竞争的需要且自身难以控制的指标，如生产周期、货款回收率等。采用这种方法有助于企业组织与同行业或同类组织进行比较，从而确定相对合理的基准水平。

③ 假设求证法。没有内部历史数据或没有做过相关指标的考核的企业组织可以采用假设求证法。该方法基于专家的意见先确定一个假设基准标准，然后通过一段时间的试运行来积累一些数据，求证得出一个结果，并把这个结果作为绩效指标的基准标准。虽然假设求证法不常用，但也具有重要价值。

④ 战略目标值法。战略目标值法基于企业组织的战略目标和长期愿景来确定绩效指标的基准标准。企业首先明确战略目标和愿景，再确定希望达到的绩效水平，并将其作为基准标准的参考点。这种方法强调将绩效指标与组织的战略方向和长期发展目标相对应，有助于企业组织实现自行设定的目标。

一旦确定了基准标准，企业还可以根据自身实际情况进一步设定指标的最低标准和最高标准。这样做可以帮助企业更具体地定义绩效的期望范围，并为员工提供明确的目标要求和挑战。设定指标的最低标准和最高标准有以下几方面的好处。

① 明确期望范围。最低标准和最高标准可以形成一个范围，界定了绩效期望的下限和上限。最低标准表示企业对于员工绩效的最低要求；最高标准则体现企业对于卓越绩效的追求。

② 激发动力与挑战精神。设定最低标准和最高标准可以激发员工的动力与挑战精神。最低标准提供一个基本的绩效水平，员工必须确保达到或超越这个水平；最高标准则代表更高的绩效水平，员工可以努力工作以实现更好的绩效和成果。

③ 促进绩效提升。最低标准和最高标准的设定可以促使员工不断提升绩效水平。最低标准确保员工至少应达到的基本要求；最高标准则鼓励员工不断追求卓越。这种设定可以激励员工在绩效评估中不断改进和提高，以实现更好的绩效结果。

（2）定性标准的制定方法。定性标准是绩效指标不同绩效等级之间的具体事件或行为的描述，它为评价者提供了一种明确和详细的评判依据来衡量被评价者的工作表现。由于描述性标准通常建立在实际发生的事件或行为基础上，因此企业需要对日常工作行为或事件有深入和全面的了解。建立描述性标准应遵循以下几个步骤。

第一，明确需要采用描述性标准的指标。

第二，围绕选取的指标，对不同绩效水平的员工进行访谈或进行长期而连续的观察，并详细记录他们的关键工作行为或工作事件。

第三，对收集到的关键行为和工作事件资料进行分析与整理，识别导致员工绩效差异的关键行为。

第四,将选定的关键行为归类到所选取的指标中。

第五,针对所选取的每个指标,确定每个绩效等级对应的行为标准描述。每个等级的行为描述应该描述该等级下的典型行为、能力和成果,并帮助评价者在评价过程中理解和区分不同等级的绩效。需要注意的是,行为描述应该具体、清晰,并与所评价的指标和维度相关联。

第三节 绩效行动方案

在确定绩效计划的内容之后,组织应根据这些内容制订具体的行动计划。绩效行动方案就是在绩效指标体系的基础上形成的具体执行计划,它是一种旨在提高绩效执行主体的工作表现和成果的策略性计划。这个方案通常由组织内的管理者或人力资源部门制订,目的是在确保绩效执行主体的工作目标与组织的整体目标保持一致的基础上,通过一系列的具体行动来提升其工作效率和质量,进而实现企业组织的战略目标。

一、绩效行动方案体系

如图3-4所示,绩效行动方案体系是在绩效指标体系的基础上形成的一套系统性执行计划,制定明确的绩效行动方案体系是为了确保企业组织能够有效实施绩效管理,从而把公司战略转化为每个人的具体行动。绩效行动方案体系是一个连接公司战略和个人实际行动的关键桥梁,旨在确保公司的战略目标得以有效传达,并且通过将具体、可执行的行动计划转化为员工的个人行动,推动整个组织朝着共同的战略目标前进。一个有效的绩效行动方案体系包含为达成每个绩效指标所采取的策略、资源分配、责任分配、时间安排、监控机制几方面的内容。

(1)所采取的策略。所采取的策略是绩效执行主体为达成每个绩效指标而制定的具体的行动计划和策略。这些计划和策略应该明确说明所采取的步骤、所需的资源和时间框架等。

(2)资源分配。资源分配是绩效行动方案体系的关键组成部分。它涉及如何合理地配置人力、财力及物力等资源,以确保每个绩效目标值的实现都能得到必要的支持。这不仅包括资源的初始分配,还包括在执行过程中对资源配置进行调整和优化,以适应项目进展和市场变化。

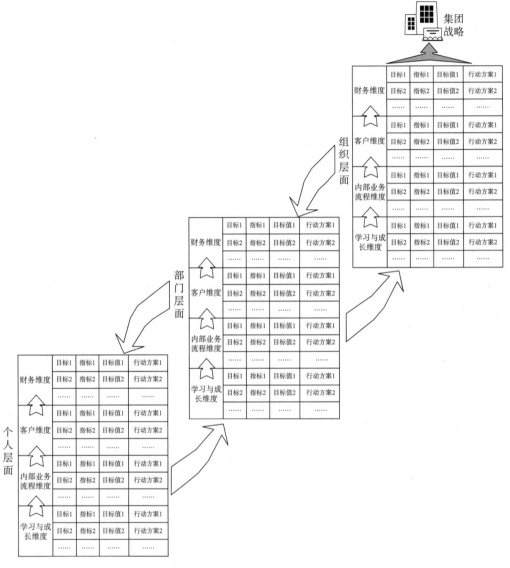

图 3-4 绩效行动方案体系

（3）责任分配。责任分配确保每个绩效执行主体都清楚自己的职责，知道自己在推动绩效目标实现过程中扮演的角色。这有助于提高绩效执行主体的责任感和执行力，同时也便于管理层进行监督和评估。

（4）时间安排。时间安排是指将绩效指标的标准（目标值）分解为一系列具体的阶段性任务或目标，并为每个任务设定合理的完成时限。这不仅有助于确保指标任务完成的进度，还能确保所有参与者都能按时完成自己的工作，避免不必要的延误。

（5）监控机制。监控机制是绩效行动方案体系中不可或缺的要素。它通过定期的检查和评估，确保所有的行动计划都在正确的轨道上进行，及时发现问题并采取措施加以调整。监控机制还包括对绩效结果的反馈，这有助于企业组织不断学习和改进，从而提高未来的绩效管理水平。

二、绩效协议的签订

在明确了不同层次的绩效行动方案后，管理者和下属应当仔细审核和确认已制定的绩效行动计划，以确保双方对绩效计划的理解和认同。这个过程不仅要求双方对行动计划的每个细节都有清晰的理解，还要求他们对行动计划的内容达成共识，从而确保每个人都对预期成果有共同的期待和承诺。在双方达成共识的基础上，绩效行动计划将被转化为有约束力的绩效协议，双方在协议上签字确认，标志着绩效行动计划工作的正式完成。

绩效协议是一种正式的文件，它标志着管理者和下属对绩效计划的共同承诺。在这份文件上签字，意味着双方都同意遵守协议中规定的条款，这些条款将指导接下来的工作和评价过程。通常，绩效协议会包含几个关键要素，如职位名称、评价周期和行动方案等。

更具体地说，在签署绩效协议的过程中，沟通是至关重要的。管理者和下属之间的对话应该消除任何可能的误解，并确保绩效计划中的每一个目标和行动都是明确的、可行的。管理者和下属应当认真审核绩效指标、评价标准、权重等重要内容，在所有要素都得到彻底讨论和理解之后，管理者和下属将在绩效计划协议上签字，正式确认他们对计划的承诺。这个过程不仅是对绩效管理的一个形式化确认，也是对双方责任和期望的一个明确表达。通过这种方式，绩效管理成为一个双向的、参与式的过程，为员工提供了明确的工作方向，并为组织的成功奠定了坚实的基础。个人绩效协议示例如表 3-18 所示。

表 3-18 个人绩效协议示例

职位编号					职位名称				
所属部门					姓名				
评价周期		年 月 日至			年 月 日				
维度	绩效指标	最高标准	基准标准	最低标准	权重	行动方案	时间安排	所需支持与条件	责任与权利
财务									
客户									
内部业务流程									

（续表）

学习与成长									
备注									
本人确认，已理解上述协议内容，承诺按时保质保量完成绩效任务，并对自身的工作行为和绩效结果承担相应责任。									
本人签字				直接上级签字					
人力资源部签字				签字日期					

在实践操作中，在各种因素的影响下，绩效协议形式可能会有所不同。因此，在制订具体的绩效计划时，管理者应当综合考虑多种因素，确保所制订的绩效计划能够贴切地反映特定岗位的工作要求和实际情况。

思考题

1. 谈谈绩效计划的内涵。
2. 绩效计划的制订有哪些步骤？
3. 制订组织绩效计划需要做哪些准备？
4. 一份完整的绩效计划一般应包含哪些基本内容？
5. 谈谈如何制定一个有效的绩效行动方案体系。

第四章

绩效监控

本章要点

1. 明确绩效监控的内涵、方法。
2. 掌握绩效沟通的内容、方式、原则和技巧。
3. 理解绩效辅导的内涵、时机和方法。
4. 掌握绩效信息收集的方法,尤其是关键事件法。

思政元素

　　社会主义核心价值观；和谐、民主、文明；人的全面发展；中国传统管理文化和成果；君子不器；民惟邦本,本固邦宁；天地之间,莫贵于人；人文思想；以人为本；尊重知识,尊重人才；实事求是,诚信立身；科学精神,批判质疑；理性思维,求真精神；社会责任；高质量发展；数字化,智能化；公平公正；团队意识；问题导向,目标导向；自我认知,内省。

第一节 绩效监控概述

一、绩效监控的内涵

绩效监控（performance monitoring）是指在绩效计划执行过程中，管理者与下属通过持续的沟通和有效的监控方式，对公司、部门、管理者和员工绩效目标的实施情况以及完成目标的行为进行跟踪与监控，并收集相关绩效信息的过程。绩效监控不仅包括对绩效目标的完成情况进行监控，还涉及对各绩效执行主体的行为进行监控，并提供必要的工作指导和支持。

在当今竞争激烈的商业环境中，绩效监控已经成为企业管理的重要组成部分。绩效监控连接了绩效计划和绩效评价，是持续时间较长的环节。它不仅有助于提高员工的工作效率，还能帮助企业实现战略目标。有效理解绩效监控，需要把握以下几点。

第一，绩效计划的实施情况是绩效监控的重点内容。绩效监控的内容和目的具有高度的一致性。绩效监控的内容是指在确定的绩效周期内，公司、部门、管理者和员工的绩效计划的实施情况和目标完成情况及其在这一过程中的态度和行为。绩效监控的具体内容涉及在绩效计划环节确定的评价要素、评价指标和绩效目标。监控过程中得到的信息则用于绩效周期结束时的绩效评价。

第二，绩效监控是一个持续沟通的过程。在绩效监控过程中，管理者需要与员工及时沟通，了解他们的工作进展、面临的困难和问题，以及他们对绩效目标的理解和态度；同时，及时获取员工的反馈意见和建议，为后续的绩效评价提供更全面、更准确的信息。

第三，收集绩效信息是绩效监控的主要任务。收集绩效信息是指通过各种方式获取关于公司、部门、管理者和员工的工作进展与业绩表现的数据和信息，以便为绩效评价和绩效反馈提供依据。收集绩效信息是绩效监控的重要组成部分，也是提高绩效管理效果的关键因素。

第四，绩效辅导是绩效监控的必要环节。绩效辅导是在绩效监控的过程中，管理者根据绩效计划和不同绩效主体绩效目标的实施情况，采取合适的管理方式对相关绩效执行主体进行持续的指导，并确保各绩效执行主体按照组织战略目标要求的方向完成工作任务，提高其绩效周期内的绩效水平的过程。为保证绩效监控实现其目的，绩效辅导是必要的环节；否则，绩效监控很容易流于形式，难以取得应有的效果。

二、实施绩效监控的原因

绩效监控是用于评价绩效和识别改进机会的关键工具，能够让组织或个人更好地理解某一特定绩效周期的目标和行动。进行绩效监控的原因如下。

第一，当下级部门或员工在绩效目标达成过程中遇到困难时，上级能够及时地对其进行适当的指导，并提供克服困难所需的资源和服务。这种及时的指导和资源支持可以帮助下级部门或员工克服困难，提高工作效率和质量。

第二，初期制定的绩效指标和目标随着环境的变化可能变得不切实际或无法实现。在绩效监控的过程中，上级可以适时地对下级部门或员工的绩效标准进行适当调整。这样可以避免下级部门或员工陷入消极或绝望的心理困境，同时，也能够更好地适应变化的环境，提高绩效管理的有效性，确保组织战略目标的实现。

第三，绩效监控可以帮助上级及时发现下级部门或员工的行为是否偏离预定目标。通过及时的发现和纠正，防止问题进一步扩大，避免造成重大的损失。绩效监控可以起到防微杜渐的作用，帮助下级部门或员工坚持正确的工作方向和行为准则。

第四，在繁忙的工作中和紧张的压力下，下级部门或员工特别需要上级对其努力和成绩表示关注与认可。通过绩效指导和监控，上级可以及时给予下级部门或员工积极的反馈。这种反馈会产生"皮格马利翁效应"，即上级的积极评价和认可会激发下级部门或员工更大的工作动力和更高的积极性。这种激励效果甚至会超过物质激励，对下级部门或员工的工作表现以及员工的职业发展具有重要的推动作用。

第五，通过绩效监控，上级可以为后续的绩效评价和绩效反馈收集客观、公正的事实依据。这些客观、公正的事实依据可以为绩效评价和绩效反馈提供有力的支持，确保评价结果的准确性和公正性。

三、绩效监控的方法

绩效监控除了可以通过书面报告、绩效会议和走动式管理（management by wandering around，MBWA）等方法来实施，还可以借助绩效管理软件系统来实施。这些方法各有优势，组织可以根据具体情况选择适合的方式进行绩效监控，以提高员工的工作效率和绩效水平。

（一）书面报告

书面报告是绩效监控中一种常用的方法，它是指下级部门或员工以文字或图表的形式定期或不定期向上级报告工作进展情况。

定期的书面报告包括工作日志、周报、月报、季报和年报等，这些报告根据设定的周期进行撰写和提交，主要用于帮助管理者和员工了解工作进展情况，以及工作是否按预期计划进行。定期的书面报告通常包括工作完成情况、目标达成情况、遇到的问题及解决方案、下一步工作计划等具体内容。不定期的书面报告则根据工作进展的实际情况灵活安排，通常涉及更详细的内容，如重大问题的分析、解决方案、实施计划等。

书面报告有以下优势：提高信息准确性，以文字或图表的形式记录工作进展情况，避免口头沟通中可能产生的误解和信息失真；清晰地传达员工的工作成果、问题及需求，避免因语言表达不准确或沟通障碍导致的沟通不畅；帮助员工规划工作、安排时间，提高工作效率。同时，管理者也可以通过书面报告了解员工的工作量和工作难度，及时调整工作计划和任务分配。书面报告作为工作档案的一部分，记录工作的进展情况和历史数据，还可以为后续工作和绩效评价提供参考及依据。

在运用书面报告进行绩效监控时，需要注意以下几点：第一，保证报告的真实性和准确性，避免出现虚假信息或错误数据；第二，及时反馈和指导，提出意见和建议，帮助员工改进工作方法和提高工作效率；第三，建立良好的沟通机制，鼓励员工积极参与书面报告的撰写和汇报工作，提高员工的参与度和归属感；第四，灵活运用不同类型的报告。

（二）绩效会议

绩效会议是一种重要的绩效监控方法，它是指管理者和下属之间就重要的绩效问题进行的正式沟通。为了确保绩效会议的有效性，管理者在召开绩效会议之前应明确绩效周期开始时制订的绩效计划，以及员工在绩效周期内的工作完成情况和绩效问题等，在此基础上确定绩效会议的目的、过程等。

绩效会议有以下优势：对员工的绩效进行监控和评估，以了解员工的工作进展和业绩表现，并及时发现和解决问题；为员工提供反馈和建议，帮助他们改进工作方法和提高工作效率；为员工和管理者提供沟通机会。

组织绩效会议的过程主要分为会议前的准备、会议中的讨论、会议后的跟进。在会议开始前，管理者需要提前通知员工会议的时间、地点和目的，并收集和整理相关的数据和信息。员工需要准备自己的工作报告和绩效总结，以便在会议中进行展示和讨论。在会议中，管理者需要引导员工汇报和讨论自己的工作，并对员工绩效进行评估和反馈；同时，管理者还需要与员工就遇到的问题进行深入探讨，并制定相应的解决方案。在会议结束后，管理者需要整理会议的结论和行动计划，并及时跟进员工的工作进展情况；员工也需要根据会议的反馈和建议，制订个人改进计划并付诸实践。

管理者在召开绩效会议时要注意以下几点：第一，建立良好的沟通氛围，鼓励员工积极发言，表达自己的想法和建议；第二，制定明确的评估标准，以便对员工的绩效进行客观、公正的评估；第三，为员工提供具体的反馈和建议，帮助他们改进工作方法和提高工作效率；第四，记录会议的内容和结论，并及时跟进员工的工作进展情况。

（三）走动式管理

1982年，汤姆·彼得斯（Tom Peters）和罗伯特·沃特曼（Robert Waterman）在《追求卓越》一书中介绍了走动式管理概念。这是一种管理者以看似无组织的方式在工作区域走动以收集绩效信息的管理方式。工作中，管理者可以根据工作需要在工作场所随机走动，及时了解设备、日常工作、客户等运营方面的信息和问题。走动式管理在涉及团队、日常事务、任务、生产和知识型工人的工作场所中非常有效。

在使用走动式管理进行绩效监控时，管理者需要注意以下两点：第一，管理者需要积极主动、有亲和力地与员工直接沟通和接触，了解他们的工作情况、需求和困难。通过建立良好的沟通渠道，管理者可以更好地了解员工的工作进展，及时解决问题，并提供必要的支持和指导，从而提高员工的工作效率和满意度。第二，管理者需要观察员工的工作方式、方法和效率，及时发现问题并提供改进建议。通过关注员工的工作过程，管理者可以降低绩效事故的发生率。

绩效监控的有效性取决于三个关键点：一是管理者与下属之间绩效沟通的有效性；二是管理者领导风格的选择和绩效辅导水平；三是绩效信息收集的有效性。

（四）绩效管理软件系统

在全球数字经济的大浪潮下，数字化转型是当今企业面临的大趋势，也是诸多企业谋求高质量发展的重要选择。数字化转型使企业能够收集、存储和分析大量的数据。通过对数据的深入分析，企业可以获得有关市场趋势、客户行为、产品性能等方面的洞察。为了应对数字时代的挑战和机遇，实现从传统的模式向数字化和智能化方向的转变，许多企业开发或定制了自己的软件系统，如中国中车的安全生产软件系统、飞书的OKR系统、北森PaaS平台系统等。这些软件系统为企业进行绩效监控提供了有效工具。管理者和员工使用软件系统，不仅可以全面了解工作的实时运行数据、生产问题和短板，及时处理出现的问题，还可以实现跨模块、工序或部门的协调沟通和协同办公，大大提高工作效率。

表4-1总结了绩效监控方法及其相应的优缺点。

表4-1 绩效监控方法总结

绩效监控方法	涉及要素	优点	缺点
书面报告	• 以文字或图表的形式呈现内容 • 定期或不定期报告工作进展	• 提供信息准确、全面	提供信息比较滞后

（续表）

绩效监控方法	涉及要素	优点	缺点
绩效会议	• 有关绩效问题的正式沟通 • 事先明确绩效计划和工作进展情况 • 后续跟踪绩效改进情况	• 为上下级提供沟通机会 • 面对面及时沟通、解决绩效问题	分析绩效问题、讨论和制订改进计划比较费时
走动式管理	• 在工作场所走动 • 与员工交谈 • 建立联系和关系 • 非结构化访问 • 参与和讨论风格 • 以支持的态度进行个人互动	• 有助于建立融洽的上下级关系和提高员工士气 • 了解工作场所的真实工作状况 • 及时了解员工的担忧、想法 • 及时向员工提供建设性的建议和帮助	高度依赖领导者的参与风格和人际交往方式
绩效管理软件系统	• 收集、存储和分析大量的数据 • 目标对齐，过程跟进 • 跨模块、工序或部门的协同办公	• 实时了解工作运行数据、问题和短板 • 及时处理问题 • 实现协调沟通和协同办公	建设或购买成本较高

第二节 绩效沟通

管理者与下属之间能否做好绩效沟通是决定绩效管理能否发挥作用的重要因素。只有在管理者与下属就各种绩效问题进行沟通的基础上，才可能有效实现绩效管理的目的。

一、绩效沟通的内涵

在绩效监控的过程中，绩效沟通是管理者和下属之间就绩效目标进展、业绩表现、绩效执行过程中遇到的问题等进行的持续、双向的沟通和信息交流的过程。其目的是确保员工对自己的绩效表现和目标的完成情况有清晰的了解，并为员工提供及时的反馈和指导，促进其技能的提升和绩效的持续改善，并最终确保组织、部门和个人三个层面的绩效主体的绩效目标全面达成。

在理解绩效沟通时需要注意以下几点。

（1）绩效沟通是双向传递信息的过程。管理者应鼓励下属积极参与绩效沟通，表达自己的观点和想法。管理者可以通过提问、讨论和反馈等方式与下属进行深入的交流，促进双方的共同交流和学习；同时，管理者在沟通过程中还应给予下属充分的表达空间和机会，让他们能够自主地提出绩效改进和创新的建议，激发下属的工作动力和创造力。

（2）绩效沟通是一个持续的过程，需要管理者和下属共同努力。战略性绩效管理的一个重要目的是通过上下级之间持续不断的绩效管理循环过程实现绩效的改进。为了实现绩效的不断提高和改进，在绩效管理循环过程中应持续进行绩效沟通。在持续沟通的过程中，管理者应定期评估绩效沟通的效果，及时调整沟通方式和策略，确保绩效沟通的有效性和可持续性；同时，下属也应积极参与绩效沟通，主动与管理者分享工作中遇到的问题，寻求支持和帮助。只有通过持续的绩效沟通，管理者和下属才能够共同实现绩效目标，提升工作效率和工作质量。

（3）绩效沟通是上下级平等的沟通。有效的绩效沟通要确保沟通双方都能够获得改善工作绩效所需的各类信息。管理者应思考自己要了解哪些关于下属工作的信息，可能包括下属的工作进展、完成的任务、遇到的问题以及他们对工作的反馈等；同时，下属应思考自己要从管理者那里获得哪些信息以更好地完成工作。尽管上下级在职级上有高低之分，但他们在人格上和心理上都是平等的。基于平等的沟通，员工更容易感受到被尊重和获得价值认可，从而更愿意开放地分享想法和担忧。这种平等的氛围有助于消除沟通障碍，促进信息的双向流动，使得绩效沟通更加有效。

二、绩效沟通的内容

绩效沟通的内容是多方面的，既涉及对过去一段时间内工作任务完成情况的评判，也包括未来的绩效改进计划。绩效沟通还涵盖对员工工作表现的肯定、目标设定、职业发展指导以及激励措施等多个维度的内容。通过有效的绩效沟通，管理者可以更好地指导和支持下属，下属可以明确如何解决工作中遇到的问题，并进一步厘清下一步的工作重点。

总体来说，绩效监控过程中，上下级通常就以下内容进行沟通。

（1）工作进展情况及工作总结，包括已完成的任务、正在进行中的任务以及未来的计划等。通过讨论，管理者和下属可以更好地了解工作的当前状态，并及时调整工作计划和资源分配。这有助于确保工作按计划进行，避免延误工作或浪费资源。

（2）先前确定的绩效目标和计划的适用性。上下级需要明确绩效目标和计划是否仍然适用于当前的工作实际情况，若需要修正，则双方可以一起讨论如何进行修正，并制订新的绩效改进计划、设定目标。

（3）进展顺利的工作任务。通过探讨，管理者和下属可以更好地了解成功实践背后的因素，并在未来的工作中加以借鉴和应用。这有助于提高工作效率和绩效，获得更高质量的工作成果。

（4）工作中出现的问题及其原因。当工作遇到问题或进展不如预期（例如，任务延误、目标未达成、未达到质量标准或偏离预定计划等）时，管理者和下属应共同分析问题的原因，并找出解决办法。这可能涉及外部环境的变化、资源的不足、计划的不切实际或者执行不力等。在找出问题的根源后，双方可以采取相应的措施解决这些问题，以避免问题的扩大，确保高质量完成工作。

（5）下属遇到的工作困难及其所需的支持和帮助。下属在执行任务时可能会遇到任务环境变化、技术难关、资源短缺、协作障碍等问题，管理者应及时了解下属的实际情况并提供必要的支持，比如提供培训、调整资源分配或协调团队协作，帮助下属克服困难以顺利完成任务。

除了上述内容，管理者应对下属的努力和成就给予及时的正面反馈和认可，这有助于提高下属的士气和动力，营造良性的沟通氛围；同时，管理者也应该提供建设性的反馈，帮助下属了解如何进一步提升工作绩效。

三、绩效沟通的方式

绩效沟通要求管理者灵活运用不同的沟通方式，以满足不同情境和个人的需求。通过有效的绩效沟通，员工可以更好地了解自己的工作表现，明确未来的发展方向，从而提升个人和组织的绩效。一般来说，绩效沟通可以分为正式绩效沟通和非正式绩效沟通两大类。正式绩效沟通包括书面报告和定期会面。除正式绩效沟通外，管理者和下属在工作之余的各种非正式会面也为双方提供了良好的沟通机会，例如在工作间歇、咖啡厅等场所的会面。

（一）正式绩效沟通

1. 书面报告

书面报告是一种重要的绩效沟通方式，它通过提供详细的绩效信息和记录，帮助管理者详细了解员工的工作表现，并为推进组织的战略目标提供重要的数据支持和管理手段。书面报告的主要形式有周报、月报、季报和年报等。尽管存在一些局限性，但在现代企业管理中，书面报告在绩效沟通中仍扮演至关重要的角色。它不仅是一种有效的沟通工具，还是管理者与员工之间建立信任和获取共识的桥梁。通过书面报告，管理者可以对员工的工作进行全面评估，包括工作成果、工作态度、团队合作等方面的表现。这种评估不仅可以让管理者更好地了解员工的实际工作情况，还可以为员工提供具体的改进建议和发展方向。

但是，编写书面报告要花费大量的时间和精力，增加沟通的难度和压力，并且可能影响员工的工作效率、满意度和积极性。另外，书面报告可能过于正式和机械，缺乏人性化的交流和互动。若使用不当，书面报告就很容易变成一种简单的单向沟通，致使书面报告流于形式，失去其应有的价值。因此，可以灵活采取书面报告和其他沟通形式相结合的方法，提高沟通的效率。

2. 定期会面

在正式绩效沟通中，定期会面是一种重要的形式。根据企业的具体情况和员工的特征，可以选择不同的方式进行绩效沟通。一些常见的会面类型如下。

（1）一对一会谈。一对一会谈是最常见的绩效沟通方式，通常指管理者与员工进行面对面的交流和讨论。这种形式的绩效沟通有助于建立良好的上下级关系，促进员工个人的成长。在一对一会谈中，管理者可以详细了解员工的工作情况、目标进展和个人发展需求，同时也为员工提供一个直接向上级反馈和提问的机会。这种会谈可以每天、每周、每月或每季度进行一次，具体频率取决于组织的需要和员工的职位特点。会谈的主要目的是及时了解员工的工作进展、面临的挑战及需求，它也是一个为员工提供反馈、指导和激励的机会。

在会谈开始之前，管理者应做好充分的准备，包括了解上一次谈话的内容、员工的表现和绩效数据、绩效目标和计划等。此外，管理者应明确讨论的主题、绩效评估的标准以及员工在会谈中需要解决的问题等，以帮助双方更好地准备和聚焦于关键议题。

在会谈中，为了确保有效的绩效沟通，管理者应该做到以下几点：创造一个积极、开放和互动的氛围；采取民主、文明的态度，倾听员工的意见和建议，并尽力理解他们的观点和感受，让员工感受到上级对他们的关注和重视；采取公平公正的方式，提供具体、客观和建设性的反馈，包括对员工的优点和成就的认可，同时也要指出员工需要改进的地方，并提供具体的建议和行动计划；鼓励员工积极表达自己的观点，可以通过提问、分享经验来促进员工的参与和思考。在会谈时，管理者可以询问员工自上次会谈以来的工作成果，讨论遇到的困难或挑战，并提供必要的支持和资源。此外，管理者还应该与员工一起设定新的目标、制订新的工作计划，确保员工的工作方向与组织的整体目标保持一致。

（2）团队会谈。在某些情境下，绩效沟通并不仅仅局限于上下级之间的交流，还可能涉及整个团队的参与。例如，当公司或部门有必要对整个团队的工作进展、目标达成情况或者面临的共同问题进行深入讨论和分析时，可以采取召开团队会谈的方式进行绩效沟通。

相较于传统的一对一会谈，团队会谈这种全员参与的绩效沟通方式，往往具有更高的效率和更好的效果。这主要体现在：其一，通过团队会谈的形式，团队成员可以更直观地了解到整个团队的工作进度和目标达成情况，从而更好地调整自己的工作计划和策略；其二，当团队面临共同的问题或挑战时，团队成员可以集思广益，共同探讨解决方案，这不仅可以提高解决问题的效率，还有助于提升团队的协作能力和凝聚力。

此外，团队会谈也是一种有效的团队建设活动。通过定期的团队会谈，团队成员可以更好地了解彼此的工作内容和进度，提高团队的工作内容透明度和增强团队成员间的信任感。同时，团队会谈也是团队成员交流思想、分享经验、学习新知识的重要平台，有助于促进团队成员的个人成长和团队整体的发展。

在会谈开始之前，明确会谈的重点是非常关键的，管理者应该提前确定好需要讨论的主题和目标，确保所有参与者都清楚会谈的目的。这样可以避免会谈变得混乱和无效，因为每个人都知道自己需要关注和讲述的内容。明确会谈的重点还可以帮助团队成员更好地提前准备会谈材料，从而提供更有价值的意见和建议。

在会谈进行的过程中，管理者要确保每个议题都得到充分的讨论，同时也要避免会谈时间过长或者陷入无休止的争论。为了实现这一点，管理者可以采取一些策略，比如设定时间限制、制定议程、确定发言顺序等。

以上都是正式的绩效沟通方式，它们贯穿于绩效管理的各个环节，旨在确保员工明确了解工作目标，得到持续的反馈和支持，从而提高工作效率和工作质量。

（二）非正式的绩效沟通

非正式绩效沟通是指管理者与下属之间以一种轻松、非正式的方式进行的交流。这种沟通方式不同于正式的定期会面，也不会涉及严格的流程或详尽的书面报告，而更注重日常的、即时的反馈和指导。

在非正式绩效沟通中，管理者可能会在员工的办公桌旁、公司的咖啡区或下班路上，利用自然的对话机会来提供绩效反馈。这种方式有助于上下级建立更加亲密和信任的关系，因为它允许员工在一个没有压力的环境中表达自己的想法和担忧。正因为如此，在非正式绩效沟通中，上下级之间可以进行更加轻松和自由的对话，分享彼此的观点、经验和建议。这种交流方式可以帮助员工更好地了解自己的工作表现，发现自己的优势和劣势，并从中获得改进的机会。同时，管理者也可以借此机会了解员工的需求和期望，为他们提供更有针对性的支持和指导。

随着互联网、移动通信等技术的普及，非正式绩效沟通可以实时进行。基于此，管理者能够及时了解员工的工作情况，发现问题并及时解决，使得员工与管理者之间的沟通更加便捷、高效。总体来说，非正式绩效沟通的优势包括：①及时性。管理者可以及时对员工的良好表现给予认可，也可以在问题出现时及时提供指导，这有助于快速解决问题，避免小问题发展成大问题。②灵活性。由于不受正式流程的限制，管理者可以根据具体情况灵活地选择沟通的时间和地点，使得沟通更有效。③增强关系。通过非正式的交流，管理者和下级之间可以建立更融洽的关系，这有助于营造一个开放和友好的工作环境。

非正式绩效沟通有诸多优势，为确保非正式绩效沟通的有效性，管理者应注意以下事项：①管理者要注意保持一定的专业性并确保沟通内容的建设性；②非正式的绩效沟通是一种轻松、愉快的交流方式，管理者要避免过于严肃和正式，以免让员工感到压力和紧张；③管理者要展现出真诚、友好的态度，让员工感受到关心和支持，从而更愿意分享自己的想法和感受；④管理者应该确保沟通是双向的，鼓励员工提出自己的观点和反馈。

四、绩效沟通的原则

通常来说，绩效沟通有以下三条原则。

（一）对事不对人原则

对事不对人原则强调在沟通过程中应该关注问题本身，而不是将注意力放在某个人身上。这一原则要求沟通双方针对问题本身提出看法，充分重视他人的自尊。通过这种方式，管理者与下级可以更好地理解对方的观点，从而达成共识，共同解决问题。其目的是促进公正、客观和有效的绩效管理，以激励员工绩效改进，促进组织发展。

首先，管理者在与员工进行绩效沟通时，应将重点放在具体的工作任务和目标上。这意味着管理者应该明确指出员工在工作中取得的成就和达到的目标，同时也要指出存在的不足和需要改进的地方。通过这种方式，员工可以更好地理解自己的工作表现，并有针对性地加以改进。

其次，管理者应避免对员工的个人特征进行评价或指责。在绩效沟通中，管理者应该避免使用贬低、侮辱或其他攻击性的语言，而应该以客观、中立的态度评价员工的工作表现。这样做有助于营造积极的沟通氛围，增强员工的工作动力和自信心。

再次，管理者在绩效评估中应提供具体的事实和数据支持。管理者应该基于实际工作成果和数据，对员工的工作表现进行客观的分析和评估。这样可以避免主观偏见和个人情感的干扰，确保绩效评估的公正性和准确性。

最后，管理者应该给予员工积极的反馈和建议。在绩效沟通中，管理者应该鼓励员工表达自己的观点和意见，并提供具体的改进建议和支持。这样可以帮助员工制订个人发展计划,提升自己的工作能力和绩效水平。

(二)责任导向原则

责任导向原则强调通过有效的沟通方式,沟通双方意识到自己的责任,并积极参与解决问题。与责任导向相关的沟通方式有两种:自我显性沟通和自我隐性沟通。

自我显性沟通是指使用第一人称的表达方式,直接表达自己的观点和意见。这种沟通方式能够让对方明确了解你的立场和期望,从而更好地承担责任。例如,你说:"我认为这个问题需要这样解决……"这样的表达方式直接、明确,能够有效引导对方承担责任。

自我隐性沟通则采用第三人称或第一人称复数的方式来表达观点和意见,其表达形式可能包括"据某人的观点……"或者"我们普遍认为……"等。这种沟通方式的核心在于,它不是直接表达个人的观点,而是通过引用他人的观点或者集体的观点来间接表达自己的想法。自我隐性沟通的优势在于它能够促进对方的参与和思考,有助于建立共识和团队合作精神。例如,下属在不直面领导的意见或批评时,他们可能会感到更加自在,更愿意分享自己的想法和观点。这种间接性可以降低对话中双方的防御性,使双方更愿意开放地交流。在绩效沟通过程中,以"有人说……"或"我们都认为……"等方式提出观点,实际上是在引导对方去考虑不同的观点和可能性,而不只是接受单一的观点。总之,自我隐性沟通是一种在绩效沟通中非常有价值的工具,它能够提高沟通效率。

自我显性沟通和自我隐性沟通都是责任导向沟通的重要组成部分。在实际工作中,这两种沟通方式都有适用的场景。例如,在紧急情况下,可能需要更多的自我显性沟通以确保责任分配的明确和任务的迅速执行;而在需要创造力来解决问题时,则可能需要更多地采用自我隐性沟通来鼓励团队成员的参与和创新。理想的情况是,管理者能够根据不同的情境灵活运用这两种沟通方式。

实践中,管理者应该引导下属采用自我显性沟通方式,注重培养下属的责任感,实现责任导向的沟通;同时,也要关注下属的反馈,及时调整自己的沟通方式,确保责任导向原则得到有效贯彻。

(三)事实导向原则

事实导向原则是一项非常重要的沟通原则,它强调在沟通过程中应该以事实为基础,避免对个人进行主观评价和攻击。在前面讨论的对事不对人原则中,我们已经强调建设性沟通应该避免轻易对个人下结论。遵循事实导向原则能够帮助管理者更好地克服这种倾向,从而促进沟通更有效、更和谐。

事实导向原则在沟通中表现为以描述事实为主。在这种沟通方式中,人们更加注重对事实的客观描述，而不是对个人的主观评价。这种方式可以避免对员工的直接攻击，从而减少对双方关系的破坏，特别是在管理者向下属指出其缺点和错误时更应该恪守事实导向原则。

在实际工作中，管理者经常会遇到需要向他人提出批评或建议的情况。在这种情况下，如果管理者能够遵循事实导向原则，以客观的事实为依据，而不是凭借主观感受或个人偏见来评价他人，就能够更有效地传达自己的观点，同时也能够减少对他人的伤害。例如，当一个员工在工作中犯了错误，作为管理者，他应该首先客观地描述这个错误的事实，而不是立即指责或批评员工。他可以说："通过分析过去一段时间的数据，我发现了你在工作中犯了一个错误，具体来说……"这样的表达方式不仅能够让员工清楚地了解到自己的问题所在，还能够避免对其自尊造成不必要的伤害。

五、绩效沟通的技巧

在绩效沟通过程中，管理者扮演至关重要的角色。他们不仅要确保信息传达的准确性，还要采取一系列高效的策略和技巧来增强沟通的效果，促进员工的成长和组织发展。几种绩效沟通技巧如下。

（一）积极倾听

对于管理者而言，积极倾听不仅能够促进信息的交流和问题的解决，还能增强团队的凝聚力和提高员工的工作效率。一个善于倾听的管理者能够激发员工的潜力，创造一个更和谐、更高效的工作环境。

在与员工进行交流时，管理者应该展现出对员工和话题的浓厚兴趣，这意味着他们要投入充分的精力和注意力去倾听员工的话语，真正理解员工所表达的意图和情感。

积极倾听要求管理者放下先入为主的观念，避免在对话中急于表达自己的观点或打断员工的发言。相反，管理者应耐心地等待员工说完，确保他们感到被尊重、被重视。这种全神贯注的倾听有助于建立信任和开放的沟通环境，员工在这样的环境中更愿意分享真实的想法和感受。当员工提出观点时，管理者可以通过点头、眼神接触等非语言行为来表明自己在认真倾听。同时，为了确保理解的准确性，管理者可以在适当的时间提出问题，以获得更多的信息，或者针对某些不清晰的地方进行澄清。这种互动不仅可以帮助管理者更好地把握员工的立场，还可以让员工感受到他们的想法受到重视。

通过积极倾听，管理者能够更深入地了解员工的需求、期望和所面临的挑战，这是制定有效决策和解决问题的基础。当员工感觉到自己的想法和问题被认真对待时，他们可能会更积极地投入工作，提高工作满意度和忠诚度。

（二）利用反馈

反馈是管理者在沟通中非常重要的一项技巧。在实际工作中，管理者既可以通过接受员工的反馈，也可以通过及时给予团队成员反馈来提高绩效沟通效率。

首先，管理者应要主动敞开心扉，以开放的姿态接受来自员工的反馈。这种自下而上的沟通方式能够鼓励员工表达自己的观点和建议，从而帮助管理者更好地理解团队内部的实际情况和员工的真实需求。通过这种方式，管理者可以及时调整管理策略，帮助员工解决在绩效执行过程中遇到的问题，从而提高团队的工作效率和员工满意度。

其次，管理者应注重给予团队成员及时、具体的反馈。这种自上而下的沟通方式对于员工的成长和发展至关重要。在实际工作过程中，管理者应该提供详细的信息，以便团队成员能够清楚地了解自己在工作中的表现。这意味着反馈应该包括具体的事例和数据，以便团队成员能够看到自己的工作成果和不足之处。

最后，管理者应提供正面的肯定，以增强员工的信心和动力；同时，也要提出建设性的批评，帮助员工认识到自己的不足，并指导他们改进工作。这种及时的反馈能够帮助员工找出问题解决方案，明确自己的工作目标，提高工作技能，从而提升整个团队的工作质量和绩效。

在实施反馈时，管理者还要注意以下几点。

确保反馈的及时性。及时的反馈能够让员工迅速调整自己的工作状态，避免问题的延续和扩大。

保持反馈的针对性和具体性。抽象的反馈往往难以让员工理解，而具体的例子和建议则更容易被接受和执行。

维护反馈的建设性。管理者应该认识到下属的优点和潜力，即使是批评也应当采取合适的方式，避免伤害员工的自尊心。同时，管理者还应提供积极的建议和指导，指出员工需要改进的地方，并提供具体的行动计划和支持。

确保反馈的客观性。管理者应当避免主观评价和个人偏见，而应当根据事实和数据来评估团队成员的工作表现。这样可以避免给团队成员带来不必要的压力和负面情绪，同时也能够营造公正和透明的工作环境。

（三）控制情绪

控制情绪是管理者在沟通中必须具备的能力。管理者要学会控制自己的情绪，保持冷静和理智。面对下属的问题或挑战，管理者应该以平和的态度来应对，而不是情绪化地做出决策或回应。情绪化的回应往往会引发紧张关系和冲突，阻碍问题的解决和团队的合作；相反，保持冷静和理智可以帮助管理者更好地理解问题的本质，并找到合适的解决方案。通过控制情绪，管理者能够营造一种开放和支持的氛围。这种氛围鼓励团队成员勇于提出问题、分享意见和寻求帮助，从而促进团队的创新和发展。保持冷静和理智可以帮助管理者考虑问题更全面，权衡利弊后做出明智的决策。

以下是一些帮助管理者在绩效沟通中控制情绪的建议。

培养自我意识。管理者要对自己有一个清晰的认知，了解自己在不同情况下可能出现的情绪反应。通过自我观察和反思，管理者可以更好地识别自己的情绪变化，从而在绩效沟通时更警觉、更自控。

保持同理心。在绩效沟通中，管理者应展现出真诚的倾听态度和同理心。这意味着要设身处地为员工着想，理解他们的立场和感受。通过倾听，管理者可以更好地控制自己的情绪，避免因误解或偏见而做出过激反应。

重塑认知方式。这是一种通过改变对事件的解释和思考方式来调节情绪的策略。例如，在绩效沟通过程中，管理者可以尝试从不同的角度看待问题，寻找积极的一面，或者将问题视为成长机会，从而减少负面情绪的影响。

此外，当不好的情绪即将爆发时，管理者可以采用深呼吸、短暂暂停或转移注意力等技巧来平复情绪。

（四）鼓励双向对话

在现代的组织管理中，绩效沟通是确保团队高效运作的关键因素。然而，绩效沟通并不应该仅仅由管理者向员工传达信息和反馈。相反，为了建立一个更健康、更开放和更高效的工作环境，管理者应当积极鼓励并促进双向对话。双向对话不仅能够为管理者提供一个了解员工想法和感受的窗口，还能够为员工提供一个平台，让员工提出问题、表达自己的意见和建议、分享自己对工作和团队动态的看法。这种互动式的沟通方式有助于打破等级制度造成的障碍，使员工感到自己的声音与贡献受到重视。通过鼓励员工参与双向对话，管理者可以收集到宝贵的一线信息，这些信息可能会揭示潜在的问题、改进的机会、员工的创新想法，这对于制定更有效的策略和决策至关重要。同时，当员工感觉到自己的意见被认真考虑时，他们更有可能感到满意，这直接影响到他们的工作表现和团队合作精神。

双向对话还有助于建立双方的信任和提高团队透明度，这是任何成功团队的基石。当管理者展现出愿意倾听并且认真对待员工观点的态度时，员工会更愿意与管理者合作，共同解决问题。这种相互尊重和开放的沟通文化，能够促进团队成员之间的理解和合作，从而提高整个组织的绩效。

总之，通过鼓励双向对话，绩效沟通将不再是一个单向的信息传递过程，而是一个互动和协作的过程。双向对话将极大地增强团队的凝聚力，提升工作满意度，最终推动组织向着更高的目标前进。

（五）使用非语言沟通技巧

除了以上提到的技巧，管理者也应注意非语言沟通技巧。绩效沟通并不是一个简单的语言传递过程，沟通双方往往需要通过非语言信息（如肢体语言）传递各自的想法。沟通双方能否很好地运用非语言沟通技巧，是影响建设性沟通成败的重要因素。

非语言沟通是指通过肢体动作、面部表情、眼神交流、声音的音调和节奏等方式来传达与理解信息的过程。这种沟通方式在很大程度上影响双方的交流效果。例如，肢体语言可以传达出人们的情感和态度，对沟通效果有着重要的影响。当我们微笑时，对方会感受到我们的友好和热情；当我们皱眉时，对方可能会认为我们不悦或者不满。

在绩效沟通过程中，上下级应学会观察对方的非语言信号。在与下级或上级交流时，要时刻关注对方的肢体动作、面部表情和眼神交流等，以便更好地理解对方的意图和情感；同时，也要注意自己传达的非语言信号，确保自己的肢体动作、面部表情和眼神交流与语言信号一致，以免对方误解。

第三节　绩效辅导

一、绩效辅导的内涵

绩效辅导（performance coaching）是指管理者通过指导和激励下属实现绩效目标，确保其工作不偏离组织战略目标的持续过程。它涉及管理者根据绩效计划，针对下属工作进展中存在的问题和潜在的障碍，运用适当的领导技巧和方法，与下属进行深入而有效的沟通，进而通过持续的互动和反馈来确保下属对既定的绩效目标有清晰的认识。绩效辅导的目的不仅仅在于帮助下属克服眼前的难题，更重要的是激励下属，提高他们的自我效能感和工作动力，促进下属和组织全面发展。管理者通过认可下属的努力和成就来鼓励他们继续前进，同时也通过提供建设性的反馈来帮助他们改进工作方法和提升技能。

绩效辅导还关注确保下属的工作成果与组织的战略目标保持一致。管理者要确保下属清楚地理解组织的愿景和目标，并将这些目标转化为下属的工作计划，确保每一个员工的努力都能够为组织的整体成功做出贡献。

理解绩效辅导，需要考虑以下几个方面的内容。

第一，提供指导和支持是绩效辅导的关键。当员工面临困难时，管理者应该扮演指导者和支持者的角色，及时向员工伸出援手，为其提供解决方案或者直接的帮助，包括调整工作计划、重新分配任务或资源，或者提供额外的培训和辅导。管理者的这种支持不仅能够帮助员工解决眼前的难题，还能够增强员工的自信心，激发他们的潜能，促进他们的个人成长和职业发展。

第二，促进员工全面发展是绩效辅导的重要职能。在绩效辅导的过程中，管理者不应只关注员工工作绩效的提高，还应注重通过绩效辅导来促进员工全面发展。管理者应该识别出哪些技能和知识是员工需要提升的，并据此安排相应的培训课程或工作坊。促进员工全面发展的理念与中国传统的管理哲学思想相契合。例如，"君子不器"强调人的多面性和潜能；"民惟邦本，本固邦宁"则强调以人民为中心的治理理念；"天地之间，莫贵于人"则突出人的价值和地位。有效的绩效辅导将下属的发展视为工作的重心，强调尊重知识、尊重人才，还体现对下属主体地位的重视。这种尊重与重视不仅能有效激发下属的潜能和活力，还能帮助员工提升工作技能和知识水平，促进员工在职业生涯中全面成长，并帮助员工实现自我超越，为组织带来更大的价值。

第三，领导风格是影响绩效辅导效果的重要因素。在绩效辅导的过程中，管理者为员工提供指导、支持和发展机会，而不同的领导风格会产生不同的效果。例如，以支持型领导为特征的领导风格，注重员工的成长和发展，提供有效的辅导和反馈。这种风格可以增强员工的能力，培养他们的技能，并激发他们的潜力。相反，专职型领导风格可能导致员工感到被忽视或受限，从而影响他们的发展和绩效。因此，管理者应该根据员工的特点和情况，灵活运用不同的领导风格，以达到最佳的绩效辅导效果。

第四，绩效辅导是一个动态和持续的过程。绩效辅导不仅仅是在年度绩效评估时进行的一次性活动，而是一个持续和动态的过程。管理者应该与下属进行定期或不定期的跟进、反馈和沟通，关注他们在工作进展中遇到的问题和潜在的障碍，并根据需要提供辅导和支持。这种持续的辅导和支持有助于确保下属的工作与组织的战略目标保持一致，并促进他们的专业成长和发展。

第五，及时沟通是确保绩效辅导成功的基本保障。在绩效辅导的过程中，及时沟通是至关重要的。管理者与下属之间的频繁沟通可以确保双方对工作目标、期望和进展有清晰的了解。这种透明度有助于消除猜测和误解，使下属能够更好地理解自己的绩效目标，以及如何在工作中取得成功。及时沟通使管理者能够及早了解下属在工作进展中遇到的问题和障碍，为下属提供一个机会，使下属能够与管理者分享困难，并寻求支持和解决方案。通过积极参与下属的工作并及时提供指导和帮助，管理者能够促进问题的解决，并帮助下属克服潜在的障碍，进而实现绩效目标。此外，管理者与下属之间的频繁互动和信息共享可以加强双方的联系，并培养崇尚合作和支持的企业文化。这种积极互动和信任能够激发下属的积极性与承诺感，使他们更有动力去实现绩效目标，并展现更高水平的工作表现。最后，通过及时沟通，管理者可以了解下属的工作进展和变化情况，从而及时调整绩效计划，以确保绩效目标与组织战略目标保持一致。这种灵活性和适应性有助于确保绩效辅导的有效性与成功实施。

综上所述，绩效辅导是一种管理者与下属互动的过程，旨在激励和指导下属，帮助他们实现绩效目标，并确保他们的工作与组织战略目标保持一致。通过选择适当的领导风格、充分的绩效沟通、针对问题和障碍的激励与指导、持续的支持和反馈，绩效辅导能够促进下属的绩效提升和个人成长，同时也为组织的成功做出贡献。

二、绩效辅导的时机

绩效辅导的时机揭示了这样一个问题——何时进行绩效辅导才能最大限度地提高辅导效果？以下是几个可选择的绩效辅导时机。

第一，开展绩效评估时。绩效辅导通常与定期的绩效评估相结合，包括季度评估、年度评估或特定项目的评估。在这些评估之前或之后，管理者可以对下属进行绩效辅导，讨论和澄清绩效目标、评估准则和预期结果。这种定期的辅导有助于确保下属对绩效评估过程有清晰的了解，并促使下属努力达到预期的绩效水平。

第二，关键里程碑或项目任务阶段。绩效辅导可以安排在关键里程碑或项目任务阶段之前、期间和之后。在项目任务开始之前，管理者可以与下属进行沟通，以确保下属理解任务目标、角色和责任，并制定明确的绩效目标。在项目执行期间，管理者可以定期与下属进行沟通，提供反馈、调整计划并解决问题。在项目任务结束后，绩效辅导可以用于总结和评估绩效，为未来工作提供指导和建议。

第三，新员工入职和培训阶段。在新员工加入组织的早期阶段，管理者可以对他们进行绩效辅导，帮助他们理解组织文化、工作期望和绩效标准。这种辅导有助于新员工快速适应工作环境，并确保他们在职业发展的早期阶段获得指导和支持。

第四，重要变更或挑战发生时。这可能包括组织结构变动、工作职责调整、任务执行环境变化、新项目启动或组织策略调整。在这些关键时刻，管理者可以对下属进行绩效辅导，帮助他们适应变化、理解新的期望，并提供必要的支持和指导。

第五，下属提出辅导请求时。有时，下属可能需要额外的支持、指导或反馈，他们会主动寻求管理者的绩效辅导。在这种情况下，管理者应尽量满足下属的请求，并确保及时提供所需的辅导。

第六，下属面临新的职业发展机会时。管理者可以通过绩效辅导来帮助下属评估自己的能力和兴趣，制订职业发展计划，并提供必要的支持和建议。通过绩效辅导，管理者可以帮助下属评估自身当前的技能和知识，确定需要进一步发展的领域，并制订实际可行的行动计划。这种定制化的辅导有助于下属在职业发展过程中明确方向和目标。

总之，绩效辅导的时机应与绩效评估、关键里程碑或项目任务、新员工入职和培训、重要变更或挑战、下属的辅导请求、下属的职业发展机会等相结合。选择适当的时机进行绩效辅导可以最大限度地提高辅导效果，确保下属在工作中实现绩效目标，并促进他们的职业发展。

三、绩效辅导的方法

（一）GROW 模型

GROW 模型是一种常用于绩效辅导的工具和方法，它有助于管理者和下属共同探索与实现个人和组织的战略目标。GROW 模型是一种简单而有效的结构化框架，它包含目标（goal）、现状（reality）、选择（option）和行动计划（will）四个关键要素。

（1）目标。目标是 GROW 模型的第一个关键要素，也是至关重要的第一步。在绩效辅导中，管理者应与下属一起明确目标，并确保这些目标与组织目标一致。通过讨论和明确目标，管理者帮助下属明确他们想要取得的成果和实现的绩效目标。目标为后续的行动计划提供了方向。操作过程中，目标的制定应当遵循 SMART 原则。

（2）现状。在 GROW 模型中，现状涉及评估和了解当前的情况与现实，要求管理者和下属共同审视当前的情况及存在的障碍。在绩效辅导中，管理者应与下属一起探讨当前的能力、资源和挑战。通过对现状的分析，领导者和下属可以共同识别下属在实现目标方面的优势以及面临的障碍。

（3）选择。在选择阶段，管理者要鼓励员工探索不同的解决方案和行动路径。一旦明确目标和现状，管理者就要帮助员工生成创意，并一起探讨不同的行动方案和策略。这可能涉及制订具体的计划、寻找资源和培训机会，或者探索不同的方法和解决方案，以及分析每个可选方案的利弊。

（4）行动计划。GROW 模型最后一个步骤是确定具体的行动计划和承诺。在绩效辅导中，管理者与下属一起制订明确的行动计划，并确保下属对计划的可行性和意愿有充分的理解和承诺。通过鼓励下属制订具体的行动步骤和时间表，并提供适当的支持和资源，管理者可以帮助下属采取实际行动并实现目标。

（二）领导风格和绩效辅导

领导理论是关于领导行为和效果的研究，可以为绩效辅导提供指导和框架，帮助管理者更好地理解和运用绩效辅导。

（1）路径—目标理论。路径—目标理论（path-goal theory）（House, 1971, 1996; Hirt, 2016）认为，领导者的主要任务是为员工提供明确的路径和目标，以实现组织目标和员工个人目标的一致性。在绩效辅导中，领导者可以运用路径—目标理论，帮助员工明确绩效目标并提供指导和支持，以消除障碍并增强员工的动机和自信心。根据路径—目标理论，领导者可以根据环境特征（如任务结构、正式权力系统、工作群体等）和下属特征（如控制点、经验、能力、受教育程度等）选择合适的领导风格对下属进行绩效辅导。传统的领导风格有以下几种。

① 指示型领导。指示型领导强调领导者向员工发布明确的指示和期望，并提供具体的工作指导。在绩效辅导中，指示型领导者可以帮助员工明确绩效目标，并提供详细的工作计划和指导，确保员工了解如何实现目标。他们会解释任务的要求和期望，提供清晰的指示和反馈，确保员工理解并能够应对挑战。这种领导风格在绩效辅导中有助于消除员工的不确定性和困惑，提高员工的工作效率和绩效水平。

② 支持型领导。支持型领导强调领导者对员工的支持、关心和关注。在绩效辅导中，支持型领导者会倾听员工的需求和问题，并提供情感上的支持和鼓励。他们会与员工建立良好的关系，提供帮助和资源，以增强员工的自信心，提高员工的工作满意度。支持型领导者在绩效辅导中注重员工的情感需求，帮助员工克服困难和挑战，从而提高员工的工作动机和绩效。

③ 参与型领导。参与型领导强调领导者与员工的合作和参与决策的过程。在绩效辅导中，参与型领导者会鼓励员工参与目标设定和问题解决的过程，以增强员工的参与度和承诺感。他们会征求员工的意见和建议，并与员工合作制订具体的行动计划。参与型领导者通过鼓励员工培养主动性和创造性思维，激发员工的动机和创新能力，从而提高员工的绩效表现。

④ 成就指向型领导。成就指向型领导强调领导者对员工的绩效要求和激励。在绩效辅导中，成就指向型领导者会设定有挑战和可衡量的绩效目标，并激励员工追求卓越和成就。他们会关注员工的进步和成就，并提供适当的激励和奖励机制，以增强员工的工作动机。成就指向型领导者在绩效辅导中鼓励员工超越自我，并提供支持和资源，帮助员工实现更高的绩效水平。

（2）变革型领导风格。根据变革型领导理论（transformational leadership theory）（Bass & Avolio, 1993；Bass & Riggio, 2006），变革型领导通常包括理想化影响力（idealized influence）、鼓舞性激励（inspirational motivation）、智力激发（intellectual stimulation）和个性化关怀（individualized consideration）四个维度，强调领导者通过激发员工的内在动机和潜能来实现组织变革、提升绩效。在绩效辅导中，变革型领导者能够通过塑造员工的愿景、提供激励和支持、促进员工发展来激发员工的创造力和自主性，从而推动绩效辅导的成功。变革型领导风格有以下作用。

① 塑造员工愿景。变革型领导者通过与员工合作，共同塑造和传达一个具有激励

作用和挑战性的愿景。在绩效辅导中，领导者可以与员工讨论他们的职业目标和发展愿景，并帮助他们将这些愿景与组织的绩效目标匹配。通过共同构建愿景，领导者能够激发员工的内在动机和对工作的热情，使他们更有动力去实现绩效目标。

② 提供激励和支持。变革型领导者通过提供激励和支持来激发员工的创造力与自主性。在绩效辅导中，领导者可以采用激励机制（如奖励和认可等）来鼓励员工实现更高的绩效目标。此外，领导者还可以提供资源和支持，帮助员工克服障碍，增强自信心，并发展必要的技能和知识以提高绩效水平。

③ 促进员工发展。变革型领导者关注员工的个人成长和发展。在绩效辅导中，领导者可以识别员工的发展需求，并提供培训、指导和反馈，帮助他们不断提升自己的能力和绩效水平。领导者还可以激发员工的创造力和自主性，鼓励他们尝试新的方法和解决方案，从而推动个人和组织的创新与持续改进。

④ 建立信任和合作关系。变革型领导者注重对员工进行个性化关怀，并与他们建立信任和合作的关系。在绩效辅导中，领导者与员工建立良好的工作关系，鼓励开放的沟通和反馈以增进彼此的理解和信任。这种信任和合作的氛围可以促进员工的积极参与及合作，提高绩效辅导的效果。

（3）授权型领导风格。授权型领导（empowering leadership）（Cheong et al., 2019；Kim et al., 2018；Lee et al., 2018）是由领导者发起的与员工分享权力的持续过程，员工在工作中获得更大的自主权，获得资源并控制这些资源的分配。这是一种专注于提高下属的自主权、心理赋权和工作领导能力的领导风格。在现实工作中，并非所有下属都能接受领导者的授权，也并非所有领导者都愿意并有能力采取授权行为。只有当双方意见一致并积极参与时，授权型领导风格才能在领导者和员工中引发积极效果。与授权型领导风格相关的行为很多，在实践中，大多数领导者会根据员工的特征、行业类型以及组织文化和战略等采取特定的授权行为。

表4-2总结了可用于绩效辅导的十种授权行为。

表4-2 授权型领导行为

授权型领导行为	具体行为举例
提高决策参与性	将改进工作流程、客户服务和程序的决策委托给员工
	与员工一起做出决策，或在员工无法参与决策时向员工解释决策背后的理由
	鼓励员工参加会议，积极听取员工的想法和建议，并在工作决策中加以利用
提高主动性	鼓励员工设定自己的目标，主动承担任务，并按照自己认为合适的方式开展工作
	鼓励员工在出现问题时自主解决，而无须领导者的监督、投入或批准
	消除官僚主义的限制，并为员工提供足够的空间来尝试新想法

（续表）

授权型领导行为	具体行为举例
强调对结果负责	使员工明确对自己的决定负责
	重组绩效衡量系统，使员工对自身的责任、贡献和结果负责并获得奖励
	确保员工对分享给他们的权力负责并以合乎道德的方式运用
鼓励聚焦目标	帮助员工了解组织的宗旨、目标和期望
	在讨论组织和员工的目标时表现出热情
	强调并解释员工的工作与组织更广泛的有效目标的相关性
	使员工的目标与组织的目标保持一致，确保两者都能实现
支持效能信念	对下属成功开展工作的能力充满信心
	熟悉员工的优势并促进其利用优势实现卓越
	对员工的想法表现出兴趣，对他们坚持到底的能力充满信心，并相信员工在犯错后能够及时纠正
协调和信息共享	分享员工达到高绩效水平并满足客户需求所需的信息
	敦促员工相互协调，公开交换信息
	与员工讨论共同目标，以便实现协调
行为模范	在工作中树立良好榜样
	表现出面对逆境的勇气，并为实现与工作相关的目标做出牺牲
	在工作中充满活力，表现出对学习和持续改进的坚定承诺
为技能发展提供指导	分享如何安排日程和制订计划，并向员工提供改进机会
	鼓励员工寻找学习机会并发展新技能
	优先考虑学习和持续改进，并为员工提供发展技能的机会
	允许访问有利于员工发展的组织网络，并支持访问和使用组织政策，以便员工可以利用这些政策来促进自身发展
	指出工作改进方法
关心下属	关心员工的个人和职业挑战
	平等对待所有员工，关心他们的福祉和成功
	花时间与员工一起了解正在做什么，并更好地了解员工的优势和改进机会
鼓励机会思维	鼓励员工将失败和挫折视为学习机会
	帮助员工将工作中的障碍视为学习机会
	重新规划工作，以抓住实施计划的行动过程中经常出现的机会

总之，授权型领导风格在绩效辅导中强调下属的自主性，鼓励员工在一定的框架内自我管理和发展。这种领导方式可以激发下属的创造力和承诺，提高他们的工作动机和绩效水平。同时，授权型领导者通过提供支持、促进成长和建立信任关系，营建一个积极的工作环境，促进绩效辅导的成功实施。

（4）服务型领导风格。根据服务型领导理论（Eva et al., 2019；Spears & Lawrence, 2002；Patterson, 2003），虽然不同研究者对服务型领导有不同的界定，但都认为服务型领导是一种注重利他与服务的领导风格，其本质特征是领导者的利他与服务，通常包括以下特征。

① 以身作则。服务型领导者能够始终展现出他们希望在他人身上看到的价值观和行为，并且当员工的行为不符合公司核心价值观时，服务型管理者有信心通过自身示范改变他们。

② 积极倾听。服务型领导者懂得如何倾听并准备好接受自下而上的反馈。

③ 频繁沟通。服务型领导者了解开放式团队沟通的重要性，因此能将公司的使命和愿景传达给员工，并将热情和动力传递给他们，让他们对自己的工作感到自豪。

④ 适应性和灵活性。服务型领导者通常有同理心，能理解并适应员工的需求和期望。

⑤ 员工赋权和认可。服务型领导者通常能激发员工的潜力，让他们自主做出决策、实施新想法、从失败中学习。

⑥ 关爱员工成长与发展。服务型领导者会对员工的职业成长与发展做出承诺和行动。

在绩效辅导的实施过程中，服务型领导者通过以身作则、积极倾听、频繁沟通、员工赋权和认可、关爱员工成长与发展等，推动下属的发展和绩效提升。具体体现在：①理解员工的个体差异，为员工提供支持和资源，并赋予员工自主决策权；②关注员工的需求和期望，建立信任和支持的关系，激发员工的创造力和合作精神，从而提高员工的绩效；③通过以身作则和积极倾听，服务型领导者能够建立良好的信任关系，并理解员工的需求和期望；④通过频繁的沟通，了解员工的工作进展及其遇到的问题，及时向员工提供服务和支持；⑤建立良好的工作关系和信任，激发团队的创造力和合作精神，从而实现个人和组织的成功。

（5）下属的成熟度与绩效辅导。根据 Hersey & Blanchard（1982）的情境领导理论（situational leadership theory），领导者应根据下属的成熟度水平采取不同的领导行为，成功领导的关键是将适当的领导风格与员工相应的成熟度相匹配。Hersey & Blanchard（1982）将下属的成熟度分为四类，如表 4-3 所示。

表 4-3 成熟度分类

M4	M3	M2	M1
高成熟度	中等成熟度	中等成熟度	低成熟度
	高能力、低自信心	高自信心、低能力	
下属有自信心、经验丰富、独立工作能力强，愿意承担任务	下属有较高水平的技能和较多的知识，但缺乏自信心	下属有较高的自信心，但知识、技能有限	下属既缺乏工作能力，也不愿意承担任务

在进行绩效辅导的过程中，管理者可以根据下属的成熟度灵活选择情境领导理论中的四种不同领导风格，如表 4-4 所示。

表 4-4 领导风格类型

S4	S3	S2	S1
授权式	参与式/支持式	推销式/教练式	指令式/指导式
领导者将大部分责任授权给下属。他们虽然监控进展情况，但较少参与决策	领导者专注于人际关系，而不是提供工作方向。他们与下属一起做出决策	领导者提供工作方向，但试图"推销"自己的想法，让下属愿意参与和承担工作	领导者告诉下属该做什么，以及如何做

授权式风格。授权式（delegating）风格是一种关注低任务和低关系的风格。在绩效辅导过程中，领导者可以将决策责任分配给团队成员，但要监督他们的工作。这种风格最适合高成熟度的下属。

参与式/支持式风格。参与式/支持式（participating/supporting）风格是一种关注低任务和高关系的风格，在绩效辅导过程中，领导者可以更民主地与团队成员一起做出决策，支持和鼓励团队成员。管理者可以对有经验、有意愿承担工作任务但可能缺乏自信心的下属使用这种风格。

推销式/教练式风格。推销式/教练式（selling/coaching）风格是一种关注高任务和高关系的风格。在绩效辅导过程中，领导者仍然是决策者，但会沟通并努力说服下属，而不是简单地指导他们。领导者往往以有说服力的方式解释任务方向，向下属"推销"他们的想法，使有能力却不愿意表现的下属愿意承担工作任务。

指令式/指导式风格。指令式/指导式（telling/directing）风格是一种关注高任务和低关系的风格。在绩效辅导过程中，领导者往往给出明确的指示并密切监督员工工作。这种风格适合低成熟度的下属。

第四节 绩效信息的收集

一、信息收集的内容

绩效信息是进行绩效评估和绩效管理的重要信息。绩效信息的收集是绩效管理的重要基础,它为评估员工绩效、提供反馈和制订绩效改进计划提供重要依据。

首先,绩效信息的收集为绩效评估提供了必要的依据。绩效评估是对员工工作表现进行全面评估和判断的过程。通过收集绩效信息,领导者可以了解员工在工作中的表现、能力和成就,以及是否达到预期的目标和标准。这些信息可以帮助管理者识别员工的强项和可改进的领域,为绩效评估提供客观、准确的依据。

其次,绩效信息的收集有助于提供有针对性的反馈。绩效反馈是绩效管理的重要环节,它帮助员工了解自己的工作表现,并提供改进的方向和建议。通过收集绩效信息,领导者可以针对具体的工作表现和行为给予员工具体的反馈。这样的反馈不仅可以帮助员工认识到自己的优势和劣势,还可以激励员工进一步提升绩效。

再次,绩效信息的收集为制订绩效改进计划提供了基础。当发现员工在某些方面的绩效不如预期时,领导者可以借助绩效信息找出原因并制订相应的绩效改进计划。通过收集绩效信息,领导者可以识别出员工的发展需求和培训机会,为员工提供有针对性的培训和发展计划,以提升其绩效水平和能力。

最后,绩效信息的收集还有助于监测和跟踪绩效趋势和变化。通过定期收集和分析绩效信息,领导者可以了解员工的绩效变化情况,识别出绩效提高或下降的趋势,并及时采取相应的措施。这有助于提前发现问题并进行干预,确保员工的绩效保持在较高水平。

由于不同部门或岗位的工作职责和任务各有不同,每个部门或岗位所要收集的绩效信息不尽相同。例如,销售部门可能会重点关注销售业绩和客户满意度,研发部门则可能更加关注项目进度和创新成果。尽管存在这些差异,但绩效信息的收集仍然存在一些共同之处,具体体现在以下几方面。

(1)在确定所要收集的绩效信息内容时,首先应明确组织的绩效目标。

绩效目标是组织希望实现的具体结果或成果,因此与实现组织目标相关的重要绩效信息都要收集、记录和保存下来。这些信息包括关键指标、关键任务的完成情况、员工的工作表现等。通过收集和分析这些信息,可以评估组织是否达到预期的绩效目标,并为制定下一阶段的绩效目标提供参考。

关键指标是用于衡量组织绩效的重要量化指标，如销售额、利润率、市场份额等。通过收集这些指标的绩效信息，领导者可以了解组织在关键领域的绩效表现，并将其与预期目标进行比较。这样的信息可以帮助领导者评估组织的整体绩效，并制定相应的战略和措施来实现绩效目标。工作中，组织通常会设定一些关键任务或重要项目，这些任务对于实现组织目标至关重要。通过关键任务完成情况方面的信息，领导者可以了解任务的进展情况、完成质量和效率等。这样的信息可以帮助组织评估在关键任务层面的绩效，并及时采取措施来解决问题、优化执行过程，以确保任务的顺利完成。此外，员工的工作表现直接影响组织的整体绩效。因此，通过收集员工在工作中的表现信息，领导者可以了解员工的能力、责任心、团队合作和自我发展等方面的绩效表现。这些信息可以帮助管理者评估员工的绩效水平，为个别员工的反馈和发展计划提供依据，并为组织的人才管理和激励措施提供参考。

（2）为了进行有效的绩效评估，需要全面收集和整理与绩效评估相关的信息。

绩效信息的收集涵盖部门或员工在多个方面的表现，包括工作任务、工作质量、工作效率和团队合作等方面。

首先，工作任务是绩效评估中的重要组成部分。通过收集与工作任务相关的信息，可以了解部门或员工能否按时、按要求完成分配的任务。这包括部门或员工对工作任务的理解程度、执行能力以及任务完成的准确性和质量。收集这些信息有助于评估部门或员工在工作任务方面的表现，并提供改进建议和培训需求，以确保任务的顺利完成。

其次，工作质量也是绩效评估中的关键方面之一。通过收集与工作质量相关的信息，可以评估员工在工作中的准确性、创造性和问题解决能力等方面的表现。这包括客户满意度反馈、项目成果的质量评估以及工作产品的审核结果等。这些信息对于判断部门或员工的工作质量和绩效水平至关重要，并为提供相关的奖励、认可或改进建议提供依据。

再次，工作效率也是绩效评估中不可忽视的因素。通过收集与工作效率相关的信息，可以评估部门或员工在工作中所需的时间、资源利用情况以及工作流程的改进空间。这包括完成任务所花费的时间、工作进展的速度和效率、部门或员工在处理工作任务时所采用的方法和策略等。这些信息有助于企业发现工作流程中的瓶颈和改进机会，并为提高整体工作效率提供指导。

最后，团队合作也是绩效评估中的重要方面之一。通过收集与团队合作相关的信息，可以评估员工在团队中的积极性、合作性和贡献度。这包括员工在团队项目中的角色和职责、与他人沟通与协作的能力，以及员工对团队目标的支持程度等。这样的信息对于评估员工的团队合作能力和对整个团队绩效的贡献至关重要，并可以为团队建设与协作效果的提升提供指导和支持。

综合考虑这些方面的表现，领导者可以获得全面、准确的绩效信息，从而确保绩效评价结果的准确性和公正性，并更好地制定相应的管理和发展措施。

(3) 绩效数据作为重要的绩效管理信息，应在整个绩效管理过程中收集。

第一，在绩效计划阶段，收集绩效数据是明确绩效目标和制订有效绩效计划的基础。通过分析过去的有关组织目标、部门目标和个人目标的绩效数据，组织可以了解过去的表现和趋势，从而设定合理的、可衡量的绩效目标。例如，分析销售数据和市场份额等指标，可以确定下一个绩效周期的销售目标和增长率；收集员工的能力、经验和兴趣等数据，可以为设定个人绩效目标提供依据。

第二，在绩效监控阶段，收集绩效数据用于跟踪和监测绩效的实际表现。这包括收集关于工作进展、完成情况和绩效指标的数据。例如，管理者可以通过项目进度报告、工作日志和生产数据等途径收集数据，了解部门或员工在执行绩效计划过程中的表现和进展情况。这样的数据有助于实时监测绩效，及时发现问题和瓶颈，并采取必要的纠正措施。

第三，在绩效评估阶段，收集绩效数据用于评估员工或部门的绩效表现。这些数据包括完成的任务数量、客户满意度调查结果、工作质量和工作效率等指标的完成情况。这些数据信息可以为绩效评估提供客观的证据，并为与设定的绩效目标进行比较提供依据。

第四，在绩效反馈阶段，收集绩效数据用于向员工提供有针对性的反馈和指导。这包括收集员工的绩效数据，并与绩效目标进行比较，以强调绩效的优点和改进的领域。例如，通过收集客户满意度调查结果、项目成果评估和360度反馈等数据，管理者可以提供具体的反馈和建议，帮助员工了解自己的绩效水平，并制订绩效改进计划。

第五，在绩效结果应用阶段，收集绩效数据用于支持绩效结果的应用和决策。这包括收集与绩效结果相关的数据，并进行数据分析和解读。例如，通过收集绩效评估结果、奖励记录和晋升决策等数据，组织可以评估绩效管理的有效性，识别和奖励高绩效员工，并制订发展计划，以提高整体绩效水平。

此外，绩效信息一般分为关键事件、业绩记录和第三方意见三大类。关键事件是指在工作过程中发生的重要事件或行为，对员工的工作表现产生重要影响的事件。这些事件是员工在工作中遇到的挑战、解决问题的能力、创新思维等方面的表现。业绩记录是指员工在工作中取得的具体成绩和成果，可以通过数据和事实来量化与衡量。第三方意见是指来自员工自评、上级评价、同事评价等不同角度的意见和评价，可以提供更全面、客观的绩效信息。综合分析这三类绩效信息，可以得出对员工绩效的全面评价，为制定奖惩措施和提升员工绩效提供依据。

二、绩效信息的来源

在收集绩效信息时,可以从多个来源获取数据。以下是三个常见的来源。

(1)上级提供绩效信息。上级在绩效评估中扮演重要的角色,他们可以提供对下属的绩效评价和反馈,包括上级对下属的工作表现、目标达成情况、技能发展等方面的评估。例如,可以让综合部的直接领导提供"下属服务态度被投诉次数"方面的绩效数据。上级通过直接观察、工作反馈和定期评估来收集这些信息,他们的评估对于了解下属的绩效表现和提供改进建议非常有价值。

(2)其他部门或同事提供绩效信息。除了上级,其他部门或同事也可以提供绩效信息。这些部门或同事可能与被评价者合作或有业务交集,他们的观察和评估可以提供更全面的绩效信息。这种评价包括对合作能力、团队贡献、跨部门合作等方面绩效表现的评价。通过与其他部门或同事的沟通和协调,可以收集到更全面和多维度的绩效信息。例如,在收集市场部的绩效信息时,可以让综合部提供实际新增 A 级客户数、及时交货批次和订单总批次等方面的绩效数据,让仓储部提供实际销售额方面的绩效数据,让财务部提供实际毛利率、销售费用和实际货款额等方面的绩效数据。

(3)外部客户提供绩效信息。如果组织与外部客户有直接的业务关系,则外部客户的反馈和评价也是重要的绩效信息来源。外部客户可以提供关于产品或服务质量、交付准时性、客户满意度等方面的绩效反馈。这种反馈对于了解组织在市场中的表现和客户关系的健康程度非常有价值。通过收集和分析客户的反馈,组织可以识别改进的机会和进一步明确客户需求。

此外,除了上级、其他部门或同事以及外部客户提供的绩效信息,被评价者自己也可以提供有价值的绩效数据。被评价者的自我评价是绩效评估过程中的重要组成部分,它提供被评价者对自己工作表现的理解和反思。一方面,被评价者可以通过自我评价进行自我审视。自我评价是被评价者对自己在工作中的表现、目标达成情况、技能发展等方面进行反思和评价的过程,可以通过书面报告、在线表单等方式进行。自我评价提供被评价者对自身的认知情况,包括自身的优点、不足以及改进计划,为绩效评估提供一个主观但有价值的视角。另一方面,被评价者可以通过展示自己的工作成果来提供绩效数据,包括项目报告、产品展示、销售业绩数据等。通过展示工作成果,被评价者可以直观地展示自己在工作中的贡献和成就,以及达到或超越的目标。这些数据可以作为绩效评估的补充信息,提供客观的证据来支持被评价者的绩效评估。

准确的绩效数据对于绩效管理的客观性、公正性至关重要。关于绩效信息来源的选择,还需要注意以下几个方面。

（1）尽量避免绩效数据来自被评价者本人或被评价者所在部门。

为了确保数据的客观性和公正性，最好避免由被评价者提供自身的绩效数据。由被评价者提供自身的绩效数据，可能会导致数据的不准确性、夸大或低估，存在潜在的主观性和偏见，从而影响绩效评估结果和决策。为了避免这些潜在的问题，最好由独立的观察者或其他相关部门提供绩效数据。这些观察者可以是经过培训的评估人员、上级领导、同事或跨部门团队成员等。他们能够以客观的视角和独立的立场来观察被评价者的绩效表现。独立观察者或其他相关部门提供绩效数据的好处是多方面的。首先，他们不会受到个人或部门利益的干扰，能够更客观地评估绩效。其次，他们可能具有更广泛的视野和了解，能够提供更全面、准确的数据。

（2）计算定量绩效指标结果的每一个数据都应有具体的来源。在计算定量绩效指标的结果时，分子和分母的每一个数据都应有明确的来源和依据，从而确保数据的准确性和可验证性。这意味着需要确定数据的获取途径和收集方法，例如内部系统记录、员工提交的报告、客户反馈、调查问卷等。通过明确数据来源，可以确保数据的可靠性和一致性。同时，为每个数据指定责任人是非常重要的。责任人负责数据的收集、记录和更新，他们需要清楚地知道自己的责任，并按时提供准确的数据。通过明确责任人，可以建立起数据的责任链，确保数据收集的连贯性和持续性。此外，明确数据的时限和更新频率也是必要的。不同类型的数据可能需要不同的更新频率。一些数据可能需要每日、每周或每月更新，而其他数据可能只需要季度或年度更新。明确数据的时限和更新频率，可以确保数据的及时性和有效性。通过上述做法，公司可以建立起绩效数据的责任链和监督机制，确保数据的准确性、及时性和可靠性。

（3）甄别来自多个岗位或部门的绩效数据。在组织中，绩效数据往往涉及多个岗位或部门，包括各个团队的绩效指标、工作成果、客户反馈等。为了确保绩效数据的准确性和完整性，需要进行甄别和审核以确定数据的来源，并验证其可靠性和一致性。其一，需要与相关岗位或部门进行沟通和协调，了解他们的绩效数据来源和记录方式。这可以包括与团队负责人、部门经理或绩效评估负责人进行讨论和举行会议，明确数据的收集方式和过程。通过与相关岗位或部门的密切合作，可以获得更全面、更准确的绩效数据。其二，在甄别和审核数据时，需要验证数据的准确性和一致性，可以通过与不同岗位或部门之间的数据对比和核实来实现。例如，可以与不同团队或部门的负责人进行对话，了解他们的数据收集方法、数据处理过程和数据记录准则。通过比较不同来源的数据，可以发现潜在的不一致之处，并消除这些差异，以确保数据的准确性和一致性。

（4）验证多个部门相互提供的绩效数据。当多个部门相互提供绩效数据时，需要进行验证和核实，可以通过数据的交叉对比和核实来实现。例如，将一个部门提供的数据与另一个部门提供的数据进行比较，确保数据的一致性和准确性。如果存在差异，则应进行调查和解决，以确保数据的准确性和可靠性。具体来说，可以通过以下方式进行数据验证。

首先，数据交叉对比。进行数据的交叉对比是验证绩效数据一致性的关键步骤。将一个部门提供的数据与另一个部门提供的数据进行比较，特别是在相互关联的指标或数据点上进行对比，可以发现潜在的差异或不一致之处。

其次，核实数据来源。了解数据的来源是确保数据可靠性的重要一步。与相关部门进行沟通和协调，了解他们的数据采集方法、指标定义和数据质量控制措施。通过与部门负责人或数据提供者的合作，可以了解数据的背景和采集过程，并评估数据的可靠性和准确性。

最后，调查和解决差异。如果在数据交叉对比中发现差异或不一致，则要进行调查和解决。这可能涉及与相关部门的进一步沟通，明确数据的来源和处理过程。通过共同的努力和合作，可以找出差异的根本原因，并采取适当的措施解决问题，包括修正数据、重新核实数据、调整数据采集或处理方法等。

此外，建立统一的数据一致性规范是确保多个部门提供的绩效数据一致性的关键。这包括制定统一的数据标准、定义和记录要求，明确数据的时间范围和频率，指定责任人和时间表。通过统一的规范，可以减少数据来源的差异，并提高数据的一致性和可靠性。

通过以上措施，组织可以验证和核实多个部门提供的绩效数据，确保数据的准确性和可靠性。这将为组织提供可信赖的绩效信息，支持决策制定和绩效改进的有效实施。

三、信息收集的方法

为了更准确地评估员工的工作表现，公司可以采取多种方法收集多维度、全面的绩效信息。绩效信息收集方法通常包括工作记录法、观察法、问卷调查法、360度反馈法和关键事件法。

1. 工作记录法

工作记录法是一种通过记录和跟踪员工的工作任务、完成情况、工作质量和效率等指标来收集绩效信息的方法，具体可以使用工作日志、任务管理系统或项目管理工具来实施。工作记录法提供客观的数据和事实，可以量化员工的工作表现。通过对工作记录进行审查和分析，可以了解员工在工作中的实际表现、工作量和成果等，以便更准确地评估其绩效。

2. 观察法

观察法是一种通过直接观察员工的工作行为和表现来收集绩效信息的方法，包括观察员工的技能应用、团队合作、决策能力和问题解决能力等方面的表现。观察可以通过现场观察、工作演示、模拟情境或任务执行过程中的观察来进行。观察法有助于了解员工的实际工作行为，可以捕捉到员工在实际工作中的绩效表现和行为特征。通过观察员工的工作表现，可以衡量其工作能力和行为特征，从而更全面地评估其绩效。

3. 问卷调查法

问卷调查法是一种通过员工自评、同事评价或上级评价等方式来收集绩效信息的方法。通过设计和分发问卷，可以收集到员工对自身绩效、同事绩效或下属绩效的评价和意见。问卷调查法可以收集到多个评价者的观点，提供一个多角度的绩效评估。通过问卷调查，可以了解员工在不同方面的表现、技能发展、工作态度和团队合作等情况，为绩效评估提供了员工自述和他人观察的视角，有助于形成全面的绩效画像。

4. 360 度反馈法

360 度反馈法是一种综合多方评价的方法，包括自我评价、上级评价、同事评价和下级评价等。通过收集来自不同角色的评价和反馈，可以全面了解员工在不同方面的绩效表现。这种方法提供了一个更全面、多维度的评估视角，帮助识别员工的优势、发展需求和能力盲点。通过 360 度反馈，员工可以获得来自各个评价者的观点和建议，有助于提高员工的绩效和发展。

5. 关键事件法

关键事件法是一种基于特定工作事件或项目的绩效评估方法。通过识别和记录员工在关键事件中的行为和绩效表现，可以评估员工的工作能力、应变能力和问题解决能力。这种方法重点关注员工在特定情境下的表现，能够更准确地评估员工在具体工作要求下的表现和贡献。通过关键事件法，可以了解员工在处理挑战和关键任务时的表现，从而更全面地评估其绩效。

思考题

1. 什么是绩效监控？为什么它在组织中非常重要？
2. 如何确保绩效监控的公正性和客观性？
3. 请列举一些常见的绩效沟通方式，并解释它们在绩效管理中的应用。
4. 绩效沟通应该包括哪些内容？员工和管理者在绩效沟通中的角色分别是什么？
5. 绩效沟通的最佳实践是什么？请提供一些建议和技巧来改善绩效沟通效果。
6. 在什么情况下管理者需要对下属进行绩效辅导？
7. 有哪些绩效信息收集方法？如何选择合适的方法收集绩效信息？

第五章 绩效评价

本章要点

1. 明确绩效评价的内涵。
2. 了解绩效评价周期的影响因素。
3. 明确评价过程常见的问题及其处理方法。
4. 掌握常用的绩效评价方法。

思政元素

中国优秀传统文化；公平公正；人的全面发展；人文关怀；实践是检验真理的唯一标准；实践意识；实事求是；责任意识；矛盾普遍性，对立统一；理性思维，科学精神，批判质疑；求真务实；问题导向，目标导向；创新精神；共享、共赢；利益共同体；开放意识；系统观；因势利导；规则意识，规范意识；道德规范，道德修养。

第一节 绩效评价概述

一、绩效评价的内涵

孟子曾说:"权,然后知轻重;度,然后知长短。物皆然,心为甚。"这句话的意思是,用秤称一称,才能知道轻重;用尺量一量,才能知道长短。世间万物都是这样,人的心更需要这样。这意味着只有通过衡量和比较,我们才能了解事物的真实价值和特征。孟子的思想为我们理解和实施绩效评价提供了深刻的启示。通过"权"和"度"的方式,我们可以更客观、更准确地了解各绩效执行主体的工作表现。而"心为甚"则启发我们,企业组织在对各绩效执行主体的工作绩效进行准确的衡量和评价时,不仅要对他们的具体工作成果或结果进行量化评价,还要对他们的工作态度、团队合作能力、创新能力等多方面因素进行综合考量。只有这样,管理者才能真正了解绩效执行主体的工作表现,从而做出公正和合理的评价。这样的绩效评价,不仅能够提高组织的工作效率,还能够促进员工的个人成长和发展,实现组织与员工的共同进步。

绩效评价(performance appraisal,PA)是对绩效执行主体的工作表现及其对公司的整体贡献的定期审查,是一种根据事先约定的评价周期和标准,由专门的评价主体采用有效的方法,对组织、部门和个人等绩效执行主体在实现绩效目标方面的表现进行评估的过程。绩效评价作为一种重要的管理工具,在现代组织中扮演至关重要的角色。绩效评价的实施不仅有助于组织实现战略目标、优化资源配置和提升工作效率,还可以为人力资源管理决策提供重要依据。通过绩效评价,组织能够确保员工的个人目标与组织的战略目标紧密相连,从而使得每一位员工的工作都能为实现组织的长远规划做出贡献。在资源配置方面,绩效评价为组织提供一种有效的管理手段。通过对员工绩效的评价,组织能够识别出哪些部门或个体表现出色、哪些部门或个体需要改进。这样,组织就可以更加精准地分配资源,比如将更多的财务资源、人力资源和时间投入对组织目标贡献最大的项目或团队。这种优化资源配置的做法,无疑会提高资源使用效率、减少浪费,从而提升整个组织的运营效率。通过绩效评价,企业组织还可以发现一些导致工作效率低下的工作流程或流程瓶颈,并据此找出解决这些问题的办法,如改进工作流程等。

绩效评价还是企业组织人力资源管理决策的重要依据。通过定期的绩效评价,管理者可以了解到员工的工作能力、态度、潜力以及他们在团队中的表现。这些信息对于制定晋升、培训、薪酬调整和职业发展规划等人力资源决策至关重要。它帮助管理者做出更客观、更合理的决策，同时也为员工提供清晰的职业发展路径，提高他们的职业满意度和忠诚度。首先，绩效评价可以为企业提供公平和客观的评价依据，从而确保薪酬分配的公正性。通过将绩效评价结果与薪酬挂钩，企业可以激励员工努力工作，提高工作绩效，进而实现组织战略目标。其次，绩效评价可以作为晋升决策的重要参考。通过对员工绩效的全面评价，企业可以确定哪些员工具备晋升的潜力，从而为组织的发展和人才储备做出合理决策。再次，绩效评价还可以作为解雇决策的依据。当员工的绩效表现不符合要求时，绩效评价结果可以为企业提供合法的证据，支持解雇决策的合理性和合法性。最后，绩效评价结果还可以用于培训决策的制定。通过对员工的工作表现进行评价，企业可以了解员工的培训需求和发展方向，有针对性地开展培训计划，提升员工的专业能力和综合素质。

二、绩效评价主体

绩效评价主体通常指在企业组织中负责对绩效执行主体的工作表现进行评价的个人或团体。绩效评价主体可以是绩效执行主体的直接上级、人力资源部门、专门的绩效评价委员会，甚至是同事和下属。在某些情况下，客户或外部合作伙伴也可以参与绩效执行主体的绩效评价过程。

首先，企业组织应当在权衡各种因素（如评价的目的）的基础上，选择适合的绩效评价主体。不同的评价目的需要不同的评价主体来提供相关信息和数据。例如，如果评价目的是激励员工和选拔人才，那么在选择评价主体时应该围绕提供全面、客观、公正的评价结果等原则选择多方位评价主体。这意味着评价主体不应仅限于直接上级，还可能包括同事、下属、人力资源部门甚至客户等。多方位评价主体可以提供更全面的员工能力图谱，不仅有助于发现员工的强项和弱点，还能够为员工提供明确的改进方向和发展建议，从而更好地激发员工的潜力和提升团队的整体表现。如果评价目的是衡量员工的绩效并将其作为绩效薪酬分配的依据，那么评价主体和评价方式可能会有所不同。在这种情况下，企业要更加关注那些能够直接反映员工工作成果和业务贡献的评价指标，可能涉及销售额、项目完成情况、客户满意度等具体的绩效数据。此时，评价主体可以选择直接上级和相关部门的管理者，因为他们能够提供关于员工工作表现直接和具体的反馈。

其次，企业应当考虑组织的结构和文化。不同的组织结构和文化对绩效评价的方式及结果可能产生不同的影响。例如，在集中式组织结构中，主管通常拥有绩效评价权力，因为他们直接管理员工并负责结果的达成。而在分散式或扁平化的组织结构中，可能会采用同事评价或跨部门评价的方式，以便获取更全面的观点和反馈。如果组织强调团队合作和共享责任，那么同事评价和跨部门评价更能体现这种文化，并鼓励员工之间的互相支持和合作；相反，如果组织更注重领导权威和层级关系，那么主管评价更符合文化特点。因此，在选择评价主体时，企业应当充分考虑组织的结构和文化特点，以确保评价过程与企业的核心价值观相契合。

最后，企业还应当考虑评价的成本和收益。绩效评价是一项耗费时间和资源的活动，企业需要权衡评价带来的收益与成本之间的关系。在选择评价主体时，企业可以考虑利用现有的人力资源或技术工具，以降低评价成本并提高评价的效率和可靠性。

在绩效评价体系中，评价主体扮演至关重要的角色。他们需要根据既定的绩效评价标准、绩效指标、绩效数据，对绩效执行主体的工作成果、工作态度、技能水平、团队合作能力以及其他相关职业素养进行全面的考察和分析。通过这种评价，企业组织能够更好地了解绩效执行主体的工作表现，从而为人力资源管理决策提供依据，如晋升、薪酬调整、培训需求分析以及职业发展规划等。为了确保绩效评价的公正性和有效性，评价主体应当接受相关的培训。培训对于提高评价主体的专业素养和能力至关重要。首先，培训可以帮助评价主体更好地理解与掌握如何使用评价工具和方法。通过深入了解各种评价工具的特点、适用范围及操作流程，评价主体能够更准确地使用这些工具，从而得出更客观、更准确的评价结果。其次，培训能够帮助评价主体识别与避免个人偏见和主观判断的影响。在绩效评价过程中，评价主体可能会受到自己的价值观、情感态度或近因效应等的影响，这些都可能影响评价结果的公正性和客观性。通过培训，评价主体可以学习如何避免近因效应等的影响，采取更客观的立场，确保评价结果的公正性。最后，培训能够有效提升评价主体的专业能力。绩效评价不仅仅是填写表格和打分那么简单，它涉及对绩效执行主体工作表现的深入分析，对组织目标和员工个人发展目标的理解，以及对评价结果的合理解释和应用。通过系统的培训，评价主体可以提升自己在沟通、分析和决策等方面的能力，从而在绩效评价中发挥更大的作用。

三、绩效评价周期

绩效评价周期是指企业组织对绩效执行主体的工作表现进行系统评估的时间间隔。这个周期可以是年度、半年度、季度，甚至是月度。绩效评价周期的设置对于增强员工工作动机和增强绩效管理水平至关重要。一方面，它为员工提供了清晰的目标和期望，帮助他们专注于重要的工作领域；另一方面，它为管理者提供了反馈和改进的机会，确保团队和组织能够持续进步。因此，组织应当根据自身特点和外部环境，合理设置绩效评价周期,以促进员工的持续发展和组织的整体成功。

在确定绩效评价周期时,企业组织应考虑职位级别、职位类型和绩效指标等方面的因素。首先,职位级别是决定绩效评价周期的关键因素之一。对于高层管理人员(如首席执行官、首席财务官及其他高级经理)而言,他们的决策和领导对公司的长远发展具有重大影响。因此,对他们的绩效评价可以采用较长的周期,如每年或每半年一次,以便更全面地评估他们的战略决策和领导成效。基层员工和中层管理人员的工作成果则往往更容易量化,且与日常运营活动密切相关。因此,对这些员工可以采用较短的评价周期,如每月一次,更有助于他们及时调整工作方向和提升工作效率。其次,职位类型也是影响绩效评价周期的一个重要因素。例如,销售人员的工作绩效通常与销售额直接相关,而销售活动往往具有高频率和可预测性等特征。因此,对销售人员的绩效评价可能更适合按季度甚至月度进行,以便及时激励和调整销售策略。研发人员的工作涉及创新和产品开发,这些活动通常需要较长的时间才能看到成果。在这种情况下,年度评价可能更为合适,因为它能够为研发人员提供足够的时间来展示他们的创新成果和项目进展。最后,绩效指标对于确定评价周期也至关重要。不同的绩效指标可能需要不同的评价周期。例如,对于那些容易量化且短期内容易看到效果的指标,如销售额、客户响应时间等,较短的评价周期可能更合适。而对于那些需要长期观察才能准确评估其效果的指标,如广告投放效果、品牌知名度等,较长的评价周期可能更合适。

第二节　绩效评价过程常见的问题

作为衡量绩效执行主体工作表现的重要活动,绩效评价对员工的激励、发展和组织的整体成功至关重要。然而,出于多种原因,包括主观偏见、不恰当的评价标准和方法以及沟通不畅等,在绩效评价过程中,企业组织往往会遇到一些问题,从而影响评价的准确性和有效性。

一、评价主体主观因素导致的问题

1. 晕轮效应

晕轮效应(halo effect)又称光环效应或"身体吸引力刻板印象"。当我们以一个人某一方面的特征对其做出整体性评价时,就意味着我们受到晕轮效应的影响。在晕轮效应的影响下,被评价者某个特别突出的特征会影响评价者对他其他特征甚至整体的看法。一个典型的例子是，人们通常认为一个外表有吸引力的人也可能是善良、聪明和善于交际的。即使从未与这个人互动过，我们也倾向于将积极的特征归因于其有吸引力的外表。晕轮效应是我们的判断错误或偏差，反映了个人偏好、偏见和社会认知。在实际工作中，晕轮效应是影响绩效评价结果最常见的认知偏差，会导致不公平的判断和决策。主管可能根据下属单个特征的感知而非其整体表现和贡献对他们进行评价。例如，员工的热情或积极态度可能会掩盖他们知识或技能的缺乏，导致主管对他们的评价高于他们的实际表现。

2. 首因效应

首因效应（primacy effect）是指在信息呈现序列中，最先呈现的信息对我们的判断和决策产生较大影响的现象。这种效应揭示了人类认知过程的一种倾向，即我们往往会给予最初接触到的信息更多的重视，而这部分信息在后续的思考和评价中往往会占据主导地位，并影响我们对后续信息的解读和处理。在绩效评价中，当评价者更加重视被评价者早期的表现并忽视近期发生的情况时，就会出现首因效应。在这过程中，评价者根据员工在评价期初的表现，对其在整个评价期内的表现进行评价。例如，如果一个员工在加入新部门后，其初期的工作表现优秀并给上级留下深刻的印象，上级就可能会持续地认为这名员工的工作能力出色，即便在后期他的工作表现一般。首因效应可能会导致评价结果偏离实际，因为初期的表现并不能代表员工在整个评价期内的表现。

3. 近因效应

近因效应（recency effect）是指在信息呈现序列中，最近呈现的信息对我们的判断和决策产生较大影响的现象。在近因效应的作用下，与我们之前接收的信息相比，我们倾向于更好地记住和回忆最近所呈现的信息。在绩效评价中，当评价者在评价员工绩效时更加重视最近发生的事情而非员工早期的表现时，就会出现近因效应。例如，在近因效应的影响下，一名表现不佳的员工在评价之前突然开始表现更好，那么尽管他之前表现不佳，他仍会获得较高的评价。与之相反，一名员工全年表现良好，但在评价之前他的绩效下降了，尽管他之前表现良好，但他仍会得到较低的评价。

4. 宽容化倾向

宽容化倾向（leniency tendency）是指评价者对所有的被评价者都给出较高评价的倾向。宽容化倾向会导致被评价者收到的评价过高，而无法反映其实际绩效。例如，小李和小张都是老王的下属。小李的工作绩效一直是中等水平，虽然还不错，但很少能超越上级对他的要求。与小李不同，小张一直表现很好，他在项目上很努力，总是主动承担更多责任，并取得出色的成绩。尽管小李和小张的绩效存在明显差异，但老王在绩效评价中仍给予他们相同的"高于平均水平"评价，以避免伤害任何人的感情。老王的做法会导致很难区分谁是表现最好的员工，更重要的是很难确定谁应该升职加薪，这可能会让优秀员工感到不满。

5. 严格化倾向

与宽容化倾向相反，严格化倾向（strictness tendency）是指评价者对所有被评价者都给出较低评价的倾向。这意味着评价者对被评价者"太过严厉"，导致所有人的评价都非常低。对被评价者来说，他们可能会觉得不公平，因为即使他们表现出色也可能无法得到应有的认可。这对努力工作、积极进取的员工无疑是一种打击。例如，小张一直表现很好，他在项目上付出很多努力，总是主动承担更多责任，并取得出色的成绩。然而，尽管小张的表现明显优于平均水平，但领导在绩效评价中仍然给予他"接近平均水平"的评价。这种情况不仅挫伤了小张的士气，还可能影响到他的职业发展，如升职加薪等。

6. 中心化倾向

中心化倾向（central tendency）又称评价趋中倾向，是指在进行员工绩效评价时，评价者往往倾向于给出平均化的评价结果，即对大多数员工的评价都集中在评价尺度的中间区域。例如，在年度绩效评价时，领导给团队中每位员工的评价基本上处于中等水平，即便他们的实际表现存在较大差异。中心化倾向的存在可能会对绩效管理体系产生不利影响。其一，这种趋势使得员工的绩效评价结果难以反映真实的工作表现差异。在实际应用中，这意味着那些真正表现出色的员工可能无法得到应有的认可和奖励，而那些表现不佳的员工可能逃避应有的责任和改进的压力。长此以往，这种评价方式可能会导致高绩效员工的积极性受挫，同时也不利于低绩效员工的激励和改进。其二，中心化倾向还可能导致管理层在人才管理和发展规划上缺乏准确的依据。当员工的绩效评价无法准确区分不同绩效水平的个体时，管理层在做出晋升、培训、调配等重要决策时就可能会受到影响，从而影响整个组织的人力资源优化配置和团队效能的提升。

7. 与我相似偏见

与我相似偏见（similar-to-me bias）是一种特定的心理倾向，它描述了人们倾向于对那些与自己在某些方面相似的人给予更高的评价。这种偏见可能表现在多个层面，如招聘决策、绩效评价等。当一个人评价他人时，如果他发现对方有着与自己相似的兴趣、技能或者背景，他可能会因感受到共鸣而更加偏爱对方，从而给予其更高的评价。例如，如果评价者与某员工有相似的工作方式或相同的价值观，评价者可能会因此而感到亲近，并在评价时对该员工有所偏袒，从而给予其偏离实际表现的高分。与我相似偏见可能导致评价结果不公正，与评价者不同的员工可能受到不公平对待，因为他们无法得到应有的认可和奖励。

8. 对比效应

当员工的评价基于自身绩效与其他员工绩效的比较而非客观绩效标准时，就会产生对比效应（contrast effect）。一个员工在特定方面的表现相对较好，但与其他员工相比表现较差，评价者可能会对其给予较低的评价。另外，评价者在评价员工时，可能会受到周围员工或先前评价的影响。如果评价者在短时间内评价了几个低绩效的员工后再评价一个表现较好的员工时，可能会出现对比效应，导致评价过高。

二、绩效评价体系因素导致的问题

绩效评价是一个复杂的过程，它旨在衡量员工、团队或组织在一定时期内的工作表现和成果。然而，这一评价过程并非完全客观，因为它不仅受到评价者个人主观因素的影响，还受到绩效评价体系本身科学性、合理性和有效性的制约。

1. 评价主体单一

企业对员工绩效的评价往往采取一种传统的、垂直的管理方式，即主要由员工的直接上级进行评价。这种评价方式虽然简单易行，但存在一些不容忽视的局限性。直接上级可能无法全面了解员工在所有工作情境中的表现，因为他们不可能时时刻刻都观察到员工的工作行为，也可能对员工的全部职责和任务不够熟悉。此外，这种单一的评价方法忽略了其他可能对员工工作有深入了解的人员的意见。例如，同事可能对被评价者的团队合作能力和人际关系有更深入的了解；下属可能对被评价者的领导风格和管理能力有更直接的感受；内部客户（如其他部门的合作伙伴）可能对员工的服务态度和交付成果的质量有更清晰的认识。这些视角都是评价员工绩效的重要组成部分，单一评价主体很难全面覆盖。

因此，由直接上级进行的单一评价可能导致评价结果的片面，它可能会忽略员工在不同工作环境和条件下的表现。这样的评价结果可能不足以准确反映员工的真实表现和潜力，从而影响员工的职业发展和组织的整体效能。

为了解决这个问题，企业组织可以采用360度反馈。360度反馈是一种多源反馈系统，它涉及从多个角度收集关于员工工作表现的信息，包括直接上级、同事、下属，甚至外部客户的评价。通过这种方式，组织能够获得一个更全面、更多维的员工绩效评价。这样的评价更客观、更全面，有助于发现员工的强项和需要改进的领域；同时，员工也可以获得来自不同层面的反馈，促进个人职业的全面发展和成长。

2. 评价标准不合适

评价标准不合适可能会导致评价结果不准确等问题。评价标准不合适包括绩效评价标准过高、绩效评价标准过低，以及过多强调量化标准。如果评价标准设置得过高，超出员工实际能力的范围，可能会导致员工感到压力过大或产生挫败感。在这种情况下，员工可能无法达到标准要求，尽管他们在实际情况下表现良好。过高的标准可能会削弱员工的动力和工作满意度，员工会产生负面的情绪。相反，如果评价标准设置得过低，远低于员工的实际能力水平，可能会导致评价结果的失真和不公平。过低的标准可能使员工感到没有挑战性和动力，无法真正发挥潜力；也可能导致绩效差异的模糊化，难以识别和奖励高绩效的员工。此外，过多强调量化标准可能会忽视员工其他无法量化的绩效表现。如果只关注可量化的结果和指标，可能无法全面评估员工在创造性思维、团队合作、问题解决能力等方面的绩效。这可能导致评价结果出现偏差，无法全面、准确地反映员工的绩效水平。

3. 评价过程形式化

评价过程形式化意味着评价变成一种例行公事，缺乏深入和实质性的分析。这种情况通常是由于组织对评价过程不够重视，或者评价者缺乏相应的培训和技能。形式化的评价过程可能导致有价值的反馈被忽视，员工的真实表现得不到准确反映。为了避免这一问题，组织应该确保评价者接受适当的培训，并且在评价过程中有足够的时间和资源进行彻底的分析与讨论。

4. 沟通不畅

沟通不畅是指在评价过程中，信息的传递和交流存在问题。这可能是由于评价者不愿意提供负面反馈，害怕引起冲突，或者是因为员工不愿意接受批评，怀有防备心理。沟通不畅会导致误解和不信任，从而影响团队的凝聚力和工作效率。为了改善沟通，组织可以打造开放式的沟通文化，鼓励诚实和建设性的反馈，同时提供有效的沟通技巧培训。

5. 评价结果与人力资源管理其他模块脱节

人力资源管理涵盖招聘、培训发展、薪酬管理、绩效评价、员工关系等多个模块的工作。这些不同的模块相互关联，共同构成一个综合的人力资源系统，旨在提高员工的工作表现和组织的整体效率。在实际操作中，绩效评价可能与人力资源管理其他模块脱节，例如绩效评价的结果没有与员工的培训发展、薪酬管理、员工关系等模块相结合。在这种情况下，绩效评价就失去应有的价值，因为它没有转化为员工成长和组织发展的动力，会引起员工的不满，影响他们的工作积极性和忠诚度，无法帮助企业组织及时识别和解决员工之间的冲突或不满，并最终造成人才流失。

三、规避问题的方法

为了提高绩效评价的准确性和有效性，组织应采取一系列措施来规避上述问题的发生。这包括建立明确、具体且与工作密切相关的评价标准，采用多元化的评价方法，提供充分的培训给评价者以确保他们能够进行客观、公正的评价，以及建立有效的沟通机制以确保评价过程中信息的透明和双向交流。通过实施这些措施，绩效评价将更准确、更有效，从而更好地服务于员工的发展和管理决策。表 5-1 列出绩效评价过程中常见的问题及对应的处理方法。

表 5-1 绩效评价过程中常见的问题及对应的处理方法

常见的问题		处理方法
主观因素问题	晕轮效应	• 明确评价标准 • 培训评价者 • 采用多源评价 • 从多维度评价
	首因效应	• 收集多个时间点的绩效信息 • 培训评价者
	近因效应	
	宽容化倾向	• 明确评价标准 • 采用多源评价 • 培训评价者
	严格化倾向	• 评价过程中避免轻易给出"远高（低）于平均水平"的评价
	中心化倾向	• 培训评价者 • 采取灵活的方法设计评价尺度，例如从评级量表中减少中间选项
	与我相似偏见	• 明确评价标准 • 培训评价者 • 采用多源评价 • 提倡多样性和包容性
	对比效应	• 明确评价标准 • 培训评价者 • 采用多源评价

(续表)

	常见的问题	处理方法
评价体系问题	评价主体单一	• 引入多元评价主体
	评价标准不合适	• 合理设定标准
	评价过程形式化	• 提高重视程度 • 制定明确的目标和评价标准 • 确保绩效指标合理、可行 • 制定有效的绩效管理制度 • 加强绩效沟通与反馈
	沟通不畅	• 加强绩效管理各环节的沟通
	评价结果与人力资源管理其他模块脱节	• 确保评价结果与人力资源管理其他模块紧密相连

需要注意的是，企业组织必须认识到，实施绩效管理是一项系统工程，它涉及组织的多个方面，因此不应孤立地看待某一个问题，而应从系统的角度设计每一个环节和模块。例如，如果发现员工对评价标准不满，那么企业组织不能简单地调整标准而不考虑这些标准与整个绩效管理系统的关系。企业组织应当从整体上审视绩效管理的每个环节，包括目标设定、绩效监控、反馈机制、培训和发展计划、激励措施等。

这种系统化的方法要求企业组织深入理解绩效管理的各个组成部分如何协同工作，以及它们如何影响员工的行为和绩效。企业组织应该设计一个综合性的体系和机制，确保所有的绩效管理活动都是为了支持组织整体战略目标的实现，并且能够适应不断变化的市场环境和内部需求。此外，企业组织还应当确保绩效管理系统的灵活性，且能够随着时间的推移和组织需求的变化而调整。这可能意味着企业组织要定期回顾与更新绩效评价的标准和流程，以确保它们仍然相关并能够有效地衡量和改进员工绩效。

除表5-1列出的处理绩效评价过程中问题的方法外，还有一种被广泛认可的方法，即绩效评价校准（performance review calibration）。作为一个标准化过程，绩效评价校准对于企业组织解决绩效评价过程中的问题具有显著效果。在这个过程中，管理者与来自相关部门或职能领域的管理者商讨沟通，共同讨论和审视他们对特定员工绩效的评价。其核心目的在于消除绩效评价中可能出现的主观偏见，确保对担任相似职位的员工采用统一的指标和标准进行评价，并最终保证管理者对下属的评价能够达成一致意见，从而确保绩效评价的准确性、公平性和公正性。绩效评价校准的重要作用在于，它不仅能减少评价者个人偏见的影响，还能够促进评价结果的一致性和准确性。通过这种方式，那些表现相同或相似的员工能够获得公平的评价。这无疑提高了整体的公正性，并提高了被评价者对评价结果的接受度。在规模较大的企业组织中，通常要成立专门的校准委员会，并由人力资源部门或专业团队负责推动和执行整个校准过程。为了有效地进行绩效评价校准，企业可以遵循以下几个步骤。

（1）组建校准委员会。校准委员会由（跨级）管理者组成，人力资源团队根据既定的标准将委员会成员分成若干小组。每个小组的管理者可以来自同一部门、同一团队，或者是类似规模团队的管理者。人力资源部门的代表应负责组织和引导委员会的讨论，并在其中扮演协调者的角色。

（2）开绩效校准会期间，要求小组中的每个管理者分享他们如何理解和解释评价标准，以及他们对每个员工评价的依据①。绩效校准小组在校准会议期间应了解每个员工的评价。

（3）人力资源部门的代表应该推动绩效校准小组进一步的讨论，并促使绩效校准小组成员对每个级别的绩效水平和核心能力掌握程度达成共识。

（4）根据讨论的结果，绩效校准小组根据需要更新并最终确定员工的评价分数。

（5）绩效校准会议结束后，管理者向直接下属反馈评价结果，并提供建设性意见和建议。

第三节　绩效评价方法

绩效评价作为组织管理的核心组成部分，扮演着至关重要的角色。它不仅是一个简单的过程，还是一个全面、系统的对员工工作表现进行综合评估的机制。在现代企业管理实践中，绩效评价被广泛地应用于各个层级的岗位，旨在确保员工的个人目标与组织的整体战略相协调，从而推动企业的发展。在进行绩效评价时，企业组织通常采用多种方法，以便更精确地衡量员工的工作表现。在实践中，企业组织采用的方法可以分为比较法、量表法、行为法、结果量化计算法。

一、比较法

比较法是一种相对简单的绩效评价方法，它通过比较员工的工作表现与同事或者团队内其他成员的表现来进行评价。这种方法的优点在于简单易行，能够快速识别表现优秀或表现较差的员工。然而，这种方法的缺点也很明显，它强调的是相对排名而

---

① 在开绩效校准会之前，企业组织可以通过一定的程序，收集绩效校准小组其他成员对某个员工绩效的反馈或评价。例如，给予员工机会以提名其他可以提供反馈的人（一般为绩效校准小组中除直接领导外的其他成员，如有需要，可以考虑该员工的同事），人力资源部门的代表或员工的直接领导从提供的名单中选择评审员，绩效校准小组成员收到反馈通知并提交对该员工的反馈或评价，人力资源部门的代表或员工的直接领导收集反馈和员工的自我反思报告，并准备接下来的校准会议讨论。

非绝对标准,如果企业组织员工比较多,比较法就变得非常麻烦。另外,比较法比较简单,考虑因素较少,可能不能全面反映员工绩效。通常而言,比较法包括简单排序法、交替排序法、配对比较法、范例比较法和强制分布法五种。

1. 简单排序法

简单排序法是一种将部门员工按优劣排列名次的评价方法。以评价者对被评价者的整体印象为依据,按照优劣程度对员工进行排序,以衡量其表现和贡献。具体来说,在全体员工中挑选出最优秀、最出色的排在首位,再选出次优的排在第二位,以此类推,直到把最差的排于末位。

2. 交替排序法

交替排序法是一种利用人们容易发现极端事物、不容易发现中间事物的心理开展员工绩效评价的方法。具体来说,交替排序法要求评价者按照某些评价要素将所有被评价者按他们的表现从最好到最差进行交替排序。首先要求评价者找出最优者,然后再寻找与之形成鲜明对比的最劣者;接着,找出次优者和次劣者;不断重复上述过程,直至评价完毕。

3. 配对比较法

配对比较法也称成对比较法或两两比较法,是将员工两两比较来确定他们优劣程度的一种绩效评价方法。这种方法的核心思想是将组织中的员工进行系统的两两配对,然后直接比较他们的表现来确定每名员工的相对优势和劣势。这种比较通常是基于一系列预先确定的绩效标准或工作相关特定属性来进行的。

在实施配对比较法时,评价者会将名单上的每名员工与其他所有员工进行比较。例如,如果有五名员工,就会进行十次不同的比较(即每名员工都要与其他四名员工比较)。在每次比较中,评价者会根据特定的绩效指标(如工作效率、团队合作能力、创新能力、客户服务水平等)或工作表现来判断两名员工中哪一位表现更优秀,并用"+"或"-"标明谁好谁差。最后,统计每名员工胜出的次数即可。表 5-2 为配对比较法示例。

表 5-2 配对比较法示例

被评价者	山河川	陌小巷	茅小镇	富强山	齐强国	胜出次数
山河川		+	+	+	+	4
陌小巷	-		+	+	-	2
茅小镇	-	-		+	-	1
富强山	-	-	-		+	1
齐强国	-	+	+	-		2

通过配对比较法，企业组织可以建立起一个便于识别员工相对优劣的排名体系，从而为管理者提供关于员工绩效的详细洞察。这种方法的优点在于，它能够减少主观偏见的影响，因为每名员工都是在同一套标准下与其他员工进行比较的。此外，配对比较法还能够帮助管理者识别出表现出色的员工，以及那些可能需要额外培训或支持的员工。然而，配对比较法也有局限。当员工人数较多时，需要比较的次数会大幅增加，这可能导致评价过程变得繁琐和耗时。此外，如果评价标准不够明确或者评价者过于主观，那么这种方法的有效性也可能受到质疑。

总的来说，配对比较法是一种有助于管理者评价员工绩效的工具，但需要在合适的情境中使用，以确保评价过程的公正性和准确性。通过这种方式，组织可以更加有效地管理员工绩效，促进团队的整体发展，并确保人力资源的合理分配。

4. 范例比较法

范例比较法通常从品德、智力、领导能力、体格、贡献五个维度评价员工。在每个维度下，为了更细致地评价员工的表现，又将等级细分为五个层次，即优、良、中、次、劣。这种分级方式旨在为评价者提供一个清晰的标准，使得评价结果更加精确和有区分度。在实施范例比较法时，管理者需要从每个维度中挑选出一名代表性强、表现典型的员工作为范例，然后将其他被评价者与范例进行对照，按他们与各相应范例的近似程度来确定等级。这些被选作范例的员工应该是在该维度某个等级上表现最为突出的个体。这样做的目的是为评价其他员工提供一个具体的参照标准，以便管理者能够更清晰地认识到员工在不同维度上的表现优劣。

将所有员工与范例进行比较之后，管理者可以计算每个员工获得某个评价的数量。例如，表5-3中每个评价维度都选出一个"范例员工"，管理者需要针对每个维度，将其他员工与范例员工进行比较。以品德为例，管理者可以将陌小巷、茅小镇、富强山和齐强国四人分别与山河川进行比较，并将四人填入不同的等级中。在比较所有人之后，管理者就可以计算每个人获得"优""良""中""差""劣"的数量，并据此确定最终的排名。

表5-3 范例比较法示例

评价维度	品德	智力	领导能力	体格	贡献
优					
良	山河川	陌小巷	茅小镇	富强山	齐强国
中					
差					
劣					

范例比较法的优点在于它提供了一种相对直观的评价方式，使得评价结果更具可比性和一致性。然而，范例比较法也存在一些潜在的局限。如果在某个维度的某个等级上找不到典型范例，这个维度的评价就可能会变得不够准确或公正。因为缺乏明确的参照物，评价结果可能会受到主观判断的影响，从而降低评价结果的实用性和可信度。为了克服这一局限，组织可能需要不断更新和完善范例库，确保每个维度都有足够数量的合格范例供参考。此外，管理者在使用范例比较法时也应该结合其他评价工具和指标，如自我评价、同事评价、目标达成情况等，以获得更全面、更公正的员工绩效评价结果。

5. 强制分布法

强制分布法是一种基于正态分布原理的员工绩效评价方法。该方法通常预先确定评价等级和各等级在总数中的占比，并将员工的绩效优劣程度归类到相应的等级。

在实施强制分布法时，企业组织通常会首先根据正态分布原理确定绩效评价等级，如优秀、良好、中等、较差和最差等。接着，企业组织会预先设定每个等级在总体员工中的占比，例如规定10%的员工为优秀、20%的员工为良好、40%的员工为中等、20%的员工为较差、10%的员工为最差（如图5-1所示）。这种比例的设置往往基于组织的历史绩效数据或者管理层的战略决策。

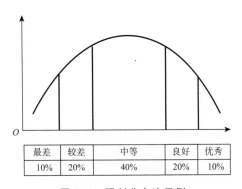

图 5-1 强制分布法示例

在评价过程中，管理者会根据员工的工作表现，将其绩效与预定的标准进行比较，然后将员工分配到相应的绩效等级中。由于每个等级的名额有限，这种方法能够迫使管理者区分员工的绩效，以避免所有员工都被评为中等或者良好的情况，即"中心化倾向"。强制分布法的优点在于，它能够推动组织对员工绩效进行更为细致的区分，有助于识别出表现最佳和最差的员工，从而为人才激励和发展规划提供依据。通用电气、阿里巴巴、百事和微软等国内外知名公司都曾使用强制分布法对员工进行分级。然而，这种方法也存在一定的争议，因为它可能会导致一些员工的绩效被错误地评价，特别是在那些实际上员工绩效差距不大的团队中，强制分配可能会引发员工的不满和不公平感。

二、量表法

量表法是一种把指标和标准编制为量表的形式对员工进行评价的方法。它通常涉及一系列预先设定的评价指标和相应的评分等级标准，这些指标包括工作效率、质量、团队合作、客户服务等多个维度。通过量化的评价系统，评价者可以相对客观地评价员工的表现，并根据评价结果对员工进行奖励或培训。量表法的优点在于标准化和系统性，有助于确保评价结果的一致性和公平性。通常而言，量表法主要有评级量表鉴定法和图尺度评级量表法。

1. 评级量表鉴定法

评级量表鉴定法也称等级择一法或等级鉴定法，是一种常用的员工绩效评价方法（如表5-4所示）。该方法通常要列出一系列评价维度，如工作质量、专业知识、下属培养等，并为每个评价维度设定权重和评价标准，如优秀（5分）、良好（4分）、中等（3分）、需要改进（2分）、不令人满意（1分）。然后，管理者根据员工的表现给予相应的分数。最后把各因素得分加权相加，即得出每个人的绩效评分。

表5-4 评级量表鉴定法示例

员工姓名：		工作部门：		评价者：		日期：		
评价维度	权重（%）	优秀	良好	中等	需要改进	不令人满意	得分	
工作质量	20							
评语								
专业知识	20							
评语								
下属培养	20							
评语								
主动性	10							
评语								
创造性	20							
评语								
廉洁纪律	10							
评语								
合计								

在使用评级量表鉴定法时,首先要明确列出所有评价维度,并确保这些评价维度能够全面反映员工的绩效表现。接下来,为每个评价维度确定一个评价标准,以便对员工的表现进行量化评估。评价标准的选择应该具有区分度,能够清晰地区分不同绩效水平的员工。在进行评价时,管理者应注重客观性和公正性,避免主观偏见和个人情感的影响;同时,评价结果应及时向员工反馈,并提供具体的建议和指导,以帮助员工改进和发展。

2. 图尺度评级量表法

图尺度评级量表(graphic rating scale)是评价个人和组织绩效的常用工具。企业组织使用图尺度评级量表来评估绩效执行主体在多维度的绩效表现,如工作量和工作质量等。图尺度评级量表主要由评价指标、评价指标定义、评价等级尺度等几部分组成(如表5-5所示)。

表 5-5　图尺度评级量表示例

姓名:　　　　部门:　　　　日期:

5=杰出;4=非常好;3=满意;2=有待改进;1=不满意

	杰出	非常好	满意	有待改进	不满意
工作量 评价指标定义:正常条件下可接受的工作量					
评语:					
工作质量 评价指标定义:工作的完整性、整洁性和准确性					
评语:					
工作知识 评价指标定义:清楚地了解与工作相关的事实或因素					
评语:					
个人素质 评价指标定义:个性、外表、社交能力、领导力、品德					
评语:					
合作 评价指标定义:有能力并愿意与同事、主管和下属合作实现共同目标					
评语:					
可靠性 评价指标定义:保证出勤时间、出勤率等					
评语:					

评价等级尺度主要有数字等级评分表、词汇量表、字母量表、观察频率量表、评语量表等形式。

（1）数字等级评分表。数字等级评分表是一种数值尺度评级量表，评价等级尺度一般为五分制或十分制，例如"1"代表非常差，"2"代表一般，"3"代表好，"4"代表非常好，"5"代表优秀。在进行绩效评价时，管理者应根据员工针对特定评价要素的表现进行评级。与五分制评价等级尺度相比，十分制评价等级尺度在评级方面进行了更细致的分类，例如"1"代表非常差，"10"代表优秀，"1"到"10"之间多了一些可选项。以下是五分制评价等级尺度举例。

① 1＝非常差：工作中经常出现粗心的错误。

② 2＝一般：工作中有时会出现粗心的错误。

③ 3＝好：只能满足最低工作要求。

④ 4＝非常好：工作超出最低要求，几乎不犯错误。

⑤ 5＝优秀：工作始终超出预期，没有明显错误。

（2）词汇量表。词汇量表由与绩效相关的描述性短语组成，用于描述员工的绩效并将其排序。词汇量表中的短语是描述性的而不是数字的，李克特量表就是其中一种形式。这种词汇量表格式往往更适合主观评价，方便为不同程度的意见留下更大空间，而不是简单地评价为"同意"或"不同意"。以下是针对"员工具有较强的工作主动性"这一指标的词汇量表举例。

① 强烈不同意：员工需要微观管理，除非受到鼓励，否则不会完成工作。

② 不同意：员工很少主动工作。

③ 中性：员工的自我激励不明确，或者没有太多主动的机会。

④ 同意：员工会主动工作，很少需要他人提醒。

⑤ 强烈同意：员工提前完成项目并自愿承担额外工作。

（3）字母量表。字母量表使用字母（通常尺度从 A 到 F）对员工进行评价。字母量表类似于数字等级评分表，但使用的是字母而不是数字。

（4）观察频率量表。观察频率量表用于衡量员工在工作中表现出特定行为的频率。这些行为通常与组织想要发展或改进的特定技能或能力相关，评级尺度通常从"从不"到"总是"。

（5）评语量表。评语量表不需要数字，且区别于词汇量表或字母量表，不同评价由较长的句子而非单个单词或短语组成。对于需要更多描述、资格说明或与组织特定操作相关的评价的企业组织，这种类型的量表非常适合。例如，对销售员的客户沟通能力的评价，可以使用"员工向客户传递清晰、准确和产品有关信息方面的能力非常优秀"这样的评语。

鉴于图尺度评级量表的优点，许多国内外知名企业都使用这种方法评价员工绩效。在实践中，设计和实施图尺度评级量表需要仔细规划、开发和测试，以确保量表满足评价目的，并且易于评价者和被评价者使用与理解。设计图尺度评级量表的基本步骤如下。

（1）确定评价目的。图尺度评级量表在企业组织的管理实践中发挥着重要作用，它不仅可以用于员工的绩效评价，还可以用于评估员工的成长潜力，或帮助员工发展特定技能。因此，企业组织要想有效使用图尺度评级量表，就必须明确其评价目的。

（2）选择评级量表类型。这一步要求企业组织选择与评价目的匹配的评级尺度类型。为此，企业组织需要考虑所要收集的数据类型，以及如何使用数据来改进组织运营或业绩。根据不同需求，企业组织可以选择数字等级评分表、词汇量表、字母量表、观察频率量表等形式中的一种或几种。

（3）确定评价维度或要素。这一步要求企业组织结合绩效评价目的，确定具体的绩效评价维度或要素。例如，如果评价员工的客户服务水平，在创建评级量表时就可能包括友好程度、响应能力和解决问题的技能等维度。如果评价团队成员的工作表现，就可能包括沟通、团队合作、主动性和工作质量等维度。

（4）开发量表。这一步要求企业组织根据所选择的评价维度或要素、评级尺度等创建图尺度评级量表。

（5）测试量表有效性。在创建图尺度评级量表之后，企业组织应当找一些管理者测试量表的有效性。值得注意的是，为了不断提高评级量表的有效性，在正式测试之后，企业组织也可以再次分析测试结果。此时，企业组织应考虑，是否达到预期的目的？结果是否有意义且有用？如此才能利用收到的反馈对评级量表进行必要的调整和优化。

与其他工具一样，图尺度评级量表法也有优缺点。其优点主要表现在易于使用和理解、开发成本低和简化评价过程三方面。

（1）易于使用和理解。图尺度评级量表的功能很容易掌握，管理人员几乎不需要任何指导即可使用。此外，员工也能够轻松理解组织的评价标准，即便他们可能会质疑评价结果。

（2）开发成本低。由于图尺度评级量表相对简单，并且不依赖于复杂的方法，因此即使在大型企业中，管理人员实施起来的成本也很低。与360度评价等更复杂的评价方法相比，尤其如此。

（3）简化评价过程。图尺度评级量表为评价员工绩效提供了清晰的框架，可以简化整个评价过程。图尺度评级量表提供了较具体的评价尺度或标准，使管理者和部门之间的评价过程更客观、更一致。

图尺度评级量表的缺点主要体现在评价者的主观性、偏见、有限的反馈三方面。

（1）评价者的主观性。图尺度评级量表的评价标准会受到评价者主观判断的影响。由于每个评价者对绩效评价要素的理解存在差异，因此评价者给出的评价取决于他们对员工在某个或某些评价要素方面的表现的看法。

（2）偏见。使用图尺度评级量表并不能阻止评价者产生偏见。例如，当管理者仅仅根据员工的最佳品质来评价他时，光环效应就会显现出来。另外，在某一领域具有优势的员工可能会导致评价者忽视该员工在其他方面明显的弱点。相反，一个很明显的弱点可能会导致评价者对在其他不同评价要素中做出贡献的员工给出较低的评价。

（3）有限的反馈。使用图尺度评级量表评估员工绩效的一个显著缺点是它只能提供有关员工绩效的整体性概述。因此，该方法不能为员工提供高质量的反馈来帮助他们提高绩效。

三、行为法

行为法侧重于评价员工的具体行为和行为模式，而不是仅仅关注结果。这种方法认为，通过观察和记录员工在工作中的具体行为，可以更准确地评价他们的工作表现。行为法通常需要编制详细的行为清单，并对每种行为进行评价。这种方法有助于提供具体的反馈，帮助员工了解哪些行为是积极的、哪些行为需要改进。行为法通常包括行为锚定评价量表法和行为观察量表法。

1. 行为锚定评价量表法

行为锚定评价量表（behaviorally anchored rating scale, BARS）是一种将传统评价量表与具体绩效行为相结合的绩效评价工具。与传统的评价工具不同，行为锚定评价量表不关注员工的内在特质或个性特征，而专注于观察和评价员工在工作中展现出的行为。运用该方法对员工绩效进行评价时，将员工的行为与锚定的每个绩效水平的特定行为示例进行比较，从而确定员工在某个评价维度上的得分。评价尺度通常采用五分制、七分制或九分制。这种方法的优点在于，它明确定义每一评价要素，并使用典型行为或事件对不同评价尺度水平进行描述，由此提供一种更结构化、更客观的方式来评价员工的绩效。这种方法的缺点是设计和实施的成本比较高，经常需要聘请人力资源管理专家帮助设计，而且在实施以前要进行多次测试和修改，需要花费许多时间、精力和成本。行为锚定评价量表示例如表5-6所示。

表 5-6 行为锚定评价量表示例

1	2	3	4	5
处理客户问题时从来没有耐心，经常需要其他同事帮助才能处理客户问题	处理客户问题时偶尔有耐心，很少寻求其他同事的帮助	处理客户问题时有耐心，和客户交流有同理心	总是耐心地处理客户问题，表现出同理心，帮助其他同事处理客户问题	总是耐心地处理客户问题，表现出同理心，主动帮助其他同事处理客户问题，削减客户焦虑。在解决客户问题时总能提出超乎一般标准的方案

在使用行为锚定评价量表的过程中，企业组织首先要确定一系列关键的绩效维度，这些维度是衡量员工工作表现的关键因素；然后针对每一个绩效维度，制定出一系列具体的、可以观察的行为描述，这些描述详细阐述不同绩效水平下员工可能展现出的具体行为，接下来是将体现不同绩效水平的行为描述与评价量表上的特定等级对应。这个评价量表通常包含从"差"到"优秀"的一系列等级，每个等级对应一组特定的行为描述，描绘该等级下员工应当达到的绩效水平。通过这种方式，行为锚定评价量表为管理者和员工提供了一个清晰的、基于行为的绩效评价框架，使得绩效评价过程更透明、一致和公正。

开发行为锚定评价量表是一项既复杂又耗时的任务，它要求开发者投入大量的时间和精力。尽管如此，这种工具一旦建立，将能够为评价员工的工作表现提供一种更客观和可靠的手段。为了有效开发行为锚定评价量表，企业组织需要建立一支专家团队，例如工业/组织心理专家和人力资源管理专家组成的团队。专家团队可以按以下步骤开发行为锚定评价量表。

第一步，确定绩效评价维度。围绕工作目标，确定想要评价的绩效维度，例如沟通技巧、解决问题的能力、团队合作和领导力等。

第二步，识别关键行为。使用关键事件技术、任务清单、工作分析或者它们的组合来明确与工作相关的行为，包括有效行为和无效行为。

第三步，生成行为锚点。一旦确定绩效维度和关键行为，就要确定行为锚点。这些锚点应该是具体的、可观察的，且能够表明每个绩效维度的有效行为或无效行为。这一步要求将第二步识别的关键行为分配到相应的评价量表中。可以用以下方法判断每个级别是否都有相应的行为锚点，一旦发现某个级别没有相应的行为锚点，就要补充完整。行为锚点判断表示例如表 5-7 所示。

表 5-7 行为锚点判断表示例

行为锚点	量表尺度				
	1	2	3	4	5
行为描述 1		√			
行为描述 2			√		
行为描述 3					√
行为描述 4				√	
行为描述 5		√			

第四步，完成并测试行为锚定评价量表。根据第三步的结果形成初步的行为锚定评价量表，并测试其有效性，以确保量表能够准确衡量工作绩效。这可能涉及用员工样本测试行为锚定评价量表，并将结果与采用其他方法的工作绩效衡量结果进行比较。

2. 行为观察量表法

行为观察量表（behavioral observation scale，BOS）是一种通过测量行为频率来评价员工绩效的工具。这种方法要求评价者选择适当的值来匹配被评价者的行为，通常采用五分制，"5"表示"几乎总是"……"1"表示"几乎从不"。行为观察量表示例如表 5-8 所示。

表 5-8 行为观察量表示例

评价要素	几乎从不	……			几乎总是
准时上班	1	2	3	4	5
及时与同事沟通	1	2	3	4	5
在约定的期限内完成项目	1	2	3	4	5
提交的工作文档准确、完整	1	2	3	4	5
尊重同事	1	2	3	4	5

与行为锚定评价量表类似，行为观察量表也关注识别与绩效相关的可观察行为。然而，行为观察量表对评价者的要求较低。通常，评价者被要求按照某种尺度（如五分制、七分制）对每种行为进行评分，以表明员工表现出该行为的频率，对员工在特定维度上的绩效评价通过每个维度的行为频率综合得出。与其他绩效评价方法一样，行为观察量表也有优缺点。其优点体现在：适合评价那些难以量化的指标；相比于行为锚定评价量表，行为观察量表需要的开发时间更少；可用于比较不同员工的评价结

果。其缺点主要体现在：会受到主观因素的影响，并由此导致不公平的结果；很难适用于大型团队员工行为的评价；不能提供更深入、更细致的评价。

四、结果量化计算法

结果量化计算法适合对可量化指标进行评价，其核心在于通过可量化的数据评价员工的绩效，以便更客观、更准确地反映员工的工作情况和成果。这种方法要求评价者根据指标的计算公式和评分细则对员工的表现进行评价。具体来说，在使用结果量化计算法时，评价者应遵循一定的步骤。

第一步，必须明确哪些绩效指标是可量化的，比如销售额、生产数量等。这些指标通常与公司的目标和战略紧密相关，能够直观反映员工对公司目标的贡献程度。

第二步，评价者应当根据公司的具体情况和行业标准等因素，制定出一套详细的指标计算公式和评分细则。这些公式和细则应当能够比较精确地计算出员工在各个指标上的表现，并将其转化为相应的分数。

在评价过程中，评价者应当严格按照计算公式和评分细则来操作，确保评价的公正性和一致性。这意味着，不同的员工在相同条件下的表现应当得到相同的评分。这种方法有助于评价者减弱主观判断的影响，提高评价的透明度和可信度。

第三步，评价者基于这些数据和分数，对员工的整体表现做出评价。这种评价方法不仅有助于激励员工提高工作绩效，还可以为管理层提供重要的决策依据，比如晋升、奖励、培训需求分析等。

在实际操作过程中，为了准确计算某个特定指标的分数，企业组织通常会运用多种方法进行量化分析，主要包括扣分法、比例等式法、经验增减法、分段增减法。

1. 扣分法

扣分法是一种在企业组织中广泛使用的评分机制。这种方法的核心在于为每个评价指标设定一个初始配分值，这个配分值代表被评价者理论上在相应指标上的最佳表现。然后，根据被评价者表现出企业组织禁止出现的行为及其次数计算得分。在计算时，从初始配分值中扣除相应的分数即可。通过这种方式，最终得到的分数能够直观地反映被评价者在某个或某些指标方面的表现。

例如，假设一家公司为了提高员工在工作场所的安全意识，制定了一套安全规范。公司决定使用扣分法来评价员工的安全行为。针对安全行为指标，每个员工都有一个初始的安全行为配分值，比如 100 分；规定每出现 1 次违规行为，则从初始配分值中扣 20 分。接下来，如果在一个月的考核期内员工违反了安全规定，比如未正确佩戴安全帽、操作机械时分心等，违规行为就会被记录下来，并从员工的配分值中扣除一定的分数（总扣分＝20分×违规次数）。如果违规行为较为严重，扣除的分数就会更多。这样到了月底，员工的最终得分就会反映出他们在遵守安全规定方面的表现。

扣分法的优点在于简单和直接，它能够为管理者提供一个清晰的评价标准，使得评价过程更客观和更公正。同时，由于扣分是针对具体违规行为进行的，这也有助于员工明确了解自己在哪些方面需要改进，从而促进个人和企业整体的进步。然而，这种方法也有局限，它不适合所有的指标，只有在评价那些公司不允许发生的重大行为时才适用。因此，在使用扣分法时，还要结合其他评价方法，以确保评价结果的全面性和准确性。

2. 比例等式法

比例等式法是一种根据绩效指标的计算公式计算指标得分的评价方法。其具体公式如下：

$$\frac{指标得分}{指标配分值} = \frac{完成值}{目标值} \tag{5-1}$$

例如，如果一个销售员的月销售目标是销售100件产品，考核期末，该员工实际销售量为98件，那么该员工的销售目标完成率指标的得分可以根据公式（5-1）计算如下：

$$销售目标完成率指标得分 = \frac{98}{100} \times 销售目标完成率指标配分值 \tag{5-2}$$

这意味着销售目标完成率指标可以根据实际销售量与目标之间的比值来确定结果。为了计算销售员的销售目标完成率指标的得分，可以将公式（5-2）转变为公式（5-3）的形式，其中销售目标完成率指标配分值是由指标权重乘以100所得。在明确销售目标完成率指标权重的情况下，销售目标完成率指标的得分就很容易计算出来。例如，如果销售目标完成率指标的权重为20%，那么根据公式（5-3），销售目标完成率指标的最终得分为19.6分。

$$销售目标完成率指标得分 = \frac{98}{100} \times 20\% \times 100 = 19.6 \tag{5-3}$$

比例等式法通常涉及简单的数学计算，其显著优势在于操作过程简便。然而，这种方法也存在一个不容忽视的缺点，即员工在特定业绩指标上的业绩表现即使远没有达到公司要求，该员工也可以获得一定的分数。如果一个员工只完成任务的5%，根据公式（5-2），该员工仍然可以在该项目上获得一定的分数，但这个结果是公司不能接受的。为了避免这种现象，必须在使用比例等式法时，应该规定指标的标准下限。

例如，规定若销售目标完成率低于80%，则该指标得零分。

3. 经验增减法

经验增减法是一种结合目标完成程度和绩效等级的评价方法，需要综合指标完成度和等级差距①两方面来确定绩效指标的得分。例如，针对销售目标完成率这个指标，基准标准是90%，根据第三章中"等距等差"的思想，则销售目标完成率指标的评分细则可以设计成如下形式。

- 与90%的基准标准相比，若销售目标完成率比基准标准高1%，则销售目标完成率指标得分为：

销售目标完成率指标得分=销售目标完成率配分值×（1+10%）

- 若销售目标完成率比基准标准低1%，则销售目标完成率指标得分为：

销售目标完成率指标得分=销售目标完成率配分值×（1-10%）

其中，销售目标完成率指标配分值由指标权重乘以100而得。

根据第三章中"非等距等差"的思想，销售目标完成率的评分细则可以设计成如下形式：

- 与90%的基准标准相比，若销售目标完成率比基准标准高1%，则销售目标完成率指标得分为：

销售目标完成率指标得分=销售目标完成率配分值×（1+10%）

- 若销售目标完成率比基准标准低1%，则销售目标完成率指标得分为：

销售目标完成率指标得分=销售目标完成率配分值×（1-15%）

其中，销售目标完成率指标配分值由指标权重乘以100而得。

根据上述内容可以看出，与比例等式法相比，经验增减法的特点是，它不完全依赖固定的计算公式，而是允许评价者根据具体情况对评分细则进行微调。这样的处理方式更能体现其个性化和灵活性的特点。

4. 分段增减法

分段增减法是一种结合目标完成程度区间和绩效等级的评价方法，需要综合指标完成度的区间段和等级差距两方面来确定绩效指标的得分。例如，针对销售目标完成率这个指标，基准绩效标准是90%。在设计评分细则时，围绕基准标准，把销售目标完成率分成几个区间段，并将每个区间段与特定分值对应，从而确定销售目标完成率指标的得分。分段增减法示例如表5-9所示。

---

① 关于等级差距的相关知识，请参见第三章"绩效标准"相关的内容。

表 5-9 分段增减法示例

绩效指标	基准绩效标准	配分值	计算细则
销售目标完成率	90%	20	• 100%≥实际销售目标完成率>97%，得 30 分 • 97%≥实际销售目标完成率>95%，得 25 分 • 95%≥实际销售目标完成率>90%，得 20 分 • 90%≥实际销售目标完成率>85%，得 15 分 • 85%≥实际销售目标完成率>80%，得 10 分 • 实际销售目标完成率≤80%，得 0 分

思考题

1. 阐述绩效评价的内涵。
2. 如何确保绩效评价的公正性和客观性？
3. 评价主体主观因素导致的问题如何影响绩效评价的准确性和公正性？
4. 如何避免评价体系因素导致的问题对绩效评价的负面影响？
5. 说明绩效评价周期的影响因素。
6. 请列举常见的绩效评价方法，并说明它们在绩效管理中的应用。

第六章

绩效反馈与评价结果的应用

本章要点

1. 明确绩效反馈的内涵和目的。
2. 理解绩效反馈的分类，以及不同类型绩效反馈的区别与联系。
3. 掌握绩效反馈面谈的目的、原则、步骤和策略。
4. 掌握绩效评价结果的应用。
5. 掌握如何组织一次有效的绩效反馈。

思政元素

　　公平公正；思想道德素质；社会责任；社会主义核心价值观；合作共赢；社会公益；开放意识；合理合规；科学方法，科学态度；大同思想；以人为本；文化建设；学习型组织；可持续发展，利益共同体；理性思维；辩证思维，批判质疑；客观诚实；创新意识；自我认知，内省；团队精神；问题导向，目标导向；直面问题，实事求是；实践创新，问题解决；规则意识，规范意识；法治精神；因人而异，因势利导；系统观；职业操守，专业才能；权利与责任；按劳分配。

第一节 绩效反馈概述

一、绩效反馈的内涵

绩效反馈是指在绩效评价结束后,管理者与下属进行绩效反馈面谈,将评价结果反馈给下属,在肯定下属的同时,与下属共同分析绩效不佳的原因,并制订绩效改进计划的过程。

由于绩效反馈在绩效评价结束之后实施,而且是上下级的直接对话,有效的绩效反馈可以作为激励、奖励和培训的手段,并最终促进个人发展和组织绩效的提高。有效的绩效反馈需要考虑以下几个方面。

1. 反馈评价结果

绩效反馈的首要任务是将评价结果及时、准确地传达给下属。这包括对下属工作表现的肯定和认可,指出存在问题并分析原因。通过明确的绩效反馈,下属可以了解自己的工作表现是否符合预期,并对绩效评价结果有一个清晰的认识。

2. 提供具体反馈

绩效反馈应该尽可能具体,避免模糊和抽象的表达。管理者应该针对下属的工作表现,给予具体的肯定和建议。通过提供具体反馈,下属可以更好地了解自己的工作做得好的方面,以及需要改进的地方。具体的反馈还可以帮助下属更好地理解管理者的期望,从而进一步提高工作效率。

3. 共同分析原因

绩效反馈不仅仅是告诉下属他们的表现如何,更重要的是与下属一起分析绩效不佳的原因。这一共同分析的过程有助于建立开放的沟通氛围,增进管理者和下属的互信与合作,促使双方共同寻找解决问题的方案。

4. 制订绩效改进计划

在分析原因的基础上,管理者和下属应一起制订绩效改进计划。这个计划应该明确具体的行动步骤和时间表,以帮助下属改进工作表现。在制订改进计划时,管理者应该与下属共同商讨并充分考虑下属的意见和建议。这样可以增强下属的主动性和责任感,提高改进计划的可行性,从而最大化实施效果。

5. 提供支持和资源

绩效反馈不应仅停留在评价和改进计划的制订,管理者还应提供必要的支持和资源，以帮助下属实现目标。这包括提供培训机会、分配更合适的工作任务、提供辅导和指导、帮助协调和沟通等。通过提供支持和资源，管理者可以积极引导下属的发展和进步，共同实现个人和组织的绩效目标。

6. 公平、客观

绩效反馈是实现公平、公正的绩效管理的基础，应该体现公正和客观，基于事实和数据，避免主观偏见和歧视，保证公平对待每个被评价者。绩效反馈为管理者和被评价者提供了一个共同的平台，使双方能够就绩效评价的过程和结果进行沟通与交流，并通过及时、有效、公正和客观的沟通消除误解，帮助双方达成共识。这种共识有助于建立良好的工作关系和信任基础，提高被评价者对绩效评价结果的认可度和接受度。

二、绩效反馈的意义

绩效反馈是绩效管理工作的重要环节，绩效管理能否达到预期的目的和效果，取决于绩效反馈能否有效实施。有效的绩效反馈对于实现预期的绩效管理目标和提高绩效管理效果至关重要。因此，绩效反馈在绩效管理中具有重要的意义，具体体现在以下几个方面。

1. 促进下属成长和发展

绩效反馈可以帮助下属反思自己的工作表现，并了解自己的优势和劣势。通过提供及时、具体和建设性的反馈，下属可以更好地了解自己在工作中的表现，从而有针对性地发展和提升自己的能力。绩效反馈还可以帮助下属明确个人的职业发展方向，并为个人成长制定有效的计划和目标。

2. 增强工作动力和投入

绩效反馈在肯定下属的工作成绩和努力时起到重要的激励作用。通过明确和及时的肯定，下属会感到自己的工作得到了认可和重视，从而增强工作动力和投入。同时，绩效反馈也可以帮助下属了解自己的工作目标和期望，以便更好地调整和改进工作方式。这种积极的工作动力和投入对个人的成长与组织绩效的提高至关重要。

3. 促进沟通和合作

绩效反馈是管理者和下属进行沟通与交流的重要渠道。通过绩效反馈，管理者可以与下属共同分析工作中遇到的问题和挑战，并制订改进计划。这种沟通和合作过程有助于建立良好的工作关系和团队氛围，增进双方的信任和理解。有效的绩效反馈可以促进管理者和下属的良好合作，提高团队的整体绩效。

4. 优化绩效管理和激励制度

绩效反馈是绩效管理和激励制度的重要组成部分。通过绩效反馈，管理者可以及时了解下属的工作表现，绩效评价和奖励决策也可以获得依据。同时，管理者也可以通过绩效反馈发现绩效管理和激励制度中存在的不足与改进空间，从而进一步优化和完善制度，提高绩效管理的公平性。

5. 建立学习型组织文化

绩效反馈可以促进组织建立学习型文化，鼓励下属不断学习和成长。通过绩效反馈，下属可以从工作中获得反馈和改进的机会，不断调整和提升自己的工作能力。在学习型组织中，绩效反馈被视为一种持续改进的机制，下属被鼓励主动寻求反馈和发展机会，以推动个人和组织的进步。

总的来说，绩效反馈对于实现组织预期的绩效管理目标和优化绩效管理效果至关重要。通过有效的绩效反馈，组织可以帮助员工发现自己的潜力和改进空间，激励他们在工作中取得更好的表现。同时，绩效反馈也为管理者提供一个了解团队成员能力和发展需求的机会，从而帮助他们更好地管理人才和组建团队。绩效反馈的有效实施可以提高员工满意度和忠诚度，增强组织的竞争力和可持续发展能力。

此外，绩效反馈的有效实施要求管理者具备良好的沟通和领导能力，同时也要求员工具备接受反馈和积极改进的心态。通过建立良好的绩效反馈机制和文化，组织可以激励员工的成长和发展，提升组织整体绩效水平，实现组织和员工的双赢。

三、绩效反馈的形式

选择适当的反馈形式是绩效反馈过程中的关键因素，它能够影响反馈效果和员工接受程度。

（一）根据沟通方式分类

根据沟通方式的不同，可以把绩效反馈分为口头反馈和书面反馈。每种形式都有其独特的特点，适用于不同的情境和需求。

1. 口头反馈

口头反馈是指通过面对面的对话或会议等形式进行的口头交流。这种形式的反馈具有实时性和互动性的特点，员工可以获得即时的指导和建议。口头反馈可以更直接地传达情感和表达关注，同时也有助于解释和澄清反馈内容。它能够促进沟通和理解，使员工更容易接受反馈，并提供机会进行双向讨论。

2. 书面反馈

书面反馈是指通过书面文档、电子邮件或绩效评价报告等书面形式进行的反馈。

这种形式的反馈可以提供详细和具体的信息，使员工更容易理解和回顾反馈内容。书面反馈的内容包括对员工的评价、绩效结果和具体的行为建议，可以避免口头反馈中可能存在的误解或遗漏，从而使员工更好地理解自己的表现和需要改进的方向。书面反馈可以作为记录为员工提供一份长期参考的资料。员工可以随时回顾反馈内容，以便深入理解和探索自己的发展方向。此外，书面反馈也可以帮助管理者组织思路和准备反馈内容，确保信息的准确性和一致性。

（二）根据反馈信息内容分类

根据绩效反馈信息内容，可以把绩效反馈分为负面反馈、正面反馈和中立反馈。每种类型的反馈都有其特定的目的和影响，对员工的发展和绩效提升起着不同的作用。

1. 负面反馈

负面反馈是指对员工的表现或绩效中存在的问题、不足或错误进行批评的反馈。这种反馈的目的是帮助员工认识到自己的不足之处，并提供具体的改进方向和机会，从而促进员工的成长和绩效提升。研究表明，如果管理者在进行绩效反馈时只专注于员工过去的不佳表现，其效果往往是不理想的（Gnepp et al., 2020）。根据《哈佛商业评论》的调查，92% 的受访者认为"负面反馈如果传递得当，可以有效提高绩效"（Zenger & Folkman, 2014）。为此，管理者在进行负面反馈时应该注意以下几个方面。

（1）负面反馈应该具体和明确。负面反馈应针对具体的问题或行为，而不是泛泛地批评员工。它需要清楚地指出问题所在，并提出具体的改进建议。

（2）负面反馈应该具有建设性和支持性。负面反馈应该以建设性的方式提供，旨在帮助员工改进而不是打击士气。它应该包含积极的语言和支持的态度，让员工感到被理解和被支持。

（3）负面反馈应该具有可行性和可操作性。负面反馈应该提供可行和可操作的改进方案，以帮助员工解决问题并提升绩效。它可以包括具体的行动计划、培训机会或资源支持。

2. 正面反馈

正面反馈是对员工的优点、成就及良好表现进行肯定和赞扬的反馈。这种反馈的目的是鼓励和激励员工，强化其积极行为。正面反馈通过给予员工明确、相关和具体的赞扬，营建积极的工作氛围，激发员工自我成长和学习的动力，促进员工保持高绩效水平。此外，正面绩效反馈可以激励员工，增强其自信心和动力。管理者在进行正面反馈时应该注意以下几个方面。

（1）给予员工具体和明确的赞扬。正面反馈不是简单地称赞员工，而是要指出他们在哪些方面表现出色，并提供具体的例子和细节。例如，可以赞扬员工在完成一个重要项目时展现的团队合作精神和出色的沟通能力。

（2）与绩效目标直接相关。正面反馈应该与员工的绩效目标和期望相对应。它应该强调员工在实现目标、提升工作质量或达到预期结果方面的出色表现。这样的反馈可以帮助员工了解他们的努力和成就如何对组织的整体成功产生积极影响。

（3）突出员工个人价值和贡献。正面反馈应该突出员工的个人价值和贡献。它可以强调员工在解决问题、提供创新解决方案或带来业务增长方面所做出的贡献。这种反馈可以让员工感到自己的工作有意义，并进一步激发他们的潜力。

（4）激发员工成长和学习的动力。正面反馈应着眼于激发员工自我成长和学习的动力。当员工被肯定和赞扬时，他们会更有动力进一步提升自己的技能和知识，追求更高的目标。这种积极的反馈可以鼓励员工参与培训计划、接受具有挑战性的任务，并不断追求个人的职业发展。

3. 中立反馈

中立反馈是指对员工的表现进行既不仅仅集中于过往不佳表现的惩罚或批评，也不仅仅注重赞扬，而是采用建设性批评的方式进行反馈。研究表明，建设性反馈可以产生非常积极的效果，例如营造开放和信任的氛围、促进管理者和员工之间建立信任关系、提高员工的反馈接受程度（周政等，2019；胡君辰和李涛，2014）。建设性反馈侧重于建设性地、积极地提供批评和负面反馈，以改善员工绩效或行为。在提供建设性反馈时，管理者应该与员工一起制订下一步的行动计划，并激发员工对能够实现的目标的期盼。例如，管理者在进行建设性反馈时，可以这样说："我非常感谢你总是按时完成任务，并且希望在你的项目中实现我们的总体愿景。但是，我注意到你错过了最近两个项目的一些细节。在进入下一阶段之前，需要进行更正。我会为你的下一次任务创建一份完整的交付成果清单。试一试，然后我们再跟进评估。"

通常情况下，建设性反馈在以下情境中更有价值。

- 当员工违反规定时。
- 当发生冲突或事故时。
- 当需要用建设性反馈来帮助一个人提高技能时。
- 当某种行为对他人的生产力或士气产生负面影响时。
- 当员工的表现没有达到预期，并且需要指导时。
- 当某事项虽达成一致但员工做了会导致负面后果时。
- 当要针对需要改变的具体行为进行沟通时。

建设性反馈是提高绩效和取得成功的重要工具，它不仅可以传递绩效高低的信息，还可以为员工提供明确、具体的建议，并表达对他们的关注和信心，其目的是帮助员工提高他们的技能，优化他们的工作行为。通过这种方式，管理者可以为团队成员和同事提供指导、支持和鼓励，帮助他们改进工作表现，提升个人能力，并建立积极的工作关系。为了确保建设性反馈的效果，管理者应遵循以下原则：

- 避免人身攻击。管理者在反馈时应"对事不对人"。避免使用贬义性语言或发表贬低性言论。
- 不要做假设。管理者在反馈时应基于可观察到的事实和具体示例，而不是假设或概括。
- 避免员工因反馈而感到不知所措。管理者在反馈时应重点关注需要改进的关键领域，以防止员工在接受反馈时感到不知所措或灰心丧气。
- 不要吝啬表扬。如果员工的表现有积极的方面，那么管理者在反馈时应表示认可和欣赏。平衡建设性的批评和真诚的赞扬可以创造一个更具支持性的环境。
- 提前准备。在进行建设性反馈时，管理者应提前做准备，以确保反馈的有效性和积极性。具体包括：创造一个积极的反馈环境；收集有关员工表现的准确信息和数据；确定员工需要改进的具体领域，如技能、知识、工作方法、沟通能力或其他职业素养方面。
- 以改进绩效为导向。建设性反馈的目的是帮助下属改进和进步，而不只是批评他们犯的错。管理者应关注问题本身，并提供具体的建议和指导，以帮助他们解决问题和改进表现。管理者应明确指出问题所在，让员工清楚地了解自己的不足之处。这可以通过客观地描述具体的行为或结果来实现，避免使用模糊的词语或指责性的语言。例如，管理者可以说："我注意到你在最近的项目中没有按时完成任务。"而不是说："你总是拖延工作。"
- 以互动的方式进行。建设性反馈应该是一个双向的过程，管理者要允许下属有机会表达自己的观点和感受，倾听下属的反馈和意见，并与下属一起探讨解决方案。
- 制定明确的目标和行动计划。管理者应该制定明确的目标和行动计划，这意味着与员工共同确定目标，并一起制订具体的行动计划。明确的目标和行动计划可以帮助员工了解自己需要做些什么以及如何改进表现。研究表明，由于反馈接收者的自我保护和自我增强机制，反馈接收者会对过去的表现产生异议，如果管理者反馈的重点是突出未来的行动而不是过去的绩效，反馈接收者就会有动力加以改进（Gnepp et al., 2020）。

(三)根据反馈对象的参与程度分类

根据反馈对象的参与程度,绩效反馈可分为指令式、指导式和授权式三种。

1. 指令式绩效反馈

指令式绩效反馈是一种比较传统的反馈方式,管理者在绩效反馈中起主导作用,员工被动接受反馈和指令。在这种形式下,管理者通常会告诉员工他们需要在哪些方面改进,并提供明确的改进方案。这种形式适用于员工需要明确的指导和指令的情况,特别是在员工刚开始工作或需要快速改进的情况下。然而,指令式绩效反馈可能会降低员工的主动性和创造性,因为员工更多地被动接受指示,而不会主动寻求新的改进方案。

2. 指导式绩效反馈

指导式绩效反馈注重管理者与员工之间的互动和沟通,强调共同探讨问题和制订解决方案。在这种形式下,管理者与员工进行深入的交流,帮助他们理解自己的表现和不足,并共同制订解决方案。指导式绩效反馈可以增强员工的参与感和责任感,激发他们的学习欲望。这种形式适用于员工已经具备一定工作经验和能力,能够积极参与讨论和解决问题的情况。

3. 授权式绩效反馈

授权式绩效反馈强调员工的自主性和创造力,管理者更关注员工的需求和想法,帮助员工独立找到解决问题的方法。在这种形式下,管理者更多地使用提问和引导的方式,鼓励员工思考和探索自己的解决方案。授权式绩效反馈可以激发员工的创新和主动性,增强他们的自信心和责任感。这种形式适用于具有较高自主性和创造性要求的工作环境,以及对员工发展和成长提供较大自由度的组织。

(四)根据参与反馈的人数分类

根据参与反馈的人数,绩效反馈可以分为团体反馈和一对一反馈。这两种形式各有特点和适用场景。

1. 团体反馈

团体反馈是指在团队或组织的集体环境中进行的绩效反馈。在这种形式下,管理者会将绩效评价结果反馈给团队成员。团体反馈的目的是激发团队动力,促进团队协作、合作以提升整体绩效。它可以帮助团队成员了解整体绩效状况,激励团队成员相互学习和支持,并鼓励他们共同努力达成团队目标。团体反馈还可以增强团队凝聚力和归属感,促进团队建设和发展。

2. 一对一反馈

一对一反馈是指管理者与每个员工分别进行的绩效反馈。在这种形式下,管理者与员工进行私下的会谈和交流,针对员工的个人表现进行评价和反馈。一对一反馈的目的是与员工建立更密切的关系,为员工提供个性化的指导和支持,共同制订个人发展计划。这种形式的反馈可以帮助员工更好地了解自己的优势和发展领域,获得个性化的成长机会和资源,以促进个人职业发展和绩效提升。一对一反馈也有助于建立良好的沟通和信任关系,使员工感受到管理者的关心和支持。

在实际工作中,管理者选择团体反馈还是一对一反馈应视具体情况和目的而定。团体反馈适用于强调整体团队绩效的情况,可以帮助团队成员更好地认识自己在整个团队中的角色和贡献,并激发集体动力;一对一反馈则适用于关注个人发展和提供个性化支持的情况,可以更细致地了解员工的需求和目标,并制订个性化的发展计划。

(五)360 度反馈

360 度反馈(360-degree feedback)(Atwater & Brett,2006;Conway et al.,2001;McCarthy & Garavan,2001;Peiperl,2001)是一种全方位的反馈机制,该机制是在北卡罗来纳州格林斯伯勒的创造性领导中心(Centre for Creative Leadership)管理发展研究的基础上发展起来的(McCarthy & Garavan,2001)。360 度反馈是指帮助组织成员从与自身有工作关系的多个主体(如上级、同事、下属、客户等)那里获得关于其绩效反馈信息的形式(如图 6-1 所示)。360 度反馈与单一来源的标准反馈不同,它提供一个更全面、多角度的视角,帮助员工从多个角度了解自己在不同方面的表现,并识别发展需求和机会。360 度反馈在职业发展、激励、工作满意度和绩效管理等组织活动中发挥着重要作用。

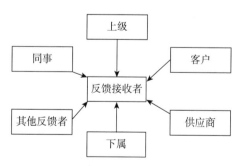

图 6-1 360 度反馈

作为一种评估和发展工具,360 度反馈有许多优点,在众多企业中备受推崇,IBM、联想、华为等知名公司都曾使用 360 度反馈。360 度反馈的优点体现在以下几个方面。

1. 提供多角度的反馈信息

360度反馈涵盖来自不同主体的反馈，包括上级、同事、下属、客户等主体。这种多角度的视角提供了更全面、更客观的评价，帮助员工了解他们在不同关系中的表现和影响力。不同主体的反馈可以揭示员工的强项、盲点和需要改进的领域，促进个人的全面成长和发展。

2. 促进自我认知和发展

通过360度反馈，员工可以获得来自不同主体的观点和评价，从而促进自我认知的发展。这种反馈可以帮助员工了解自己在工作中的表现和工作效果等，以及如何改进和提升自己的表现。通过识别自身的盲点和发展需求，个人可以制订发展计划，并采取相应的行动来提高职业能力和影响力。

3. 建立信任和增进合作

360度反馈鼓励开放和透明的沟通，有助于建立信任关系和增进合作。参与者可以自由地表达意见和提供反馈，而无须担心后果或报复。这种信任与合作的氛围有助于组织中的关系和团队建设，促进有效的沟通、合作和共同目标的实现。

4. 减少歧视风险

当反馈来自不同工作职能的多个人时，被评价者因种族、年龄、性别等而受到歧视的可能性就会降低。主管根据他最近与员工的互动来评价绩效的"角色光环"效应也会被最小化。

5. 提高员工满意度

Church（2000）发现，收到积极的360度反馈的管理者其团队的流动率更低，服务质量更高。与此一致的是，Atwater & Brett（2006）发现，积极的下属反馈会导致管理者满意度和敬业度的提高，以及团队人员流动率的降低。

尽管360度反馈有诸多优点，但如果使用不当，公司就很难保证360度反馈发挥其应有的价值。例如，从多个来源收集反馈需要公司投入更多的时间，付出更多的努力等。再如，如果参与者提供的反馈未被公司采纳，参与者就可能会产生消极情绪。Bracken & Rose（2011）列出使360度反馈发挥作用的四个必要标准，分别为内容相关、数据可靠、有责任和全员参与。

1. 内容相关（relevant content）

360度反馈中包含的结果、问题和能力等内容应符合组织特定的价值观和能力要求，并与反馈接收者的工作相关。

2. 数据可靠（credible data）

来自多个主体的反馈信息应该是可信的、可靠的、准确的和有效的。

3. 有责任（accountability）

反馈主体应对反馈负责，尤其是对反馈接收者的直接领导而言。360度反馈的一个重要目的是促进员工从被动接受到行为、绩效的积极改变，并帮助其自我成长与发展，反馈接收者的直接领导在这个过程中应发挥重要作用。在实践过程中，管理者可以围绕"反馈接收者的直接领导在促成上述目的方面是否起到辅助作用？""如何克服员工对反馈结果、绩效改进计划等的抵制？"等问题开展工作。

4. 全员参与（census/organization-wide participation）

由于公司的每个员工都需要其他人的反馈，为了让360度反馈发挥作用，公司的每个员工都要参与，有时甚至需要客户和供应商参与反馈。全员参与也能够确保反馈有一个公平、客观、积极的反馈环境，有利于360度反馈体系的顺利推广与实施。

综合上述各类绩效反馈形式，需要注意的是，不同形式的绩效反馈并非相互排斥，可以根据具体情况和员工需求进行灵活的组合与应用。在实际应用中，管理者应根据员工的能力水平、工作性质和发展阶段，选择适当的绩效反馈形式。

第二节 绩效反馈面谈

一、绩效反馈面谈的目的和原则

绩效反馈面谈是管理者与下属进行面对面交流的一种方式，旨在向被评价者传达绩效评价结果，并共同探讨绩效不佳的原因和改进计划。绩效反馈面谈作为一种正式的绩效沟通，是绩效反馈的主要形式。绩效反馈面谈的存在是为了确保评价结果和管理者的期望能够准确传达给被评价者，从而实现绩效管理的最终目的，例如促进员工发展和提升组织整体绩效水平等。概括来说，绩效反馈面谈主要有四个目的。

1. 促使员工了解自己的工作表现和发展需求

反馈面谈提供了一个让员工了解他们在过去一段时间内工作表现的机会，包括优点和需要改进的方面。通过管理者对其工作的评估和反馈，员工能够获得对自己绩效的客观认知，并增强提高绩效的动力和意愿。

2. 达成共识并分析绩效问题的原因

反馈面谈为员工和管理者提供了一个平台，双方可以共同讨论和理解绩效评价的依据和标准,以及组织对员工的期望;双方可以一起分析导致绩效出现问题的原因,探讨可能的解决方案,并确保在绩效评价结果上达成共识。这样的沟通有助于促进相互理解和建立更有效的工作关系。

3. 制订绩效改进计划

绩效反馈面谈是制订绩效改进计划的关键环节。员工和管理者可以共同商讨并制定下一个绩效周期的目标和计划。这样的计划可以明确员工需要关注和改进的方向,为实现更好的绩效提供指导。通过制订可行的行动计划,员工可以有针对性地丰富自己的技能和知识,并解决工作中的困难。

4. 提供职业规划和发展支持

反馈面谈不仅仅关注当前的绩效表现和绩效改进计划,也为员工的职业规划和发展提供支持。管理者可以向员工提供关于晋升机会、培训需求和职业发展路径的建议。这样的指导有助于员工明确自己的职业目标,并制订相应的计划。同时,管理者还可以为员工提供发展机会和资源,帮助他们在职业道路上取得成功。

总的来说,绩效反馈面谈是一个重要的沟通和发展工具,通过建立良好的反馈机制和合作关系,员工可以了解自己的绩效表现,制订改进计划,并在职业发展中获得支持和指导。这样的过程不仅有助于提高员工的绩效,也有利于组织的整体发展和成功。

绩效反馈面谈是组织中绩效管理和员工发展的重要环节。通过绩效反馈面谈,管理者和员工共同探讨工作表现、发展需求等方面的问题,并制订行动计划来提升绩效和促进职业发展。为确保绩效反馈面谈的有效性和成果,管理者在进行绩效反馈面谈时应把握相关原则。

1. 客观透明原则

管理者应提供真实、客观和具体的反馈,而员工也应以开放和诚实的态度接收反馈。绩效反馈面谈中的信息应该准确反映员工的工作表现,并能够帮助他们了解自己的优点和尚待改进的方面。诚实和透明的反馈有助于建立信任、理解和共识,为绩效改进奠定基础。

2. 双向原则

兼听则明,偏信则暗。绩效反馈面谈应该是一个双向的沟通过程,而不应该是管理者单方面向员工提供反馈。员工也应该有机会表达自己的观点、提出问题和提出反馈。反馈面谈应提供一个平等的平台,鼓励双方进行真实、开放和富有建设性的对话。通过双向沟通,管理者可以更好地了解员工的观点和感受,员工也能够更好地理解评价标准和期望,从而更好地改进绩效。

3. 目标导向原则

绩效反馈面谈应与目标设定和绩效管理相结合。双方应明确共同的绩效目标，并探讨如何通过行动计划来实现目标。反馈面谈中应对过去一段时间的绩效进行反馈，并将其与设定目标进行比较和分析。管理者明确目标并与员工共享，可以激发员工的动力和努力，帮助他们了解自己的工作表现与期望之间的差距，并制订绩效改进计划。

4. 支持和发展导向原则

绩效反馈面谈应被视为一个支持和发展的机会，而不是简单的认可、批评和指责。管理者应提供积极的支持和有用的资源，帮助员工克服挑战并发展自己的能力。绩效反馈面谈中可以探讨培训需求、职业发展机会和提供反馈的资源，以促进员工的成长和发展。管理者应提供合适的指导和建议，帮助员工了解如何改进和实现绩效目标，同时也应鼓励员工提出自己的发展需求和目标。

5. 持续性原则

绩效反馈面谈应该是一个持续的过程，而不是一次性的活动。绩效反馈面谈结束后，管理者和员工应定期回顾与更新绩效目标及计划，并跟进评估。持续的关注和反馈有助于员工保持绩效改进的动力与正确的工作方向，并确保他们在达到目标的过程中得到支持和指导。

此外，绩效反馈面谈应该定期进行，以确保持续的绩效管理和发展。管理者和员工还可以定期回顾之前的面谈记录和行动计划，评估进展和调整细节，以确保绩效管理的持续有效性。

二、绩效反馈面谈的步骤

为提升绩效反馈面谈的效果，管理者可以按照一定的步骤开展绩效反馈面谈（如图 6-2 所示）。

（一）准备绩效反馈面谈

管理者可以围绕以下工作准备绩效反馈面谈。

（1）查看下属的绩效评价表和绩效结果，明确绩效目标和标准。在正式的绩效反馈面谈开始前，管理者应该仔细查看下属的绩效评价表，以明确他们的绩效衡量标准。这些衡量标准包括目标设定、关键绩效指标、业绩要求标准、工作职责等。此外，管理者还应了解下属当前的绩效结果，以及他们的绩效完成情况。

（2）查看下属以往绩效评价概况和绩效改进计划，了解他们是否同意绩效改进计划以及应该改进哪些内容，并了解下属是否做了相应的改进。

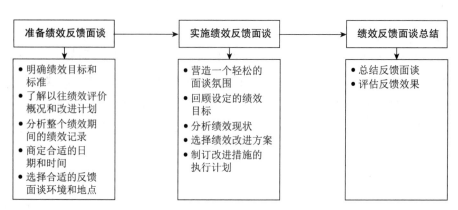

图 6-2 绩效反馈面谈的步骤

(3) 分析下属在整个绩效期间的绩效记录,以及有关下属工作表现的其他相关记录。管理者应该仔细分析下属在整个绩效期间的绩效记录,包括正式的绩效评价文件、工作日志、客户反馈、同事评价等。分析的内容主要包括工作成果、任务完成情况、项目进展等。通过全面分析员工的绩效记录,管理者可以对下属的工作表现有一个清晰的认识,并为反馈面谈中的讨论提供具体的例子和参考。

(4) 商定合适的绩效反馈面谈日期和时间。在绩效反馈面谈之前,管理者应与下属商定一个适合的绩效反馈面谈日期和时间。这样可以确保双方都能充分准备,并在面谈中有足够的时间讨论和交流。在商定面谈日期和时间时,管理者还应考虑如何让员工全身心地参与面谈,例如考虑他们工作负荷、避免认知过载等因素。

(5) 选择合适的绩效反馈面谈环境和地点。绩效反馈面谈的环境和地点对于讨论的效果及氛围非常重要。管理者应选择一个安静、私密且舒适的环境,以便员工能够在放松的状态下表达自己的想法和感受,例如会议室、管理者的办公室或其他适当的场所。这可以确保双方进行开放和诚实的对话,而不会受到干扰或令双方产生压力。

(二) 实施绩效反馈面谈

管理者顺利开展绩效反馈面谈需要一个轻松的面谈环境,这可以促进有效的沟通和开放的讨论,有助于建立积极的工作关系和提高员工参与度。因此,管理者在开始绩效反馈面谈时,应营造一个轻松的面谈氛围,例如从一个轻松的话题入手等;然后,管理者可以按照 GROW 模型的思路进行更深入的绩效反馈面谈。

GROW 模型是一种高绩效教练技术模型,注重通过提问的方式引导及促进个人成长和发展。它以目标(goal)设定、现状(reality)分析、方案选择(option)和行动计划(will)为主要步骤,帮助教练和接受者共同思考并解决问题。高绩效教练技关注一对一的沟通模式,并认为对话应围绕问题展开。在每一次沟通中,教练有意识地决定问哪些问题,并按照一定的顺序提问。这种有序的提问方式有助于确保对话的逻辑性和连贯性,使教练和接受者能够系统地思考与解决问题。GROW 模型中的提问顺序如下。

(1)目标设定。包括对话的短期目标和长期目标。这有助于聚焦讨论,确保教练和接受者在同一频道,并明确期望的结果。

(2)现状分析。包括了解接受者的现状、挑战和机会。通过提问,教练可以帮助接受者更好地认识自己的现实情况,识别潜在的问题和障碍。

(3)方案选择。包括可供选择的策略或行动方案。在了解现状的基础上,教练和接受者一起探讨可能的策略与行动方案。通过提问,教练可以鼓励接受者产生多种解决问题的思路,扩展思维空间。

(4)行动计划。教练和接受者一起制订具体的行动计划,明确需要采取的行动、时间安排、责任分配以及执行意愿和动力。这样可以确保所制订的计划具体可行,并增强接受者的主动性和责任感。

根据 GROW 模型提问顺序,绩效反馈面谈可以按照以下步骤开展。

(1)回顾设定的绩效目标。回顾设定的绩效目标是确保绩效反馈面谈的有效性和取得成果的重要环节。在面谈之前,管理者应该花时间仔细回顾和评估所设定的绩效目标。管理者还应检查所设定的绩效目标与员工的职责和工作角色是否相关。在面谈过程中,管理者可以向员工解释面谈的目的,和员工一起讨论目标设定相关问题,并由此引入下一个环节。

(2)分析绩效现状。管理者可以与员工讨论目标的进展和实际达成情况,包括评估目标的完成程度、取得的成就以及面临的挑战和障碍。通过与员工共同回顾目标的进展,管理者可以更好地了解员工的努力和成果,并为面谈中的绩效评价提供更具体的依据。管理者还可以从硬指标和软指标等方面对员工的表现进行分析。硬指标主要关注员工在某个特定绩效周期内可量化的绩效完成情况,例如销售额、生产指标、项目完成情况等。软指标则侧重于员工的行为表现,包括工作态度、工作能力、积极性、责任感、人际关系等方面。管理者在进行绩效现状分析时,通过引导的方式帮助员工全面分析自身在某个特定绩效周期内的综合表现。这种分析有助于员工更清晰地了解自己在工作表现方面的优势和不足,同时也为后续改进措施的选择和执行计划的制订奠定基础。

(3)选择绩效改进方案。根据绩效现状分析结果,管理者应当向员工提出可供选择的改进措施，员工则应当在可选方案中做出选择或者进一步完善改进措施。这种方式可以帮助员工更好地理解绩效现状分析结果，并为其提供改进方案和优化方向。

（4）制订改进措施的执行计划。在制订改进措施的执行计划时，需要具体规划和安排为实现绩效改进目标所要采取的具体行动，并将其分阶段地安排在时间进度表中。首先，需要明确为达成绩效改进目标应该做什么，即确定具体的行动步骤和任务内容。这些行动步骤和任务内容应该与绩效改进目标紧密相关，并能够直接促进绩效的改进。其次，在执行过程中，需要将整个改进过程分阶段地安排在不同的时间节点上，并编制详细、可行的时间进度表。这意味着明确每个阶段的开始和结束时间，以及每个阶段内所需完成的具体任务和活动。这样的时间进度表有助于有效地管理和控制整个改进过程，确保每个阶段的任务按时完成，并为后续阶段的工作提供依据和参考。此外，在制订执行计划时，管理者也要考虑下属工作重点、工作领域或工作任务的变化等。最后，管理者根据上述步骤面谈完之后，可以形成反馈面谈记录和绩效计划改进表（如表6-1所示）。在具体实践中，公司可以根据自身情况把绩效反馈面谈记录和绩效计划改进表分开，形成两份文件。

表 6-1　绩效反馈面谈记录和绩效计划改进表示例

部门			时间	
被评价者			岗位	
评价者			岗位	
面谈预期成果				
被评价者现状	工作业绩			
	行为表现			
	不良绩效问题			
	导致不良绩效的原因			
绩效改进方案				
具体执行计划	执行计划目标	责任人	时间期限	所需支持/资源
备注				
直接上级签字			反馈对象签字	

(三)绩效反馈面谈总结

管理者在结束绩效反馈面谈后,评估绩效反馈效果是非常重要的。评估绩效反馈效果可以帮助管理者进一步明确下一次面谈需要调整和改进的地方。评估绩效反馈效果时需要关注的一些关键问题如下。

(1)目标达成情况。在绩效反馈面谈后,员工能否理解和接受自己的绩效评价结果?他们对自己在某些方面取得良好的成绩和进步有清晰的认识吗?

(2)问题意识。员工能否意识到自己在哪些方面需要改进?他们能否识别自己的发展需求和目标?

(3)反馈理解。员工能否理解和接受管理者所提供的反馈信息?他们能否理解反馈的内容、关键点和建议?

(4)行动计划。员工能否制订具体的行动计划来改进自己的绩效?他们能否明确实施改进措施的时间表和责任人?

(5)支持/资源。在绩效反馈面谈后,员工是否得到必要的支持/资源来实施改进计划?他们是否知道如何获取支持/资源?

(6)绩效改进。在接受绩效反馈后,员工能否取得实质性的改进和发展?他们能否在绩效评价周期内表现出积极的进步和提升?

(7)反馈机制。在绩效反馈面谈后,员工对绩效反馈的机制和流程有任何建议或意见吗?他们是否认为绩效反馈面谈是一个促进个人发展和组织改进的有效工具?

一般情况下,员工在接受绩效反馈后通常会对自己的工作行为做出一些调整和改变,例如积极主动工作、改变原来的工作态度、消极被动地工作、抵制工作等。针对后两种情况,管理者可以通过问卷和员工行为观察等方式分析绩效反馈效果不佳的原因。绩效反馈面谈是绩效管理中的重要环节,它对于员工的发展和组织的改进至关重要。及时、准确地向员工提供有关其工作表现的信息和评价,可以帮助他们了解自己的强项和改进的方向,从而激励员工积极发展,并为组织的发展提供指导。

三、绩效反馈面谈策略

在绩效反馈面谈中,管理者应根据不同类型的员工选择适合的面谈策略,以达到最佳的反馈效果。根据绩效表现和工作态度,可以将员工分为贡献型员工、冲锋型员工、安分型员工和堕落型员工四种类型(如图6-3所示)。管理者应要针对不同类型员工分别选择反馈面谈策略。

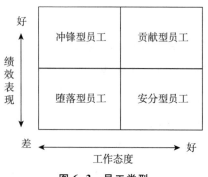

图 6-3 员工类型

资料来源：付维宁（2016）.《绩效与薪酬管理》.北京：清华大学出版社。

（1）贡献型员工通常是工作态度好、绩效表现好的员工。对于这类员工，管理者可以采用肯定和认可的反馈面谈策略。管理者可以重点强调他们的成就和贡献，表达对他们努力和出色工作的赞赏，并在此基础上给予适当的奖励，例如调整薪资、晋升、给予奖金或其他形式的奖励。此外，可以与他们讨论进一步发展其专业技能和领导能力的机会，以激发他们继续保持高绩效的动力。管理者还可以提出更高的目标和要求，激发他们的进取心和动力，促使他们在工作中继续取得更大的成就。

（2）冲锋型员工的绩效表现出色但工作态度差。这种情况可能是员工性格不佳、上下级沟通不畅等原因造成的。对此，管理者既不能放纵，也不能过于严厉，而应该采取适当的面谈策略，通过与员工进行频繁且及时的沟通和交流来建立信任关系，了解其工作心理和需求，帮助员工解决工作中的问题和困难，并及时给予反馈和鼓励。同时，管理者还可以给员工提供辅导和培训，帮助他们发现自己的优点和潜力，提升工作能力和端正工作态度。

（3）安分型员工在工作态度上表现出色，兢兢业业、认真负责，并对上司和公司有很高的认同度，但他们的绩效表现并不理想。在反馈面谈时，管理者应该制订明确、严格的绩效改进计划，明确需要改进的方向和具体要求，提供相应的指导和支持，以帮助员工提升绩效表现。同时，管理者要坚持按照绩效评价办法进行评估和考核，不能因为员工工作态度好而放宽对其绩效表现的要求。这样可以确保绩效评价的公平性和客观性，促使员工意识到绩效表现的重要性，并激发他们的动力和积极性。

（4）堕落型员工在绩效表现和工作态度上的表现都比较差。他们往往会想尽一切办法用外部因素替自己辩解，或者自觉承认工作没做好。在面谈时，管理者应该重申工作目标，帮助员工明确自己的工作职责和目标，让其意识到工作成果与目标的关联性。通过与员工的面谈，管理者再次向其阐述工作目标和期望，强调工作的重要性和影响，以激发员工的责任感和积极性。管理者可以与员工一起回顾工作过程和结果，了解员工对自己工作表现的看法，并与其进行沟通和讨论。

第三节 绩效申诉

绩效申诉是当被评价者对评价结果持有异议时，根据相关法律法规或规章制度，向有权受理申诉的部门提出申诉的过程。在这一过程中，申诉受理部门将按照规定的程序对评价过程和评价结果等进行审查、调查，并找出问题、提出解决方案。这一过程旨在确保评价结果的准确性和公正性，并为被评价者提供机会表达不满和寻求合理的解决办法。通过绩效申诉，被评价者可以维护自身权益，同时也促进组织内部评价体系的完善和提升。

绩效申诉是一个重要的机制，可以确保绩效评价的公正性和透明度。对于员工而言，绩效评价结果直接关系他们的职业发展、奖励和晋升机会。因此，如果员工对绩效评价结果有异议，他们应该被允许提出申诉，并有机会解释、辩护和提供相关证据。通过允许员工提出申诉，管理者有机会纠正不当的评价行为，并改进绩效管理的过程和准则。这有助于营建积极的工作环境，增强员工的参与感和工作动力，最终提高组织整体绩效。

一、绩效申诉的重要性

绩效申诉是一个健全的绩效管理体系的重要组成部分。建立完善的绩效申诉制度对保障绩效结果的公平公正、减少组织内部矛盾等具有非常重要的意义。具体来说，绩效申诉的重要性体现在以下几个方面。

第一，绩效申诉可以确保绩效评价的公正性、准确性和透明度。在绩效管理过程中，被评价者的绩效评价结果可能会引发争议或不满。绩效申诉机制的存在为被评价者提供了一个表达意见和诉求的渠道，使得他们可以就评价结果提出异议或寻求重新评价的机会。这样一来，评价过程将更加公正、透明，避免了评价结果片面或不公正情况的发生，从而提高了评价的可接受度。绩效申诉是员工确保自身受到公正评价的重要机制。员工可以通过申诉对绩效评价结果提出异议，阐明自己的观点和提供相关证据。这种机制可以确保评价过程的公正性，避免评价结果受到主观偏见或不准确因素的影响。

第二，绩效申诉可以纠正和改进绩效管理体系中存在的问题。绩效申诉机制为管理者提供了改进绩效管理体系的宝贵机会。通过审查和处理员工的申诉，管理者可以发现潜在的问题和缺陷，并及时采取措施加以纠正和改进。这有助于提高评价标准的准确性和适应性，改善评价过程的公正性和效率。绩效申诉作为一个反馈机制，能够帮助管理者更好地了解员工的需求和关切，为绩效管理体系的持续优化提供指导。

第三，绩效申诉可以增强组织内部的信任。当员工知道他们有权提出申诉，并且申诉将得到认真对待和处理时，他们会对组织的公正性和关注员工权益的态度感到满意，从而增强对组织的信任感。这种信任有助于促进员工与管理者之间的良好沟通和合作，减少猜测和不满情绪的产生，进一步提高员工的工作积极性，进而促进组织的发展和稳定。

绩效申诉不仅仅是一个解决个别员工异议的过程，更是一个促进组织发展和提高绩效管理水平的机制。它确保了评价的公正性、准确性和透明度，纠正了绩效管理体系存在的问题，并增强了组织内部的信任和合作。因此，建立健全绩效申诉机制对于组织的长期发展至关重要。

二、绩效申诉的原则

绩效申诉的原则是指在实施绩效申诉时应遵循的准则和规范。遵循绩效申诉原则是确保申诉过程公正、透明和有效的基础，也可以为管理者提供指导，确保申诉制度的顺利运行。为确保绩效评价和申诉制度的有效性，绩效申诉需要遵循以下原则。

第一，合理原则。这一原则要求绩效申诉制度在处理申诉时必须符合合理性的要求。具体来说，这意味着申诉制度应建立在公平、公正和透明的基础上，确保每个员工都有平等的申诉机会。同时，申诉制度还应考虑到员工的具体情况和实际表现，避免主观偏见和歧视的发生。只有当申诉制度能够合理评价员工的绩效和申诉内容时，才能保证申诉的公正性和可信度。

第二，公开原则。这一原则强调绩效申诉制度应该保持公开透明，让所有相关方都能够了解申诉的过程和结果。具体来说，这意味着申诉制度应明确规定申诉的程序和要求，并向员工提供申诉指南和相关信息。此外，申诉制度还应建立一个公开的申诉平台，让员工可以方便地进行申诉，并及时获取申诉的进展和结果。公开原则可以增加申诉制度的透明度和公信力，减少不公正和不公平情况的发生。

第三，及时原则。这一原则要求处理申诉时及时、高效。具体来说，这意味着申诉制度应设定合理的时间期限，确保申诉的处理过程不会拖延过长。同时，申诉制度还应建立一个高效的申诉处理机制，确保申诉能够得到及时的回应和解决。只有当申诉制度能够及时处理员工的申诉并给予合理的答复和解决方案时，才能保证员工的合法权益得到保护，同时也能维护组织的形象和声誉。

三、绩效申诉体系的构建

绩效申诉体系是组织成功实施绩效管理的关键内容。通过构建一个健全的绩效申诉体系，组织能够为员工提供一个公正、透明和可信赖的平台来处理绩效评价中的异议。这不仅有助于解决个别员工的申诉问题，还能够提高整体绩效管理的质量和效果，增强组织内部的信任和合作。

绩效申诉体系的构建对任何组织来说都是一个系统工程。具体而言，构建一个完整的绩效申诉体系应该包括确定申诉参与方、界定申诉范围、明确申诉管辖权和设计申诉程序等环节（如图6-4所示）。

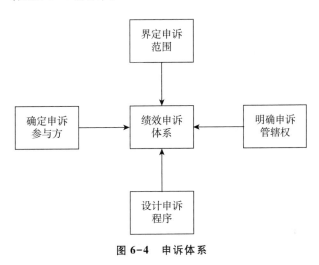

图6-4 申诉体系

（一）确定申诉参与方

确定申诉参与方是构建绩效申诉体系的重要步骤，它确保所有相关方都能够参与申诉过程，以保障公平性和代表性。申诉参与方主要包括申诉方、被申诉方和申诉管理机构。

（1）申诉方。申诉方是发起绩效申诉的员工、团队或部门。他们对自己的绩效评价结果持有异议，并希望通过申诉来寻求公正和合理的解决方案。申诉方有权提供申诉材料、证据和理由，以支持他们的观点和主张。他们应当按照申诉流程中的规定及要求提供相关信息和材料。

（2）被申诉方。被申诉方是在绩效申诉中被申诉的员工、团队、部门或管理者，他们给出的绩效评价结果或决策行为成为申诉的对象。被申诉方有权提供相关的证据、解释和回应，以支持他们的立场和决策的合理性。他们也要遵守申诉流程中的规定和要求，积极参与申诉过程，并协助提供必要的信息和文件。

（3）申诉管理机构。申诉管理机构是负责处理绩效申诉的独立机构或委员会，可以是专门设立的申诉委员会，也可以是由人力资源部门或其他相关部门负责管理的机构。申诉管理机构的责任是接收、审查和决策申诉事项。它应该由经验丰富、公正中立的成员组成，这些成员具备处理申诉的专业知识和技能。申诉管理机构负责确保申诉过程的公正性、透明性和有效性，并确保申诉参与方的权益得到保护。

（二）界定申诉范围

申诉范围是指申诉机构接受争议案件的范围，涉及被评价者合法权益的保障程度，也涉及申诉的管辖权限。被评价者可提起申诉的事项至少包括以下几方面。

（1）评价结果。评价结果是指对被评价者进行综合评价后得出的结论或决定。评价结果的争议可能涉及对评级、得分、评语、奖励或晋升决策等方面的质疑。如果评价结果存在不公正、不合理的情况，被评价者就可以提出申诉，要求重新评价或修正评价结果。

（2）评价程序。评价程序是指在评价过程中所采取的一系列步骤和规定。评价程序的争议可能涉及程序是否公开透明、是否给予被评价者足够的参与机会、程序是否按照规定执行等。如果发现评价过程中有规范或程序上的错误，被评价者就可以提出申诉，并要求审查和改进评价程序。评价程序申诉可以确保评价程序的合法性、公正性和透明性，以保护被评价者的合法权益。

（3）评价方法。评价方法是用于得出评价结果的具体技术手段或工具，包括所使用的数据来源、绩效工具、计算公式等。评价方法的争议可能涉及方法的科学性、合理性及适用性。如果被评价者认为所用方法不能准确反映评价内容的实际情况，或存在更合适的方法未被采纳，他们就可以提起申诉。

（4）评价指标。评价指标是指用于衡量被评价者绩效、能力等方面的重要内容。评价指标的争议可能涉及指标的选择是否恰当、指标体系是否全面、指标权重分配是否合理等。如果被评价者认为某些关键指标被忽略或者被赋予错误的权重，导致评价结果失真，他们就可以提出申诉。

（5）评价信息。评价信息是指用于评价过程中的所有数据和资料。这些信息的准确性和完整性对评价结果的可靠性至关重要。评价信息的争议可能涉及信息的真实性、时效性、相关性，以及是否对所有被评价者一视同仁地获取和利用信息等。如果被评价者认为评价所依据的信息存在误导或未更新至最新状态，他们就可以提出申诉。

（三）明确申诉管辖权

申诉管辖权是指一个组织或部门具备接受申诉方的申诉请求，并对评价过程进行资料收集和审查的权力。绩效申诉管辖权涉及哪个层级或部门有权处理员工或部门的绩效申诉，以及申诉机构在处理案件时的权限，包括申诉机构是否有权调查案件、收集证据、采取补救措施、做出决定或提出建议等。明确绩效申诉管辖权是确保绩效管理系统公平、透明并有效运作的关键要素。

（四）设计申诉程序

申诉程序是指申诉受理机构用于处理绩效申诉的标准化流程，涉及在处理申诉时必须遵守的时间、步骤和方式等方面。明确且高效的申诉程序对于维护正义、增强信任、提升组织形象至关重要；同时，明确且高效的申诉程序也有助于保障申诉者的合法权益，促进组织内部的公平和正义。科学的申诉程序应包括以下几个步骤。

（1）申请。申诉程序应该明确规定申诉的途径和方式，申诉者应当按照规定的程序提交申诉申请，包括申诉的内容、理由、证据等。

（2）受理。申诉受理机构应当及时受理申诉，并向申诉者确认受理情况，确保申诉程序能够顺利进行。

（3）审理。申诉受理机构对申诉进行审理，包括收集相关资料、听取申诉者及其他相关方的陈述和辩护，并进行认真、客观的审查和评估。

（4）裁决。根据审理的结果和相关规定，申诉受理机构做出裁决，即给出申诉结论和决定，明确处理意见和措施。

（5）执行。对于申诉裁决的执行，申诉受理机构应该监督和跟进执行情况，确保裁决得到有效执行。

另外，申诉程序应该规定申诉各个环节的时间期限，包括申诉的受理时间、审理时间、裁决时间等，以确保申诉程序能够在合理的时间内完成。

第四节　绩效评价结果的应用

绩效评价结果的应用是多方面的，一方面它可以应用于绩效改进，另一方面它可以应用于人力资源管理的其他子系统的决策，包括职位变动决策、员工培训与开发、薪酬调整和奖金分配等。

一、绩效改进

绩效改进是现代绩效管理中的一个重要环节。现代绩效管理不仅仅关注个人的绩效评价，更注重通过绩效改进来促进员工自身的发展，并推动部门和组织绩效的实现。它将绩效管理与组织战略目标相结合，使个人的绩效改进与整体绩效提升相互关联，进而实现个人和组织的共同成长。

绩效改进是一个系统化的过程，旨在通过提高个人或部门的工作效率来提升整个组织的绩效。它涉及对现有绩效状态的全面分析和评估，通过比较绩效目标与实际绩效之间的差距，可以确定需要改进的方面，并采取相应的干预措施来缩小差距。通过持续的改进，可以不断提升个人、部门和整体绩效水平。

绩效改进流程包括绩效现状的分析、绩效改进计划的制订、绩效改进计划的实施与评价三个环节。

（一）绩效现状的分析

绩效现状的分析是绩效改进流程的第一步，旨在深入了解和评价目前的绩效情况。在这一阶段，需要收集与分析关于员工或部门与绩效相关的数据和信息，如员工的工作成果、工作表现、目标达成情况、客户反馈、评价结果等。公司可以利用各种工具和技术（如绩效数据趋势分析、员工满意度调查等）来识别绩效水平和问题领域，分析绩效不佳的原因，发现潜在的改进领域和机会。绩效现状的分析为制订有针对性的绩效改进计划提供了基础。分析绩效现状通常有以下两种思路。

1. 四因素分析法

四因素分析法为分析绩效现状提供了一个非常有用的框架，主要从知识、技能、态度和环境四个方面入手对绩效不佳的原因进行分析。

（1）知识。知识是绩效不佳的一个关键因素，包括员工所掌握的专业知识、技术知识和工作流程等方面的知识。如果员工在工作中缺乏必要的知识，或者知识水平达不到工作要求，就可能导致其工作表现不佳。通过对知识的分析，组织可以确定员工需要的培训和学习机会，以丰富其专业知识和工作技能。

（2）技能。技能是绩效不佳的另一个关键因素，包括员工在工作中所需的操作设备和执行任务的能力。如果员工在关键技能方面存在不足，就可能无法胜任工作要求，从而产生绩效问题。通过对技能的分析，组织可以确定员工需要开发或提升的关键技能，并提供相应的培训和发展机会，以提高其工作能力和绩效水平。

（3）态度。态度是绩效不佳的潜在因素之一。员工的工作态度、动机和职业价值观等因素会对绩效产生重要影响。如果员工缺乏积极的工作态度、不够投入或缺乏职业道德，那么其工作表现可能会受到影响。通过对态度的分析，组织可以采取措施来激发员工的工作动力、提高他们的工作满意度和承诺度，从而改善工作绩效。

（4）环境。环境是绩效不佳的外部因素之一。组织的激励政策、上下级关系、资源配置、流程设计及人际关系等因素都可能会影响员工的积极性和工作效果。如果员工所处的工作环境不利于员工施展技能，或员工缺乏必要的资源和支持，那么其工作表现可能会受到限制。通过对环境的分析，组织可以识别改进工作环境和提供更好支持的机会，从而营造有利于绩效提升的工作氛围。

2. 三因素分析法

三因素分析法从员工、管理者和环境三个方面来分析绩效问题。

（1）员工。员工是绩效问题中的一个关键因素。员工的能力、动机、态度、知识和技能等会对绩效产生重要影响。通过对员工的分析，组织可以了解员工在工作中的表现、能力和发展需求。这可能包括评估员工的工作技能和知识水平、了解他们的职业动机和工作态度，以及识别他们在工作中面临的挑战和需求。通过对员工的分析，组织可以采取相应的培训、发展和激励措施，以提高员工的绩效水平。

（2）管理者。管理者在绩效问题中扮演重要的角色。管理者的领导风格、沟通能力、目标设定和反馈等因素会对员工的绩效产生直接影响。通过对管理者的分析，组织可以了解管理者在绩效管理方面的能力和实践，包括他们的目标设定是否明确、反馈是否及时、反馈质量是否合格、激励措施是否有效等。这种分析可以揭示管理者在绩效管理中的优点和不足，并提供改进的机会。组织可以通过培训、指导和支持来提高管理者的绩效管理能力，帮助他们更好地引导员工并促进绩效提升。

（3）环境。环境包括内部环境和外部环境两方面。工作条件、资源支持、团队合作和文化氛围等因素会对员工的绩效产生重要影响。通过对工作环境的分析，组织可以了解其中存在的问题。这可能包括评估工作条件、资源分配、沟通流程和团队合作等方面，以确定哪些因素可能对员工绩效产生负面影响。通过改善工作环境、提供必要的支持和资源，组织可以创造一个有利于绩效提升的氛围，并改善员工的工作表现。

运用四因素分析法和三因素分析法，在分析绩效现状并找出绩效差距后，公司应撰写绩效诊断分析报告（如表6-2所示），对过去一个阶段的绩效结果进行分析和总结。通过撰写这份绩效诊断分析报告，公司可以系统地总结过去一个阶段的绩效结果、绩效差距及其原因。这份报告不仅为公司提供了对绩效问题的全面认识，还为制定改进计划和措施提供了有力依据。此外，报告的透明性和翔实性也有助于促进组织内外部的沟通和理解，进而共同努力提高绩效水平。

表 6-2 绩效诊断分析报告示例

部门		绩效周期	
被评价者		岗位	
评价者		岗位	

(续表)

绩效现状	工作绩效	
	行为表现	
	工作态度	
绩效不佳的原因			
影响绩效的要素		具体问题	原因分析
员工	知识		
	技能		
	态度		
管理者	领导风格		
	沟通能力		
	目标设定和反馈		
环境	内部		
	外部		
总结			

（二）绩效改进计划的制订

在绩效分析报告的基础上，组织要针对发现的绩效差距和绩效问题制订具体的改进计划。通过制订绩效改进计划，组织能够有针对性地解决绩效问题，提高整体绩效水平。这需要明确改进领域、设定改进目标、设计详细的改进措施、有效沟通与参与、定期监测与评估、持续改进和优化等。

绩效改进计划的制订要求全面考虑组织的具体情况和目标，确保计划的可行性、可操作性和持续性。在实际操作中，公司可以从个人层面、部门层面和公司层面针对绩效差距和问题制订具体的绩效改进计划。以个人层面的绩效改进计划为例，其绩效改进计划应包括以下内容。

（1）个人及其岗位的基本信息。这包括个人的姓名、职位等，以及直接上级的基本情况、确定制订计划的日期和实施计划的时间范围。

（2）识别工作中需要改进的领域。结合上一个绩效评价周期的绩效评价结果和反馈情况，明确识别工作中需要改进的关键领域，涉及技能、知识、工作质量、时间管理等方面。

（3）阐明需要改进的原因。在制订绩效改进计划时，阐明需要改进的原因非常重要，包括现有技能不足、工作方法不合理、缺乏关键知识或经验等方面的问题。理解导致绩效差距和问题的根本原因有助于制定更有效的改进措施。

（4）设定绩效改进目标。根据需要改进的领域和原因，设定明确的绩效改进目标。这些目标应该是具体的、可衡量的和可达成的，例如提高工作效率、掌握某项技能、提高工作质量等；同时，确保目标与个人的职业发展和组织的期望相一致。

（5）明确详细的改进措施。在制订个人的绩效改进计划时，不仅要明确具体的改进方向和目标，还为每个改进项目明确详细的改进措施，指定具体责任人并规定预计完成时间，还要说明可能需要的帮助和资源，以确保计划的顺利实施。这种做法有助于确保改进项目的质量和进度，并避免出现任务分配不清、责任不明等问题。明确所需帮助及资源也能够提高改进计划的可行性和有效性，从而更好地实现绩效改进目标。

（三）绩效改进计划的实施与评价

一旦完成绩效改进计划的制订并传达给员工，下一个关键步骤就是有效实施计划。绩效改进计划的成功实施对任何组织来说都是至关重要的。它不仅能够确保组织的运营效率，还能够为员工提供一个明确的方向和目标，从而促进员工的个人成长和职业发展。当一个组织拥有高效的绩效管理体系时，它就能够确保每个员工明确自己的职责，了解自己的工作目标并为之努力。这不仅有助于提高员工的工作效率，还能够确保组织的整体目标得以实现。为此，组织必须对计划的实施过程进行持续的监控。通过绩效改进计划实施过程的监控，管理者可以及时了解改进计划的实施情况，发现可能存在的问题，并采取相应的措施加以调整，从而确保绩效改进计划的实施取得良好效果。同时，通过沟通，管理者可以与员工建立良好的关系，了解员工的需求和期望，从而更好地满足他们的需求，提高他们的满意度和忠诚度，并为更好实施绩效改进计划奠定基础。

总之，绩效改进计划的成功实施对于员工的成长和组织的成功都是至关重要的。需要注意的是，绩效改进计划的实施阶段需要仔细监控、定期反馈和持续支持，以确保员工理解期望并积极努力改进。具体来说，绩效改进计划实施阶段应重视以下几个方面。

（1）定期检查和反馈。为了确保绩效改进计划取得进展，定期检查至关重要，以便管理者及时知晓员工面临的挑战，并为其提供建设性反馈。例如，管理者可以安排每周或每半个月与员工举行会议，讨论他们的工作进展、审查已完成的任务，并提供有关他们的时间管理技能的反馈。在此期间，管理者可以提供有关确定任务优先级、改进计划或在需要时寻求帮助的指导。

（2）提供必要的资源和支持。管理者为员工提供实现目标所需的必要资源、工具和支持至关重要。这可能包括培训计划、指导、工作援助或帮助员工获取相关信息和技术。通过为员工配备合适的资源，员工将会更有效地实现绩效改进目标。例如，管理者可以安排额外的培训课程或为员工提供操作指南，帮助他们熟练使用新软件。

（3）记录绩效和进度。在绩效改进计划实施的过程中，记录员工的绩效和进度至关重要，以便在绩效改进计划结束时进行全面评估。此外，该文件还可作为向员工提供支持和指导的证据。管理者应该记录客观数据和证据来跟踪员工的绩效情况，如指标、报告、反馈或观察。此外，管理者还应该记录与绩效改进计划相关的所有沟通、行动和结果，如会议记录、电子邮件或往期绩效评价结果等。

（4）根据需要进行调整和适应。随着绩效改进计划的推进，可能需要对计划进行调整，以应对不可预见的挑战或变化的情况。灵活性是确保员工有最大机会实现预期改进目标的关键。例如，如果员工因无法控制的外部因素（例如，工作量增加或不可预见的技术困难）而难以实现最初的目标，管理者就可能需要调整截止日期或重新分配资源来修改计划，以支持员工的绩效改进。

在实施绩效改进计划之后，评估其效果至关重要。效果评估将帮助管理者确定绩效改进计划是否成功解决绩效问题以及员工是否做出必要改进。管理者可以采用多种方法和工具（如问卷调查、个人面谈、数据分析等）进行效果评估，以获取全面的信息和反馈。这些评估结果可以作为管理者决策的依据，帮助他们制订下一步的行动计划。同时，效果评估也可以为绩效改进计划的持续优化提供参考，帮助管理者进一步完善计划的设计和执行方式，以提高绩效改进效果。

以个人层面的绩效改进计划效果评估为例，管理者除使用问卷调查、个人面谈、数据分析等进行绩效改进效果评估外，还可以根据唐纳德·L.柯克帕特里克（Donald L. Kirkpatrick）的四层次框架（如表6-3所示）评估绩效改进效果。

表6-3 四层次评估框架

层次	标准	定义
1	反应	员工对绩效改进计划的满意程度
2	学习	知识、技能、态度、行为等方面的收获与变化
3	行为	工作中行为的改变
4	结果	绩效改进取得的结果，如个人或部门绩效的提高等

一是反应。评估员工对绩效改进计划的满意程度。这一层次主要关注员工对绩效改进计划的态度、意见和感受，通过收集他们的反馈和评价来了解计划被员工接受的程度。反应层次的评估结果可以帮助确定计划在员工中的影响和接受程度。

二是学习。评估员工在知识、技能、态度和行为等方面的收获与变化。这一层次关注员工是否从计划中学到新的知识和技能，以及能否将其应用到实际工作中。学习层次的评估结果可以帮助确定计划在知识传递和技能提升方面的有效性。

三是行为。评估员工在工作中行为的改变。这一层次关注员工是否将学到的东西应用到实际工作中，并对其工作表现产生积极的影响。行为层次的评估结果可以帮助确定计划对员工行为和绩效的改变程度。

四是结果。评估绩效改进取得的结果，如个人或部门绩效的提高等。这一层次关注绩效改进计划对组织和部门整体绩效及业务成果的贡献。结果层次的评估结果可以帮助确定计划对组织绩效的提升效果，例如事故率降低、生产率提高、次品率降低等。

二、职位变动决策

绩效评价结果在职位变动决策的制度中起着重要的作用。绩效评价结果帮助管理者更准确地判断员工的能力、潜力和适应性，从而做出更明智的职位变动决策。职位变动包括纵向的职位升降和横向的工作调换，其目的是根据员工的表现和潜力将他们安置在适合的职位上，以提高组织的整体绩效和促进员工的发展。基于员工的绩效表现，管理者可以确定谁有资格晋升到更高级别的职位。组织通常会将晋升机会给高绩效的员工，以鼓励他们的成长和发展，并为组织保留优秀的人才。绩效评价结果为晋升决策提供客观的依据，确保组织基于员工实际的工作表现和能力来做出晋升决策。

在经过多次绩效考核后，若员工的绩效始终不见改善，经核实表明某些员工无法胜任现有的工作岗位，就有必要查明原因并果断地进行职位调换，将他们安排到能够胜任的岗位。如果是员工本身态度不端正的问题，经过多次提醒与警告都无济于事，管理者就应考虑解雇该员工。这种职位调整在很大程度上是以绩效考核结果为依据的。

三、员工培训与开发

将绩效评价结果有效地应用到员工的培训与开发中，是企业管理和人力资源管理中不可或缺的一环。通过绩效评价，管理者能够准确地识别员工的工作表现水平，包括他们的技能、知识、工作态度以及他们如何达成既定目标。这些信息为制订个性化的培训计划提供了坚实的基础。

首先，绩效评价可以帮助确定员工在哪些领域需要进一步培训。例如，如果一个员工在某项特定技能上表现不佳，那么可以为其安排相关的培训课程以提高技能水平。同样，如果一个员工展现出领导潜力，那么可以为其提供领导力相关培训，以帮助其提升管理能力和团队领导技巧。

其次，绩效评价结果可用于规划职业发展路径。通过了解员工的优势和劣势，管理者可以为员工提供职业生涯规划的建议，帮助他们设定长期和短期的职业目标，并提供实现这些目标所需的资源和支持。

最后，绩效评价结果用于员工的开发，有助于建立一个持续学习和改进的企业文化。在这样的文化氛围中，员工被鼓励不断提升自我，组织则提供必要的支持和资源来促进这一过程。这种文化的建立最终有助于组织整体绩效的提升。

如何将绩效评价结果有效地用于员工的培训与开发，是每个组织都要认真考虑的问题。组织把绩效评价结果用于员工培训和开发的过程，可以按照以下步骤进行。

（1）分析绩效评价报告和绩效诊断结果。组织应当详细分析绩效评价结果，识别出员工在哪些领域表现出色、哪些领域需要改进。这包括对员工技能、知识、工作态度和行为等方面进行全面评估。

（2）制订个性化培训计划。基于绩效评价结果的分析，为需要培训的员工制订个性化的培训计划。这个计划应该针对员工的具体发展需求，提供必要的资源和指导，帮助他们提升在工作中的表现。

（3）设定明确的培训目标。为了确保培训效果，组织应当为每次培训设定明确的目标。这些目标应该是可衡量的，以便在培训结束后评估培训效果。

（4）选择合适的培训方式。根据员工的实际情况和培训内容的特点，选择合适的培训方式。具体的培训方式包括在线课程、研讨会、工作坊、一对一辅导或交叉培训等。

（5）跟踪进度和反馈。在培训过程中，定期跟踪员工的学习进度，并提供及时的反馈。这不仅有助于员工了解自己的进步，还能够让管理者调整培训计划以适应员工发展的需求。

（6）评估培训效果。通过绩效评价的后续跟踪，评估培训是否达到预期效果。这可以通过观察员工在工作中的表现变化、员工自身的反馈以及绩效指标的变化来完成。

通过上述方法，组织可以确保绩效评价结果得到有效应用，从而提升员工的能力和整体团队的表现。这样的培训与开发策略不仅有助于提高员工的工作满意度，还能够促进组织整体的发展并提升竞争力。

四、薪酬调整和奖金分配

现代管理要求薪酬分配遵守公平与效率两大原则，这就有必要对每一名员工的劳动成果进行科学评定和计量，按其劳动贡献确定赏罚。绩效评价结果能够为员工的薪酬调整和奖金分配提供切实可靠的依据，因此在进行薪酬调整和奖金分配时，应当根据员工的绩效表现，建立评价结果、薪酬调整和奖金分配的联动机制。

不同公司的薪酬结构有所差异，但薪酬基本上由固定薪酬和可变薪酬两大部分组成。岗位工资、级别工资等决定员工薪酬中的固定部分，绩效加薪、绩效奖金、特殊绩效奖金则决定薪酬中的可变部分。

1. 绩效加薪

绩效加薪是将固定薪酬的增加与员工的绩效结果联系在一起的绩效奖励计划。

员工能否得到绩效加薪以及绩效加薪比例的高低通常取决于两个因素，一是员工在绩效评价中获得的评价等级，二是员工的实际工资与市场工资的比率。例如，在某公司人力资源部门的绩效管理体系中，把员工的评价结果分为S、A、B、C、D五个等级，相应的绩效加薪比例为10%、8%、5%、0、-5%（见表6-4）。如果一个员工的固定薪酬为2 000元，评价等级为S，那么根据10%的绩效加薪比例，该员工在下年度的固定薪酬就变为2 200元。

表6-4 某公司员工绩效评价结果及绩效加薪比例

评价等级	S	A	B	C	D
固定薪酬增加比例（%）	10	8	5	0	-5

为了避免因员工固定薪酬持续增加而超出企业盈利能力所能支付的界限，当前越来越多的企业采取绩效奖金的方式而不是绩效加薪的方式来激励优秀员工。

2. 绩效奖金

绩效奖金是一种广泛应用于企业绩效管理和薪酬管理的激励机制，它的核心思想是根据员工的工作表现来确定其应得的奖金数额。在这种制度下，企业会根据员工的个人绩效评价结果设定奖金的发放标准，并据此向员工支付相应的奖金。这种做法旨在鼓励员工提高工作效率和工作质量，以实现企业整体目标。在实际操作中，绩效奖金的计算通常采用以下公式：

$$员工实际得到的奖金 = 奖金总额 \times 奖金系数$$

在这个公式中，奖金总额的确定并没有统一的标准，不同企业可能会有不同的计算方式。通常情况下，企业会以员工的固定薪酬作为基数，进而确定一个与员工绩效挂钩的奖金总额。这样做的目的是确保奖金与员工的固定薪酬有一定的关联，同时又能体现对员工工作表现的激励。

奖金系数则根据员工的绩效评价结果来确定。员工的绩效评价通常会涉及多个方面，如工作完成情况、工作态度、团队合作能力等。企业会根据这些评价结果设定一个奖金系数，以此反映员工的整体表现。

需要注意的是，绩效奖金与绩效加薪是两个不同的概念。绩效奖金是基于员工在一定周期内的绩效表现而额外支付的奖金，它不会自动累计到员工下一个考核周期的固定薪酬中。这意味着，如果员工希望在未来拿到相同或更高的奖金，他们就必须继续保持高水平的工作表现，以获得较高的绩效评价分数。相比之下，绩效加薪则是直接增加员工的固定薪酬，这种加薪通常是永久性的，即使员工未来的表现不再那么突出，固定薪酬也不会因此而减少。

总之，绩效奖金是一种灵活的薪酬管理工具，它能够有效激发员工的工作积极性和创造力，同时也有助于企业建立一种以绩效为导向的企业文化。通过这种方式，企业能够更好地吸引和留住优秀人才，提高整体的工作效率和竞争力。

3. 特殊绩效奖金

在当今竞争激烈的商业环境中，企业为了激励员工提高积极性和创造力，通常会采取多种奖励机制。其中，特殊绩效奖金认可计划是一种非常有效的方式，尤其适用于表彰和奖励在某方面表现特别优秀的员工。

特殊绩效奖金认可计划的核心在于，它针对的是员工在工作表现上远远超出常规标准并获得卓越成就的情况。通过这种方式，企业能够及时认可和奖励员工的特殊成就，从而激发员工的工作热情，提高员工对企业的忠诚度。

特殊绩效奖金的形式非常多样，既可以是直接的现金奖励，也可以是实物奖品、股票期权、额外的休假时间等非现金奖励，还可以包括颁发荣誉证书、奖杯或其他形式的荣誉称号，以此满足员工的精神和情感需求，增强他们的归属感和自豪感。例如，某造纸集团公司人力资源部员工小王根据自己多年人事档案管理的经验，设计了一套系统软件，对全公司专业技术人才进行分类统计、分专业保存，建立了电子人才储备库，为公司进行专业人才调配提供了快速、方便的通道，受到上级和同事们的充分肯定，部门拿出5万元现金作为他设计这套软件的奖赏。

与常规的绩效加薪和绩效奖金相比，特殊绩效奖金认可计划具有更高的灵活性和针对性。它不是基于固定的绩效评价体系，而是根据员工在特定情况下的表现来决定。这种奖励机制可以迅速响应员工在某个特定领域或项目中取得的突出成就，无论这些成就是预期之内还是意料之外的。

总之，特殊绩效奖金认可计划能够帮助企业及时认可和奖励员工的非凡表现，进而激发员工的积极性，提升团队整体表现，为企业的长远发展注入源源不断的动力。通过这样的计划，企业不仅能够使员工保持高水平的工作表现，还能够培养一种积极向上、勇于创新的企业文化，这对于企业的长期成功至关重要。

思 考 题

1. 如何理解绩效反馈的重要性？
2. 试述360度反馈的内涵及优缺点。
3. 请自拟情境设计一个绩效反馈面谈计划。
4. 请思考如何帮助公司设计一个科学合理的绩效申诉体系。
5. 绩效评价结果在人力资源管理决策中有哪些作用？

第七章

数智时代的战略性绩效管理

本章要点

1. 了解数智时代企业面临的经营环境。
2. 理解数智时代企业经营的特征。
3. 正确认识数字化企业与数智化企业的区别。
4. 正确理解数智时代绩效管理的特征。
5. 明确数智化绩效管理的战略作用。
6. 厘清数智时代绩效管理与传统绩效管理的区别。
7. 明确搭建数智化绩效管理体系的方法。

思政元素

解放思想，实事求是，与时俱进；穷则变，变则通，通则久；创新是引领发展的第一动力，抓创新就是抓发展，谋创新就是谋未来；加强科技伦理治理，推动科技向善；坚持促进创新与防范风险相统一、制度规范与自我约束相结合；遵循科技伦理的原则(坚持公平公正、合理控制风险、保持公开透明)；遵循科技伦理治理的基本要求(伦理先行、依法依规、敏捷治理、立足国情)；以人为本，人文关怀与尊重；上下同欲者胜；科学决策；个性化管理；社会主义核心价值观；多元思维；数字化、数智化、数治化；共生、共荣、共享。

第一节　数智时代的企业管理

一、数智时代的企业经营环境

（一）数字化与数智化

近年来，随着科技的迅猛发展，特别是信息技术领域的不断创新与进步，数字化（digitization）和数智化（digital intelligence）频繁地出现在人们的视野中。它们虽然关联紧密，但内涵各有侧重，体现了信息技术在不同层面的应用和影响。简而言之，数字化是指将传统的信息载体（如纸质文档、模拟信号等）转换为数字格式的过程。这一过程涉及数据的采集、存储、处理和传输，使得信息能够以电子形式存在，便于管理和分析。数字化的核心在于实现信息的电子化和可编程化，它是信息技术发展的一个基础阶段，为后续的智能化升级奠定了基础。数智化则是在数字化的基础上，进一步强调运用先进的数据分析技术、人工智能和云计算等新技术，对大量数据进行深度挖掘和智能处理，以实现更加精准的决策支持和业务优化，其核心是将数据转化为有价值的信息和知识，并基于这些信息和知识进行决策和行动。数智化不仅仅关注数据本身的收集和存储，更侧重于数据的智能分析和实际应用，代表信息技术向更高层级的发展，是数字化转型的深化和提升。数智化的目标是从海量数据中提取有价值的洞察，实现决策的智能化、自动化和优化。数智化涉及大数据、人工智能、机器学习等多个技术领域，强调数据的智能应用和价值创造。数字化与数智化的对比如表7-1所示。

表7-1　数字化与数智化的对比

	数字化	数智化
内涵	将传统的信息载体转换为数字格式	在数字化基础上的转型升级，深度挖掘数据价值，实现智能化分析与管理，提升应用数据的水平和效率
目的	提高效率、减少错误、便于信息的检索和分享、降低成本	从海量数据中提取有价值的洞察，实现决策的智能化、自动化和优化
侧重点	数据的采集、存储、处理和传输等	在人工智能等技术的加持下对数据作为生产要素的智能化应用

总的来说，数字化和数智化是信息技术发展的两个重要方面，分别代表信息技术应用的广度和深度，是现代社会不断追求创新和效率提升的重要体现。随着技术的不

断进步，数字化和数智化将持续在人们的工作、生活乃至整个社会的运行中起到越来越重要的作用。

（二）数智化与企业经营环境

数智技术催生了数字经济的智能化浪潮。全球数字经济正迈入智能化阶段，数字经济的技术要素、产业形态和商业模式正在迅速涌现。发达国家（如美国和日本）纷纷提出数字经济发展战略，加速投资人工智能、大数据分析、物联网和自动化等前沿技术。数字经济代表科技创新的最前沿，具备巨大的市场潜力，助推国家和企业形成更强的竞争力和创新动力。目前，数智技术的应用已展现出广泛而深刻的影响。例如，在金融领域，人工智能的应用范围涵盖风险管理、欺诈检测、投资分析和自动化交易等多个方面，运用机器学习算法对大规模金融数据进行分析，投资者可以做出更准确的金融决策；在制造业领域，智能化生产线和机器人技术提高了生产效率及产品质量，降低了生产和经营成本；在零售领域，人工智能可以实现个性化推荐、库存管理和购物体验的改进，提升客户满意度和销售业绩。

随着技术的不断进步，企业面临的挑战是如何利用大数据、人工智能、机器学习等技术高效地进行运营管理，这已经成为众多企业实现高质量发展的关键。随着企业之间的竞争环境日益复杂和多变，要想保持竞争力，企业就必须利用数智技术和智能化手段提升运营效率，优化决策过程，增强产品和服务的个性化。对企业来说，数智化转型不仅仅是技术的升级，更是一种商业模式和管理理念的全面革新。

随着数智技术的不断演进，人类经济社会的智能化发展势不可挡，而数字化和数智化的深度融合将为企业发展创造出一个新型的生态系统，其中人与机器相互依赖和协作，以智慧为连接纽带，共同推动科技和智能的发展，实现更高水平的共生关系。在这一过程中，企业在追求技术创新的道路上，不仅要不断地进行技术迭代和创新以保持在市场中的竞争力，在开展科学研究、技术开发等科技活动时还要严格遵循科技伦理的重要价值理念和行为规范。企业在进行科技创新时，必须确保所研发的产品或服务不会对社会造成负面影响，比如不侵犯个人隐私、不破坏生态平衡、不滥用科学技术等。同时，企业还应当确保其科技创新活动在公平、公正的基础上进行，避免出现不正当竞争或者侵犯他人知识产权的情况。此外，企业在开展科技创新活动时，还应当注重科技成果的普及和共享，让更多的人受益于科技进步，而不是仅仅为了追求经济利益而忽视企业社会责任。这要求企业在科技创新的过程中，既要有前瞻性思考，又要有全局性视野，确保科技发展的方向与人类社会的可持续发展目标相一致。

概括来说，在数智时代，企业面临日益复杂和竞争激烈的外部经营环境，主要体现在以下方面。

（1）技术创新和数智化转型。新技术的快速发展和数智化转型正在改变企业间的竞争规则。企业需要不断关注和使用新技术，如人工智能、大数据分析等，以提升业务效率、创新产品和服务、保持竞争优势。

（2）全球化和市场竞争。全球化进程使得企业面临更广泛的市场竞争。企业需要在全球范围内寻找增长机会，并应对各个地区的竞争。同时，全球供应链的复杂性也对企业的运营和风险管理提出挑战。

（3）消费者行为和需求的变化。科技改变了消费者的行为和购买习惯。消费者对个性化、定制化体验的需求越来越大，企业需要通过数据分析来洞察消费者的需求，并及时调整产品、营销和服务策略。

（4）法规和合规要求。随着数智化时代的迅猛发展，政府和监管机构针对数据隐私、网络安全和知识产权等方面制定了更加严格的法律法规。企业需要严格遵循科技伦理，遵守相应的法律法规，加强数据保护和风险管理，防范潜在的法律风险。

二、数智时代的企业经营特征

（一）数字化企业与数智化企业

数字化企业是指在运营过程中广泛使用数字技术的企业。这些企业通过数字化工具（如电子文档管理、在线交易平台、数字化营销等）来优化业务流程、提高效率和降低成本。数字化企业的出现标志着传统商业模式向数字化转型。数智化企业是在企业实现数字化的基础上的进一步升级，它不仅使用数字技术，还深度融合人工智能、大数据分析、云计算等先进技术。数智化企业的核心竞争力在于智能化的决策能力，企业能够通过对海量数据的分析预测市场趋势，实现个性化的客户服务，提升产品和服务的附加值。数智化企业通过智能算法和机器学习等先进技术不断优化自身的运营模式，使得企业在激烈的市场竞争中保持领先地位。数字化企业和数智化企业在基础技术、市场属性、经营理念等几大维度都存在明显的差异，如表7-2所示。

表7-2 数字化企业与数智化企业的区别

	数字化企业	数智化企业
基础技术	计算机技术、互联网技术、数字处理技术	人工智能、大数据分析、云计算等先进技术
市场属性	大众化、规模化导向的相对确定的市场需求	不确定的、个性化的、碎片化的市场需求

(续表)

	数字化企业	数智化企业
经营理念	以产品运营为核心,降低成本、提升质量、提升效率、确保交付	以客户运营为核心,通过数智技术进行客户全生命周期的体验管理
技术要求	通过技术来提升企业的经营管理效率	通过技术提升运营效率,并实现产品创新、业务创新、服务创新及管理创新
技术开放性	通过封装硬件和软件形成封闭的技术体系	构建能实现数据集成且实时感知、响应、服务客户的开放技术体系
技术交付形态	为客户提供硬件、软件及解决方案	以客户为中心的、涵盖全生命周期的服务和运营方案

资料来源:高红冰,《重构增长力量:2019企业数智化转型发展报告》,2019年12月18日。

总的来说,数字化企业和数智化企业都是现代企业转型升级的产物,它们通过不同的技术手段和管理理念,分别实现了企业的数字化和智能化。数字化企业更关注利用数字技术改善现有的业务流程,提升运营效率;而数智化企业则在此基础上,强调通过智能化手段进一步提升企业的决策水平和创新能力。随着技术的不断进步,未来会有更多的企业从数字化企业进阶为数智化企业,以适应日益复杂的市场环境。

(二)数智化企业的特征

在数智时代,数智化企业呈现一些鲜明的特征,这些特征反映了企业运营模式的深刻变革。数智化企业的几个特征如下。

1. 数据驱动决策

在数智时代,大数据在各个领域的应用都非常广泛,数据驱动决策已经成为一种高效、科学的管理方法。它要求企业不断地收集和分析来自各个渠道的海量数据,以便更好地理解和预测市场动态,为企业决策提供指导。

在市场营销中,企业可以通过数据分析了解消费者的需求、偏好和购买行为模式,制定个性化的营销策略。这种基于数据的洞察力,使得企业能够在市场上保持竞争力,快速响应市场变化,抓住潜在的商机。

在战略制定中,数据分析可以帮助企业预测市场趋势。通过对历史数据的深入挖掘和模型分析,企业可以预见未来的市场发展方向,从而提前做好准备,调整战略,避免可能的风险,或者抓住即将到来的机遇。

在供应链管理中,数据驱动决策可以帮助企业在复杂的物流网络中实现更高效、更精确的运作。通过收集和分析来自供应商、仓库、运输以及客户的数据,企业能够更好地预测需求,优化库存结构,减少产品过剩或短缺的情况,从而提高整个供应链的响应速度和灵活性。这种基于数据的决策方法不仅能降低成本，还能提高客户满意度，因为企业能够更快地满足市场需求，同时将库存保持在最优水平。

在人力资源管理中，数据分析可以用于招聘和人才管理，帮助企业找到最适合的人才并提供个性化的培训和发展计划。通过分析大量的员工数据，包括工作表现、技能、教育背景及职业发展路径等，企业能够更精准地识别最适合的候选人。数据分析不仅可以帮助企业在招聘过程中筛选最合适的人选，在员工入职后，还能够根据他们的个人能力和发展潜力提供个性化的培训和发展计划。这种个性化的方法有助于员工的职业成长，同时能提高员工的工作满意度和忠诚度，因为这些计划是为他们量身定制的，能够满足他们个人的发展需求。

在业务性能方面，数据分析同样发挥着关键作用。通过对内部运营数据的分析，企业可以发现业务流程中的瓶颈和效率问题，进而优化流程，提高生产效率和成本控制能力；同时，通过对销售数据、库存数据等的分析，企业可以实现更加精准的资源配置，确保资源得到最有效的利用，提升整体业务绩效。

2. 客户中心导向

随着数智时代的发展，客户的需求和行为发生了深刻变化，他们更加注重个性化、差异化、便捷性和快速响应。因此，企业需要将客户的需求和反馈置于优先考虑的位置，以客户为中心，基于数智技术推进客户运营。客户中心导向的理念要求企业从传统的"以产品为中心"向"以客户为中心"转变，将客户的需求和反馈纳入产品研发、服务优化、市场开拓等各个环节。在数智时代的背景下，企业通过收集、整合和分析客户数据，可以更深入地理解客户的需求和行为，从而提供更精准的产品和服务。基于数智技术的客户运营可以实现以下功能。

（1）个性化服务。企业通过数据分析和机器学习等数智技术，对客户数据进行深度洞察，更精准地把握客户需求和行为模式，进而针对每位客户的独特需求和偏好提供定制化的产品或服务，以满足客户的个性化需求。

（2）实时互动。通过数字渠道（如社交媒体、移动应用等），企业可以与客户保持实时互动，快速响应他们的需求和反馈，调整产品或服务，以更好地满足客户期望。这种互动方式可以增强客户的参与感和黏性，提高客户的满意度和忠诚度。

（3）预测性营销。利用机器学习和大数据分析，企业可以预测客户的需求和行为，及时调整经营策略，以确保在竞争激烈的市场中保持较高的客户满意度。通过精准的营销策略，企业可以更好地吸引客户，提高销售业绩。

（4）优化客户体验。数智技术的应用让企业能够更全面地优化客户体验，从网站和应用的设计到售后服务流程，通过持续收集和分析客户反馈，企业可以不断完善产品或服务，提升客户满意度。优化客户体验不仅可以提高客户的忠诚度，还可以为企业树立良好的口碑和品牌形象。

3. 智能化运营

在数智时代，人工智能、机器学习等技术的迅猛发展为企业实现智能化运营提供了有力支持。智能化运营不仅是简单地用自动化工具替代人工，更是全面优化企业运营过程中的决策、流程、资源配置等。它要求企业充分运用先进的技术手段，对运营过程中的各种数据和信息进行实时分析，实现决策的智能化、流程的自动化和资源配置的优化。具体而言，智能化运营可以体现在多个方面。例如，利用机器学习算法对生产线上的设备进行实时监控和预测性维护，不仅可以降低设备故障率和维修成本，还能确保生产线的稳定运行，提高生产效率。此外，智能化运营还可以应用于企业的供应链管理、人力资源管理、财务管理等各个方面，实现全流程的智能化决策和优化。

智能化运营带来的好处也是显而易见的。其一，智能化运营可以大幅提高运营效率。通过自动化的流程和决策，企业能够减少人工干预，降低运营成本，同时提高运营的准确性和效率。其二，智能化运营可以提高企业的响应速度和灵活性。在快速变化的市场环境中，企业需要迅速做出反应，调整运营策略。智能化运营可以实时分析市场数据，为企业提供精准的决策支持，确保企业能够快速适应市场的变化。总之，智能化运营是企业实现高效、优质运营的关键手段。企业应该充分利用人工智能、机器学习等技术手段，推动运营的智能化升级，提高运营效率和质量。

4. 生态共融

随着数智化的不断推进，其影响范围已经超出单一企业的边界，扩展到整个产业链和价值网络。这种广泛而深入的渗透导致企业间的传统界限日益模糊，逐渐演变成一个相互交融、共生共荣的数智化生态系统。

当前，越来越多的龙头企业已经认识到，单纯地追求自身的数智化升级已经不足以应对市场的快速变化和挑战。为了更好地适应环境，这些龙头企业开始推进基于平台的生态化发展战略。它们向外界开放自己的技术和资源，吸引产业链上的其他企业加入，共同构建一个共生共荣的数智化生态系统。我们可以看到，越来越多的产业链上的企业不再单打独斗，而是选择成为数智化生态系统中的一员。它们与龙头企业和其他生态伙伴共同努力，相互支持、相互依赖，共同创造一个更加繁荣高效的商业生态。这种生态共融的模式，不仅促进了企业之间的深度合作，更为整个产业带来了前所未有的创新活力。这种模式标志着数智时代的企业运营已经进入一个全新的阶段，这个阶段更强调共享、共赢和共生。

第二节　数智时代的绩效管理

一、数智时代绩效管理的战略作用

传统的绩效管理体系曾经是企业管理的重要组成部分，依赖于标准化的流程（例如定期的绩效评价、目标设定、能力评估及反馈会议等）、工具（例如目标管理、关键绩效指标、目标与关键成果等）来监控和评价员工的工作表现，确保他们的工作质量和效率符合企业的预期。然而，随着数智技术的快速发展和广泛应用，企业组织在绩效管理方面遇到一系列前所未有的挑战，传统的评价方法可能无法完全适应快速变化的市场需求和技术环境。在数智时代，传统的绩效管理面临的挑战主要表现在以下几个方面。

（1）数据处理。数智技术的应用使得企业能够收集和分析大量数据，包括员工的工作表现、项目成果、客户反馈等。然而，如何从海量的数据中提取有用的信息并将其用于绩效评价，已成为摆在企业面前的一个难题。企业需要建立高效的数据管理系统、提高数据分析能力，确保数据的准确性、可靠性和隐私保护，并将数据转化为有意义的绩效指标和评价结果。

（2）弹性工作和远程团队管理。数智时代的企业越来越倾向于采用弹性工作模式（如远程办公），这给传统的绩效管理带来新的挑战。传统的绩效评价和绩效监控方式不再适用，企业需要探索新的方法和工具来评价及监控分散团队的绩效，确保全球范围内的员工能够高效地协作和工作。

（3）智能化评价工具和算法的应用。随着人工智能和机器学习的发展，智能化评价工具和算法在绩效管理中的应用越来越广泛。然而，如何确保这些工具和算法的公正性、准确性和透明性，避免潜在的偏见和不公平性，已成为一个挑战。企业需要审慎选择和使用智能化评价工具，并建立相应的监管和反馈机制，确保评价过程的公正性。

（4）员工参与和个性化发展。在数智时代，员工更加注重参与感和个性化发展的机会。传统的绩效管理往往是由上级对下级进行单向评价和指导，缺乏员工的参与和反馈。企业需要建立开放的沟通渠道和反馈机制，鼓励员工参与绩效目标的制定和评价过程，并提供个性化的发展机会和培训计划，以满足员工的需求和激发其潜力。

（5）快速变化的技能需求。数智技术的发展和业务的快速变化使得员工需要不断更新技能。传统的绩效管理往往侧重于对过去的绩效进行评价，而无法适应未来的技能需求。企业需要建立灵活的绩效评价机制，关注员工的学习和发展进程，以及其在适应新技术和工作要求方面的能力。

（6）员工自我隐私权保护需求。传统的绩效管理往往依赖于定期的绩效评价，而数智技术的应用则可能导致对员工的实时和持续监控，这可能引发员工对隐私权和工作自主性的担忧。例如，通过使用大数据分析、人工智能和物联网等技术，管理者可以实时跟踪员工的工作进度、行为模式乃至生理状态。这种高度的透明度和监控能力虽然在理论上有助于提高工作效率与管理水平，但也可能侵犯员工的个人隐私权。

尽管传统的绩效管理在数智时代面临诸多挑战，但这些挑战仍无法掩盖绩效管理对企业组织的战略作用。随着大数据分析、人工智能和云计算等技术的广泛应用，绩效管理的战略意义愈发凸显，它帮助企业以数据驱动的方式，更精准地制定目标、监控进度，并做出科学的决策。这种基于数据的绩效管理方式，有助于企业及时发现潜在的问题，优化人力资源的配置，提升整体的工作效率。具体来说，数智时代绩效管理的战略意义主要体现在以下几个方面。

1. 增强与战略目标的关联性

通过智能化技术和数据驱动的决策，企业能够使战略目标与绩效管理之间建立紧密的联系。这种联系不仅使得绩效管理更具深度和前瞻性，还能够通过实时数据分析反映战略执行情况，有效确保员工、部门与组织战略目标一致。数智时代的绩效管理不仅仅关注业务的基本指标，更重要的是通过数据挖掘和分析，深入了解战略目标的实现情况。实时数据分析使企业能够及时了解业务活动的各个方面，发现可能影响战略执行的因素，并迅速做出相应的调整。这种敏锐性和及时性有助于确保绩效管理与战略目标保持一致，使企业具有更强的应变能力和战略导向性。

2. 提高评价的公正性和准确性

通过使用数智技术，绩效评价更加注重客观的、基于数据的分析，有效减少了绩效评价过程中可能存在的人为干扰和主观性，使得评价过程更客观、更科学。利用人工智能算法和大数据分析，企业能够全面考虑员工在多个维度上的表现，有助于获得更全面、更客观的评价结果。这种全面而科学的评价方法有助于确保员工在评价中得到公正的对待，避免了传统评价中可能存在的主观偏见，同时也提高了员工对评价结果的接受程度。

3. 提升反馈的及时性和准确性

借助数智技术，绩效管理系统能够提供实时、准确的数据反馈，帮助企业全面了解员工的工作表现和业务运行状况。这些数据不仅包括传统的销售业绩或生产指标，还可能涉及客户满意度、市场响应速度、创新能力等多方面的指标。通过对这些数据的深入分析，企业能够及时发现问题、调整策略，并优化资源分配，从而提升整体运营效率。

此外，通过数据分析，企业能够准确捕捉员工的亮点和改进空间，为员工量身定制个性化的发展计划并提供支持。这种个性化的反馈有助于激发员工的积极性，使其更专注于业务能力和职业素养的提升。数智技术还可以帮助企业实时监测员工的学习进度和职业发展情况，及时调整培训计划和激励策略。这种及时性的反馈和调整有助于确保员工的发展方向与组织的业务目标保持一致，提高员工的工作满意度和忠诚度。

4. 激发员工参与度

数智技术有助于激发员工参与绩效管理的积极性。首先，通过提供便捷的工具，数智技术使得员工能够灵活地参与绩效管理。移动应用程序和在线平台使员工不再受限于特定的评价时间与评价地点，可以根据个人的时间表和偏好随时进行自我评价、查看目标进展或参与团队讨论。这种灵活性有效地打破了传统绩效管理中时间和空间的限制。其次，数智技术的互动性能够促使员工更积极地投入讨论。员工可以通过多种平台与领导、同事进行实时交流，分享观点、反馈和建议。这种即时的互动不仅促进了信息的流通，也增强了员工对绩效管理过程的投入感。员工感到他们的声音受重视，从而更有动力实现自己的绩效目标。最后，数智技术的应用使得绩效管理过程更加透明和开放。员工可以清晰地了解自己的绩效数据、目标完成情况以及团队的整体绩效。这种透明性激发员工对绩效管理过程的兴趣，使他们更愿意参与讨论、提出建议，并主动追求个人和团队绩效的优化。

综合上述分析，数智技术为企业组织有效进行绩效管理提供了非常强大的手段和工具。企业组织使用数智技术实时收集、分析和处理企业内部的员工、部门和组织层面的各种数据，并据此对企业组织的绩效进行全面、客观、精准的评价和管理，从而帮助企业提高管理效率和经济效益，促进企业可持续发展。数智时代绩效管理的核心是数据驱动的决策和管理，它通过数据采集、整合和分析，揭示企业运营中的问题和潜在机会，为企业管理者提供决策支持，同时也为员工提供更精准、个性化的服务和职业发展支持。

二、数智时代绩效管理的特征

数智技术的应用意味着企业可以不再依赖于传统的定期（如年度或半年度）绩效评价，而是通过数据驱动和实时反馈来监控员工、部门和整个企业的表现和运营状况。企业可以利用先进的分析工具来实时跟踪员工的工作效率、项目进度、团队协作和部门任务完成情况,从而获得更精确、更全面的绩效信息。随着全球化竞争的加剧和市场需求的快速变化,企业必须更灵活、更敏捷地应对挑战。基于数智技术,绩效管理系统可以为企业提供一种动态绩效管理方式,使企业能够根据外部环境的变化及时调整内部的目标和计划,并监控目标的完成情况。这种基于数据的绩效管理方式有助于企业及时发现潜在的问题,优化人力资源的配置,提升整体的工作效率。

在数智时代,绩效管理已经超越传统的考核和评价功能,成为企业战略执行和实施的重要支撑。通过科学的数据分析和管理,绩效管理能够帮助企业在复杂多变的市场环境中保持竞争力,实现可持续发展。随着技术的不断进步,越来越多的人认为基于数智技术的绩效管理系统是提高组织绩效的有效途径。和传统绩效管理相比,数智化绩效管理有其明显的特征,如表7-3所示。

表7-3 传统绩效管理与数智化绩效管理的区别

	传统绩效管理	数智化绩效管理
绩效数据的收集和分析方式	从不同主体处手动收集数据,分析方式简单	利用人工智能等先进技术实时、全面地收集数据,利用数据挖掘进行深入、全面的分析
绩效评价指标	注重定量和定性指标结合	除定量和定性指标外,还考虑员工的行为、情感、压力等多元数据,从动态和多维视角进行分析
评价周期	定期评价	实时、连续性评价
被评价主体	部门、班组和员工	部门、班组、员工、项目组、自主经营体等
绩效反馈	提供时间滞后性反馈,以定期面谈或书面报告为主	提供实时、个性化反馈,多种形式的反馈综合应用

(1)在绩效数据的收集和分析方式方面。在传统绩效管理中,数据收集往往依赖于手动记录和人工观察,这可能导致数据的不完整性和主观性。相比较之下,数智化绩效管理可以通过自动化工具和系统收集与分析数据。例如,借助员工绩效管理软件、人工智能和机器学习算法,管理者可以自动收集大量的数据,并进行智能分析和预测。数智技术提供了更高效、准确和客观的数据收集和分析方式,以及更客观、全面和深入的分析结果。

(2)在绩效评价指标方面。传统绩效管理通常侧重于使用定量指标进行评价,如销售额、生产量等,对定性指标的评价则往往带有一定的主观性。这些指标可能相对简单或主观,难以全面评价员工的绩效表现。数智化绩效管理则可以利用更多的数据指标对被评价主体进行多维度评价。例如,可以使用数据分析和机器学习算法来识别、分析与绩效相关的数据,包括员工的行为、情感数据、项目完成情况、客户反馈等多元数据。

（3）在评价周期方面。传统绩效管理通常有固定的评价周期，如月度、季度和年度评价。这种方式可能导致绩效评价结果的发布与实际工作有一定的时间间隔，不够及时。数智化绩效管理则可以提供实时的评价数据，使管理者能够更快地识别问题并采取行动。

（4）在被评价主体方面。传统绩效管理通常关注部门、班组和员工的表现；数智化绩效管理系统则可以将评价范围扩展到更多的被评价主体，如项目组、自主经营体等。数智技术可以赋能绩效管理，对更多主体进行更全面、更深入的绩效管理和评价，并使对项目组等新出现主体的评价成为可能。

（5）在绩效反馈方面。传统绩效管理通常依赖于定期的绩效面谈来提供反馈；数智化绩效管理则可以提供实时和个性化的绩效反馈。例如，绩效管理软件系统可以实时跟踪和获取员工的绩效数据，并提供个性化的反馈和建议。

三、数智技术在绩效管理中的具体应用

在数智化时代，企业的绩效管理已不再仅仅是简单的评价过程，而是演变为一个复杂且高效的战略职能。通过数智技术的赋能，绩效管理能够帮助企业对数据进行精准分析，从而使企业全面了解组织中各个战略执行主体（例如部门、班组、员工等）的绩效表现及其对企业战略的价值贡献。数智技术还能帮助企业有效分解和跟踪战略目标，使企业更清晰地了解各部门的职责和目标完成情况，及时发现和解决问题，确保战略目标的顺利实现。此外，数智技术还能协助企业更好地管理和激励员工，提高员工的工作积极性和创造力，进而推动企业可持续发展和提升竞争优势。由此可见，基于数智技术的绩效管理已成为战略目标对齐、业务执行、员工发展和组织成长的不可或缺的战略提质活动，也是帮助企业实现高效、公正、动态管理的重要职能。例如，思科创建了一个名为"Team Space"的绩效管理系统，该系统可以进行实时反馈、目标设定和指导，极大地提高了员工和管理者的工作效率。具体来说，数智技术在绩效管理中的应用主要有以下几个方面。

（一）绩效目标制定

传统的绩效管理中，通常由高层制定战略目标，然后逐层分解到各个部门和员工。这种自上而下的分解方式可能会导致目标与实际工作情况脱节，或者员工对目标的理解不够充分。战略目标的分解不只是将战略目标简单地分配给各个部门，而要充分考虑企业的运营环境、市场趋势及内部资源。数智技术为企业组织实现战略目标分解、执行和动态管理的有效统一提供了可能。通过数智技术，企业的目标设定可以实现自上而下的分解与自下而上的对齐。

一方面，通过运用大数据、人工智能和云计算等技术，企业可以对海量数据进行深度分析，更加清晰地了解市场、行业和竞争对手的动态以及内部的运营状况。这样，企业不但能制定出更科学、更具前瞻性的战略目标，而且可以确保这些目标与市场和行业趋势紧密相连。

另一方面，企业要确保每个部门都明确自己的职责和任务，实现部门目标与组织战略目标的对齐。这要求企业在制定部门目标时，充分评估每个部门的核心能力和资源配置，确保目标的设定既有挑战性，又具可实现性。通过云计算和协同办公平台，企业可以促进不同部门之间的交流和合作，确保信息的流通和资源的共享，从而加强部门间的协作能力。在将部门目标进一步分解为员工个人目标时，关键是要确保每个员工都明确自己的职责和任务，能够在日常工作中为实现组织战略目标贡献自己的力量。通过数智技术，企业的绩效管理平台鼓励员工参与目标的制定和执行过程，让他们更加了解自己的工作如何与整体战略相配合。这样不仅能提高员工的归属感和工作积极性，还能促进企业内部的知识共享和创新。

总之，在考虑到市场和行业的外部因素以及企业内部资源和能力的基础上，充分运用数智技术和智能分析工具，企业可以将自上而下的目标分解与自下而上的目标对齐相结合，确保各个层级的目标都与组织战略方向保持一致，从而形成一个有机、协同的整体。这样不仅可以提高企业的战略执行力，还能激发员工的创造力和团队合作精神，共同为企业的长远发展贡献力量。

（二）绩效监控

在目标制定之后，实时监控各绩效执行主体的目标进展情况同样至关重要，这可以帮助企业及时了解各绩效执行主体的绩效表现和关键任务的进展，从而确保目标的顺利实现。数智化绩效管理中的监控环节借助各种数字化和智能化工具，提供更全面、客观和实时的绩效信息，有助于更准确地理解各绩效执行主体的工作表现，并为决策提供数据支持。

数智技术使企业对各绩效执行主体的任务执行情况进行实时监控成为可能。例如，沃尔玛、T-Mobile、阿斯利康和英国电信等大型企业已经开始采用人工智能技术，监控员工在Microsoft Teams、Zoom、Slack等平台上的协作以及在通信平台上的对话。数智技术赋能绩效管理监控具有明显优势。首先，使用数智技术监控可以实时收集和分析数据，对员工的工作表现进行及时反馈，让员工了解自己的工作状况，及时调整工作策略。其次，通过数据分析和数智技术，企业可以收集有关员工工作表现的各种信息，包括工作成果、工作效率、客户反馈等，从而全面、客观、精准地评价员工的工作表现，避免主观评价的偏差和不公正，增强员工对绩效评价的信任度，提高员工对绩效改进的积极性。此外，使用数智技术监控还可以帮助企业建立科学、规范、高效的绩效管理流程，使企业能够自动化地收集、分析绩效数据，并根据绩效结果进行反馈和辅导，减少人工干预和管理成本，提高绩效管理的效率和质量。同时，通过人工智能技术对员工的行为和偏好进行分析，可以为企业提供更个性化的员工管理方案。

然而，借助数智技术进行绩效监控也存在一些隐患。它涉及大量的个人信息收集，可能会引发员工关于隐私泄露的担忧。同时，大量的数据收集和存储可能会带来数据安全问题。如果数据被泄露或被恶意使用，可能会对员工和组织的利益造成严重的损害。为了在提升绩效管理效率与保护员工隐私权之间取得平衡，企业在使用数智技术执行绩效监控时应该遵循国家和地区的法律法规，保护绩效执行主体的隐私，并公平、公正地使用绩效数据。

（三）绩效评价

在数智时代，传统的绩效评价方法正在经历一场深刻的变革，并逐渐被一种更高效、更精准的评价方法取代。作为一种现代化的评价方法，数智化绩效评价运用人工智能和大数据分析等技术对绩效执行主体在工作中的表现进行全面评价。其核心在于利用数智技术和算法，实时捕获和分析大量的多维度数据，并据此对绩效执行主体做出评价。这些数据不仅涵盖财务指标，还包括市场动态、客户行为、员工表现等多个方面，为企业提供一个全面的数据画像。

基于数智技术的绩效管理能够帮助企业对各绩效执行主体的绩效数据进行深入分析，并从复杂数据中提取关键信息，从而对绩效执行主体进行客观的评价。这种数据驱动的评价方式，不仅能够提供即时的反馈，还能够预测未来的发展趋势，帮助企业做出更科学的决策。基于数智技术的绩效评价不仅简化了评价流程，消除了潜在的主观偏见，还显著提高了绩效评价的准确性和公平性。

（四）绩效反馈

绩效反馈作为绩效管理体系的核心组成部分，扮演着不可或缺的角色。它的重要性不仅体现为可以帮助员工清晰地认识自己在工作中的实际表现，更在于它能够激发员工的内在动力，促进他们在职业生涯中不断进步和成长。同时，有效的绩效反馈也会对组织的整体发展产生积极影响，通过提升员工的工作效率和质量，进而推动整个组织效能提升。传统的绩效反馈通过管理者与员工的面对面交流，或者书面报告的形式来完成。然而，无论是面对面交流还是书面报告，传统的绩效反馈方法都存在一定的局限。例如，它往往是周期性的且存在滞后性，无法及时向员工反馈工作表现，也不能很好适应快速变化的工作需求。此外，传统的绩效反馈方法也可能受到个人偏见的影响,导致反馈具有主观性。

数智技术的融入不仅有助于克服传统绩效反馈的局限,减少人为因素的干扰,确保反馈的一致性和客观性,还能为绩效管理的提质增效带来新的可能。随着数智技术的快速发展和应用,绩效反馈的方式和效率都有了显著的提升。通过数据分析、云计算、人工智能等技术手段,绩效反馈可以变得更精准、更及时和更客观。企业可以收集、分析和处理各有关绩效执行主体的工作数据,如工作时长、工作效率、工作质量等,并将分析结果及时反馈给他们。例如,实时的数据跟踪和分析可以帮助管理者及时了解员工的工作进度和成果,从而提供更加及时的反馈。数智化绩效管理系统甚至可能会直接向员工发送一条通知,建议员工如何提高绩效,而不是由其直线经理告诉该员工如何提高绩效。此外,数智化的绩效管理平台还可以根据员工的个性化需求和工作特点来提供定制化的反馈和发展建议,更好地促进员工的职业成长和组织战略目标的实现。

具体来说,数智技术在绩效反馈中的应用体现在以下几个方面。

(1)实时反馈绩效执行主体的工作进展。利用数智技术,在实时监控各绩效执行主体的工作进度、关键绩效指标和任务完成等情况的基础上,管理者可以迅速了解他们的工作表现(如销售额、客户服务响应时间、项目完成度等方面的表现),并向他们提供即时反馈。例如,Airbnb已经用在线平台"Ramp"推动的持续反馈方法取代传统的绩效评价流程,这样做可以帮助Airbnb实现实时反馈、目标设定和技能发展。

(2)识别绩效执行主体的潜在问题并分析原因。数智技术不仅能够提供各绩效执行主体的绩效数据,还能够通过数据分析工具识别潜在的问题。例如,通过数据挖掘和模式识别,绩效系统可以发现某些工作流程中可改进的地方,或者绩效执行主体可能存在的问题,并据此帮助管理者通过对历史数据的深入分析找出问题的根本原因,例如资源分配不当、技能缺失、外部环境变化等。

(3)给出绩效改进方案。借助数智技术,绩效管理系统可以帮助管理者制订有针对性的绩效改进方案。这些方案可能包括流程优化、技能培训、资源重新配置等多种措施。通过模拟和预测工具,管理者可以评价不同改进措施的潜在效果,从而选择最合适的方案来提升绩效执行主体的工作表现和绩效。

(4)为员工提供个性化的发展建议和指导。借助数智技术,绩效管理系统可以根据员工的工作表现和个人特征,提供定制化的职业发展建议。例如,通过分析员工的绩效数据、技能和兴趣等方面的信息,推荐适合的培训课程、学习资源,或者给出具体的职业发展规划建议,帮助员工实现个人成长和职业目标。

(五)结果应用

企业基于数智技术得出各绩效执行主体的绩效评价结果之后,下一步要考虑的问题就是如何把绩效评价结果有效应用到组织管理和员工发展方面。与传统的绩效管理模式类似，数智化绩效管理的结果应用也体现在薪酬管理、职位晋升、培训学习和个人职业发展计划等方面。例如，借助数智技术，组织对员工的评价结果进行分析，全面了解员工的技能、能力和潜力，识别员工在不同岗位上的胜任情况，并据此做出相应的人才调配、继任管理、岗位调整、薪酬调整和员工发展决策。在企业实践操作中，一些企业开始使用人工智能技术辅助绩效管理有关的决策。例如，滴滴和美团等平台都是基于智能算法评估骑手的工作量，并据此给他们发放薪资。IBM 公司使用人工智能技术平台沃森（Watson）分析员工的历史绩效、项目经验等信息，并将分析结果用于确定员工能否晋升或调薪。谷歌公司（Google）的人工智能技术平台氧气计划（Project Oxygen）通过分析绩效数据和员工反馈，确定与高团队绩效相关的关键领导特征。这种数据驱动的方法为领导力发展计划提供了信息，并有助于提高整个组织的领导有效性。

第三节　构建数智化绩效管理体系

绩效管理是人力资源管理的重要组成部分，在任何组织的公司战略执行中都发挥着关键作用。传统上绩效管理通常是一个繁琐的手工劳动过程，而数智技术正在改变企业组织绩效的衡量与管理方式。随着数智技术的发展与应用，绩效管理变得更加容易、更高效和更有效。数智技术简化了监控、衡量和评价员工绩效等绩效管理流程，使组织更容易实现战略目标。在数智时代，数智化绩效管理是一种使各绩效执行主体的目标与组织目标保持一致、提高各绩效执行主体生产力以及促进员工职业发展的系统方法，其战略意义更加凸显。相较于传统绩效管理，数智化绩效管理更加关注数据、更加灵活、更加持续、更加面向发展。

"关注数据"意味着组织将通过分析大量的数据来更准确地评价绩效执行主体的表现和潜力。对数据的重视不仅能够帮助管理者做出更客观和更精确的评价，还能够揭示绩效执行主体表现背后的原因，从而为个人和团队等绩效执行主体的发展提供更有针对性的建议。"灵活"意味着传统的定期（如年度或半年度）绩效评价将逐渐为实时的、持续的反馈所取代。这种灵活性使得管理者能够及时认可绩效执行主体的成就，同时也能够在问题出现时迅速采取行动，而不是等到下一个正式的评价周期才采取行动。"持续"是数智化绩效管理的一个关键特点，通过定期的检查和调整，组织可以确保绩效执行主体的目标与公司的长期战略保持一致。这种持续的监控和指导不仅有助于绩效执行主体保持动力和专注，还有助于管理者及时发现和解决可能影响绩效的问题。"面向发展"意味着将重点放在员工和团队的成长与职业发展上。数智化绩效管理不再仅仅评价绩效执行主体过去的表现,而是成为一个促进其学习、成长和应对未来挑战的系统。通过提供个性化的学习和发展计划,组织可以帮助员工和团队等绩效执行主体提升技能、实现职业生涯的进步,同时也为公司培养一支能够应对未来挑战的人才队伍。

鉴于数智化绩效管理的重要战略作用,如何构建数智化绩效管理体系就成为数智时代每个企业关心的重要问题。对此,本书认为,除了智能算法等技术方面的问题,企业组织在构建数智化绩效管理体系方面还应考虑以下几方面。

一、重新搭建绩效管理体系框架

为了充分发挥数智技术的潜力,企业组织需要重新考虑如何将数智技术与自身战略、绩效管理体系紧密结合起来,以确保技术的应用能够真正推动企业朝着既定的方向实现可持续发展。为此,企业组织有必要依据自己的企业战略目标精心规划数智化绩效管理体系。

第一,数智化绩效管理体系应当以企业的战略目标为核心。企业组织需要明确战略目标(包括财务、市场、客户、员工等方面),这些目标为绩效管理提供了明确的方向和目标,明确了对绩效管理的具体需求,如数据收集、数据分析、报告生成、绩效监控等方面的需求。通过将这些方向和目标与数智化绩效管理体系紧密结合,企业可以确定数智化绩效管理体系应包含的模块和内容,以及数智化绩效管理体系如何与企业的业务流程、组织结构、人才培养和文化建设等方面相互匹配。

第二,明确战略目标对数智化绩效管理体系每个环节的要求。基于战略目标,企业组织可以从指标体系构建、绩效实施与监控、绩效评价、绩效反馈和绩效结果应用等环节进一步明确对数智化绩效管理体系每个环节的要求。这些基于战略目标的指标体系为企业组织利用数智技术收集、整合和分析数据提供了方向,也为绩效监控、绩效评价、绩效反馈和绩效结果应用提供了决策与改进依据。

第三,企业组织需要评估和选择适合自身需求的数智化绩效管理系统。随着数据分析和数据挖掘等技术的迅速发展,市场上出现了不同的数字化绩效管理系统(尽管还未达到智能化水平),如用友的 BIP 企业绩效管理系统、智达方通的企业绩效管理系统等。不同的平台具有不同的功能和特点,企业组织在选择绩效管理系统时应该对它们进行评估,研究每个系统的功能、优势和潜在的局限性等,明确这些系统与自身战略目标和业务流程等的匹配性,并选择最适合自身战略目标需求的系统。

第四,企业组织还应考虑系统的技术能力和可扩展性。绩效管理系统应具备足够的技术能力,能够完成大规模数据的收集、存储和分析,同时还能够与企业现有的信息系统（如生产管理、项目管理等其他关键的业务系统）进行集成。

第五，数智化绩效管理体系应注重战略执行与业绩管理的有效衔接。企业组织应当确保数智技术的应用不仅仅停留在数据收集和分析层面，更要将其应用于实际的战略执行和绩效改进过程。这意味着企业需要建立有效的沟通机制，将数智技术所提供的洞察和数据应用于决策和行动，推动企业朝着既定的战略目标迈进。这就要求企业组织持续发展和优化数智化绩效管理体系，以确保其与企业战略目标一致。

二、注重数据安全与隐私保护

随着企业组织越来越依赖技术驱动的绩效管理系统，确保数据安全和隐私保护的相关工作变得前所未有的重要。虽然这些系统在效率和效果方面表现较好，但它们也涉及企业的商业机密，以及大量员工敏感数据的收集和存储。为了应对数据安全与隐私保护带来的新挑战，企业组织可以采取以下措施。

第一，企业组织必须遵守数据保护相关的法律法规，如《工业和信息化领域数据安全管理办法（试行）》《中华人民共和国数据安全法》等。

第二，企业必须采取严格的数据管理措施，完善信息保护体系。这些措施包括但不限于：建立完善的数据存储和访问权限制度，确保只有经过授权的人员才能访问敏感数据；采用加密技术，防止数据在传输和存储过程中被窃取或篡改；定期进行安全审查、数据备份和恢复测试，以应对意外情况。

第三，企业组织应当向员工清楚地传达它们是如何收集、使用和保护数据的。企业组织可以采用书面协议等方式，明确告知员工个人数据的收集、使用和保护措施，并在获取员工明确同意后进行操作。围绕数据处理问题建立信任和提高信息透明度有助于缓解员工担忧，并鼓励员工积极参与绩效管理流程；而且，完善的信息保护体系还可以帮助企业避免因数据泄露而引发的法律风险和财务损失，有助于提升企业的形象和声誉，为企业的长期发展提供有力保障。

第四，定期进行数据安全和隐私保护培训，强化数据安全和隐私保护意识。通过培训与宣传确保管理者和员工了解数据安全及隐私保护的重要性，并使他们知晓处理敏感数据的最佳做法，这样做，企业组织可以降低数据意外泄露的风险。

三、创建人与技术协同机制

尽管数智技术为绩效管理提供了准确、实时且有意义的数据洞察和决策依据，但企业组织应认识到技术驱动的绩效管理不应取代人类工作，而应作为其有效补充。因此，在实施数智化绩效管理时，企业组织需要寻求人与技术的平衡，建立一种人与技术协同的工作机制。

智能算法在数智化绩效管理中发挥着重要的作用。智能算法可以快速地处理大量的数据，并通过机器学习、数据挖掘等技术识别数据中的模式和规律，发现不同数据之间可能存在的隐藏关联，从而帮助企业组织做出更明智的决策、提高企业组织的运营效率。然而，智能算法也有其局限性，其中最显著的一个局限是智能算法缺乏人类的情感和同理心。在绩效管理中，理解员工的情绪、动机和个人需求至关重要。管理者可以通过面对面的交流来感受员工的情绪波动，理解他们的工作压力或个人挑战，从而提供适当的支持和激励。智能算法则无法实现这种情感上的交流和共鸣，它们无法捕捉到非言语的暗示，也无法提供真正的情感支持。

在进行数据分析和决策时，智能算法通常不会考虑人的社会需求和人际关系。在组织内部，人的社会需求和人际关系对于团队内部的合作和士气有着至关重要的影响。管理者可以基于对员工之间和部门之间关系的洞察，调整团队结构，促进不同绩效执行主体更好地沟通和协作。而智能算法会忽略那些不直接反映在数据中的社交关系和团队凝聚力，也可能会忽略那些对企业的文化和工作氛围产生不利影响的因素。

因此，尽管智能算法在数智化绩效管理中展现出强大的数据分析能力，但它们并不能完全取代人类的重要作用。人类在绩效管理中具有独特的优势，比如有情感、创造力和战略思维等。人类能够理解复杂的背景信息、考虑伦理和价值观，并运用专业知识和经验来解决问题。为了充分发挥智能算法的潜力，企业组织有必要采取人机协同思想，结合智能算法、数据分析和人类的情感智慧，从而获得更全面、更准确且更有价值的绩效管理效果。通过这种人机协同的方式，企业可以更好地理解员工的工作表现和激发员工的潜能，营造更健康、更有活力的工作环境，最终实现高质量的可持续发展。

为了充分发挥人与技术的互补优势，企业组织需要建立人机协同的工作机制。这包括培养员工与技术的互动能力，提供相关的培训和支持，使员工能够理解和运用智能算法的结果。这种"人机共舞"的机制将帮助企业组织在日益数智化的商业环境中提高绩效管理的质量和效率，并帮助企业取得成功。

首先，企业应当明确智能算法和人类的角色与责任。智能算法可以负责分析和处理大规模数据、识别数据中的模式和规律、发现不同数据之间可能存在的隐藏关联等任务，提供数据驱动的洞察和决策支持。人类则承担运用主观判断、情感智能和专业知识，考虑员工的情感需求、个人发展和人际关系等因素，将数据和洞察转化为实际行动等任务。

其次，企业组织应当培养员工与技术的互动能力。这包括提供相关的培训和支持，使员工能够理解和运用智能算法结果。这些培训包括但不限于智能算法的基本原理、数据分析的技能和工具的使用方法。通过培训，员工可以更好地理解智能算法的输出结果，了解其局限性和适用范围，并将其与自身的专业知识相结合，从而做出有效决策。

最后，企业应当鼓励各绩效执行主体参与绩效管理的过程。绩效执行主体是绩效管理的关键参与者，他们拥有丰富的经验和知识，可以为绩效评价提供有价值的信息和观点。通过鼓励绩效执行主体参与绩效目标的制定、评估和反馈互动等环节，增强绩效执行主体对绩效管理的参与感和认同感。绩效执行主体的参与不仅能为绩效评价提供更全面的数据和信息，提升智能算法输出结果的准确性，还能促进绩效执行主体的自我发展和管理能力的提升。

思考题

1. 简述数智时代企业经营环境的特点。
2. 数智时代的企业经营特征有哪些？数字化企业与数智化企业有何区别？
3. 如何理解数智时代的绩效管理？它有何特征？
4. 数智时代的绩效管理如何提高组织的战略导向性？
5. 数智时代绩效管理与传统绩效管理有何异同？
6. 描述数智技术如何应用于绩效管理的不同过程。
7. 在数智时代，目标分解与对齐的绩效管理方法有何重要性？
8. 在数智时代，如何构建数智化绩效管理体系？
9. 在数智时代的绩效管理中，如何确保员工个人的数据安全和隐私保护？

参 考 文 献

蔡璐（2015）．基于合作创新虚拟企业知识管理能力与创新绩效研究．《科学管理研究》，33（4），69-71+79．

蔡世刚（2017）．《管理学》．西安：西安交通大学出版社．

常语萱，唐大鹏（2023）．政府支出绩效评价与企业创新．《南开管理评论》，26（2），120-130．

陈康，郎巧意，李丹，等（2023）．供电所数智化绩效考核激励机制的探索与实践．收入《中国电力企业管理创新实践（2021年）》．北京：新华出版社．

陈华栋（2020）．《课程思政：从理念到实践》．上海：上海交通大学出版社．

陈华庚，何成兵，马同霞，等（2022）．《现代企业管理 基于课程思政理念》．成都：电子科技大学出版社．

陈思，刘宇豪（2021）．目标与关键成果法帮助互联网公司提高办公效率．《中国会计报》，007．

陈文超（2021）．战略绩效管理对企业竞争力提升作用研究．《人民论坛》，16，88-90．

丁岳枫，刘小平（2003）．绩效管理过程中的沟通及策略．《商业研究》，13，73-75．

董毓格，龙立荣，程芷汀（2022）．数智时代的绩效管理：现实和未来．《清华管理评论》，5，93-100．

段波，周银珍（2006）．关键绩效指标体系的关键设计技术．《中国人力资源开发》，5，59-61．

段钢（2007）．《基于战略管理的绩效考评》．北京：机械工业出版社．

方振邦，包元杰（2020）．《管理学原理》．第2版．北京：中国人民大学出版社．

方振邦，杜义国（2020）．《战略性人力资源管理》．第3版．北京：中国人民大学出版社．

方振邦，刘琪（2018）．《绩效管理：理论、方法与案例》．北京：人民邮电出版社．

方振邦，唐健（2018）．《战略性绩效管理》．第5版．北京：中国人民大学出版社．

方振邦，杨畅（2019）．《绩效管理》．第2版．北京：中国人民大学出版社．

樊宏，戴良铁（2004）．如何科学确定绩效评估指标的权重．《中国劳动》，10，53-55．

付维宁（2016）．《绩效与薪酬管理》．北京：清华大学出版社．

付亚和（2017）．《绩效考核与绩效管理》．第3版．北京：电子工业出版社．

付亚和，许玉林（2021）．《绩效管理》．第4版．上海：复旦大学出版社．

高山行，刘嘉慧（2018）．人工智能对企业管理理论的冲击及应对．《科学学研究》，36（11），2004-

2010.

顾英伟，李娟（2007）.关键绩效指标（KPI）体系研究.《现代管理科学》，6，79-80.

管婷婷（2020）.《敏捷团队绩效考核 KPI、OKR 和 360 度评估体系的应用与实践》.北京：电子工业出版社.

郭庆松（2008）.试论绩效管理的战略管理功能.《中国人力资源开发》，10，94-96.

何强（2010）.《绩效考评》.北京：电子工业出版社.

胡八一（2010）.《8+1 绩效量化工具与应用》.北京：电子工业出版社.

胡君辰，李涛（2014）.建设性批评对领导下属交换的影响机制研究——避免公开批评的视角.《管理科学》，27，65-76.

胡争光，贾兴洪（2021）.《战略管理》.西安：西安交通大学出版社.

黄恩华，梅国平（2021）.《课程思政教学案例集》.第 4 辑.南昌：江西人民出版社.

黄建春（2017）.《管理学》.重庆：重庆大学出版社.

季辉（2017）.《管理学》.重庆：重庆大学出版社.

姜滨滨，匡海波（2015）.基于"效率—产出"的企业创新绩效评价——文献评述与概念框架.《科研管理》，36（3），71-78.

姜珂身，冯国忠（2012）.绩效反馈在绩效考核体系中的应用分析.《现代商贸工业》，10，81-82.

金延平（2022）.《薪酬管理》.沈阳：东北财经大学出版社.

康青（2015）.《管理沟通》.北京：中国人民大学出版社.

孔杰，程寨华（2004）.标杆管理理论述评.《东北财经大学学报》，2，3-7.

李华，任荣伟，蒋小鹏（2004）.360 度绩效评估法的运用及有效性分析.《现代管理科学》，8，33-34.

李佳怡（2022）.海底捞绩效考核指标的选择与探析.《中国商论》，9，115-117.

李敏（2015）.《绩效管理理论与实务》.上海：复旦大学出版社.

李楠，林依玲，时芸婷（2023）.数智化人力资源管理的理念内涵与实现路径.《山东工会论坛》，5，22-33.

李溪，郑馨，张建琦（2015）.绩效反馈模型的最新研究进展.《经济管理》，37（9），189-199.

林新奇（2015）.《绩效考核与绩效管理》.北京：清华大学出版社.

林新奇（2016）.《绩效管理》.第 2 版.北京：中国人民大学出版社.

刘得格，时勘，王永丽（2009）.人力资源管理实践与企业绩效关系研究述评.《首都经济贸易大学学报》，3，23-30.

刘善仕，刘辉健（2005）.人力资源管理系统与企业竞争战略匹配模式研究.《外国经济与管理》，8，41-46.

刘燕，曹会勇（2019）.《人力资源管理》.北京：北京理工大学出版社.

刘耀中（2007）.成功实施绩效管理的关键行为因素结构及其与组织承诺和组织绩效的相关研究.《心理科学》，（4），967-970.

陆奇岸，熊健（2020）."无界零售"下京东绩效考核制度的创新与升级.《边疆经济与文化》，8，69-73.

马蔡琛，赵笛（2022）．预算和绩效管理一体化的实践探索与改革方向．《经济与管理研究》，43（3），89-98．

马蔡琛，朱雯瑛（2024）．全成本预算绩效管理的改革实践与未来展望．《经济与管理研究》，45（2），87-97．

马国贤，任晓辉（2018）．全面实施绩效管理：理论、制度与顶层设计．《中国行政管理》，（4），13-18．

彭剑锋（2023）．新一代人工智能对组织与人力资源管理的影响与挑战．《中国人力资源开发》，7，8-14．

彭剑峰，张小峰，吴婷婷（2024）．《绩效管理十大方法》．北京：中国人民大学出版社．

钱品炜（2022）．绩效管理课程思政融合路径设计．《科教导刊》，19，126-128．

邱茜，朱泽琦（2023）．渐消的边界：电子绩效监控研究述评与展望．《外国经济与管理》，45（11），97-116．

邱伟年，张兴贵，王斌（2008）．绩效考核方法的介绍、评价及选择．《现代管理科学》，3，81-82．

任康磊（2021）．《绩效管理工具》．北京：人民邮电出版社．

任胜钢，张红宇，周志方，等（2022）．《高校经济管理专业课程思政教学设计与案例》．长沙：中南大学出版社．

邵一明，钱敏（2020）．《战略管理》．北京：中国人民大学出版社．

沈赤，张宏，陈均土，等（2020）．《课程思政经典案例（选编二）》．杭州：浙江大学出版社．

石瑞宝（2023）．《课程思政——理念、设计与实践》．南京：东南大学出版社．

宋昊，杜清玲（2007）．浅析绩效考核中的绩效反馈．《企业家天地下半月刊（理论版）》，3，55-56．

苏勇，罗殿军（2021）．《管理沟通》．上海：复旦大学出版社．

孙波（2018）．《绩效管理本源与趋势》．上海：复旦大学出版社．

孙宗虎（2014）．《关键绩效指标实操全案KPI的选择、监控和实施》．北京：化学工业出版社．

唐飞（2022）．《管理沟通》．沈阳：东北财经大学出版社．

田虹，杨絮飞（2012）．《管理学》．厦门：厦门大学出版社．

万涛，大月博司（2021）．科技创新团队基于价值链的创新绩效管理．《科技管理研究》，41（08），142-147．

王建和，王中伟（2020）．《阿里巴巴基本动作：管理者必须修炼的24个基本动作》．北京：中信出版集团．

王金平，张艳国（2021）．《课程思政案例选编》．南昌：江西人民出版社．

王玲（2021）．数智化背景下企业人力资源管理的创新发展研究．《江苏科技信息》，33，8-10．

王茂祥，卢锐（2014）．基于战略驱动的企业绩效分层管理模式研究．《中国管理科学》，22（S1），597-603．

王文京（2021）．数智技术驱动商业创新．《经理人》，12，12-14．

王雪新，张宝生（2019）．360度绩效反馈考核在企业实施过程中存在问题及对策．《商业经济》，2，24-27+90．

王英龙，曹茂永（2020）．《课程思政》．北京：清华大学出版社．

王咏梅（2015）.平衡计分卡在企业绩效管理中的应用分析.《会计之友》，2，67-71.

韦祎（2021）.《绩效管理实践与考核工具》.北京：人民邮电出版社.

温素彬，郭昱兵（2020）.关键绩效指标法：解读与应用案例.《会计之友》，19，148-153.

西楠，彭剑锋，曹毅，等（2020）.OKR是什么及为什么能提升团队绩效？——柔性导向绩效管理实践案例研究.《科学学与科学技术管理》，41（7），116-138.

萧鸣政（2017）.《绩效考评与管理方法》.北京：北京大学出版社.

谢瑜，杨成，景星维，等（2021）.《思政课程与课程思政融合的教学研究》.成都：西南交通大学出版社.

徐飞（2016）.《战略管理》.北京：中国人民大学出版社.

徐宏玲（2021）.《管理学课程思政案例集》.成都：西南财经大学出版社

徐笑君（2022）.创造让知识涌现的组织环境——以字节跳动为例.《清华管理评论》，12，87-95.

许一（2006）.目标管理理论述评.《外国经济与管理》，9，1-7+15.

杨杰，凌文辁，方俐洛（2000）.对绩效评价的若干基本问题的思考.《中国管理科学》，4，75-81.

杨长清（2021）.《华为高绩效管理PBC上下同欲、力出一孔》.北京：电子工业出版社.

杨臻黛（1999）.业绩衡量系统的一次革新——平衡记分卡.《外国经济与管理》，9，7-11.

叶畅东（2005）.关键绩效指标体系建立研究.《现代管理科学》，7，100-101.

易开刚（2005）.KPI考核：内涵、流程及对策探究.《技术经济》，1，48-49.

余传鹏，林春培，张振刚，等（2020）.专业化知识搜寻、管理创新与企业绩效：认知评价的调节作用.《管理世界》，36（1），146-166+240.

张飚，罗翠梅，田颖莉，等（2021）.中国传统文化融入绩效管理课程思政的路径研究.《河北北方学院学报（社会科学版）》，37（3），112-114.

张徽燕，李端凤，姚秦（2012）.中国情境下高绩效工作系统与企业绩效关系的元分析.《南开管理评论》，15（3），139-149.

张月强，路江涌（2023）.智能时代的人力资源管理"智效合一"转型.《清华管理评论》，（5），24-33.

张玉韩（2005）.面谈反馈在提升员工绩效考核质量中的作用.《中国卫生质量管理》，4，53+50.

张正堂（2005）.战略人力资源管理的理论模式.《南开管理评论》，5，50-56.

赵曙明，赵宜萱（2019）.《绩效考核与管理：理论、方法、工具、实务（微课版）》.第2版.北京：人民邮电出版社.

赵曙明，赵宜萱（2018）.《薪酬管理》.北京：人民邮电出版社.

赵轶（2023）.《人力资源管理》.第3版.北京：清华大学出版社.

赵志民（2015）.如何有效实施战略绩效管理体系.《企业管理》，3，98-100.

仲理峰，时勘（2002）.绩效管理的几个基本问题.《南开管理评论》，3，15-19.

周文杰（2023）.《工商管理类专业课程思政教学：模型、结构与设计》.北京：北京大学出版社.

周希林，陈媛（2012）.《人力资源管理》.武汉：华中科技大学出版社.

周政，王晨光，廖建桥，等（2019）.建设性批评和破坏性批评对反馈反应影响的实验研究.《人类工效学》, 25, 37-44.

宗爱东 (2022).《课程思政:一场深刻的改革》. 上海: 上海人民出版社.

[美] 保罗·R.尼文 & 本·拉莫尔特著, 况阳译. (2023).《OKR: 源于英特尔和谷歌的目标管理利器》. 北京: 机械工业出版社.

[美] 戴维·帕门特著; 侯君译. (2023).《关键绩效指标 KPI 的开发实施和应用》. 原书第 4 版. 北京: 机械工业出版社.

Adel, A. (2022). Future of industry 5.0 in society: Human-centric solutions, challenges and prospective research areas. *Journal of Cloud Computing*, 11 (1), 40.

Aguinis, H., Gottfredson, R., & Joo, H. (2012). Delivering effective performance feedback: The strengths-based approach. *Business Horizons*, 55 (2), 105-111.

Aguinis, H., Joo, H., & Gottfredson, R. K. (2012). Performance management universals: Think globally and act locally. *Ciber Special Issue: Business Ethics & Intellectual Property in The Global Marketplace*, 55 (4), 385-392.

Aguinis, H., Joo, H., & Gottfredson, R. K. (2011). Why we hate performance management—And why we should love it. *Business Horizons*, 54 (6), 503-507.

Alkhafaji, A. F. (2011). Strategic management: Formulation, implementation, and control in a dynamic environment. *Development and Learning in Organizations: An International Journal*, 25 (2).

Alvero, A. M., Bucklin, B. R., & Austin, J. (2001). An objective review of the effectiveness and essential characteristics of performance feedback in organizational settings (1985-1998). *Journal of Organizational Behavior Management*, 21 (1), 3-29.

Amundsen, S., & Martinsen, Ø. L. (2014). Empowering leadership: Construct clarification, conceptualization, and validation of a new scale. *Leadership Quarterly*, 25, 487-511.

Arnold, J. A., Arad, S., Rhoades, J. A., & Drasgow, F. (2000). The empowering leadership questionnaire: the construction and validation of a new scale for measuring leader behaviors. *Journal of Organizational Behavior*, 21, 249-269.

Atwater, L. E., & Brett, J. F. (2006). 360-degree feedback to leaders: Does it relate to changes in employee attitudes? *Group & Organization Management*, 31 (5), 578-600.

Barney, J. B. (1991). Firm resources and sustained competitive advantage. *Advances in Strategic Management*, 17 (1), 3-10.

Barrett, M. (1914). A comparison of the order of merit method and the method of paired comparisons. *Psychological Review*, 21, 278-294.

Bass, B. M., & Avolio, B. (1993). Transformational leadership and organizational culture. *International Journal of Public Administration*, 17, 541-554.

Bass, B. M., & Riggio, R. E. (2006). *Transformational Leadership*, 2nd ed. Lawrence Erlbaum Associates

Publishers.

Becker, B., & Gerhart, B. (1996). The impact of human resource management on organizational performance: Progress and prospects. *The Academy of Management Journal*, 39 (4), 779-801.

Beer, Michael. (1997). Conducting a performance appraisal interview. *Harvard Business School*, 497-058.

Bracken, D. W., & Rose, D. S. (2011). When does 360-degree feedback create behavior change? And how would we know it when it does? *Journal of Business and Psychology*, 26 (2), 183-192.

Broomfield, B., Starbucks, Walmart, & AstraZeneca. (2024). All using AI to monitor employee messaging. https://www.hrgrapevine.com/us/content/article/2024-02-12.

Cappelli, P., & Tavis, A. (2016). The performance management revolution. *Harvard Business Review*, 94, 58-67.

Cheong, M., Yammarino, F. J., Dionne, S. D., et al. (2019). A review of the effectiveness of empowering leadership. *The Leadership Quarterly*, 30 (1), 34-58.

Cho, W., Choi, S., & Choi, H. (2023). Human resources analytics for public personnel management: Concepts, cases, and caveats. *Administrative Sciences*, 13 (2).

Church, A. H. (2000). Do higher performing managers actually receive better ratings? A validation of multirater assessment methodology. *Consulting Psychology Journal: Practice and Research*, 52 (2), 99-116.

Cleveland, J., Murphy, K., & Williams, R. (1989). Multiple uses of performance appraisal. *Journal of Applied Psychology*, 74, 130-135.

Conway, J., Lombardo, K., & Sanders, K. (2001). A meta-analysis of incremental validity and nomological networks for subordinate and peer rating. *Human Performance*, 14, 267-303.

Costabile, K. A., & Klein, S. B. (2005). Finishing strong: Recency effects in juror judgments. *Basic and Applied Social Psychology*, 27, 47-58.

Den Hartog, D. N., & De Hoogh, A. H. B. (2009). Empowering behaviour and leader fairness and integrity: Studying perceptions of ethical leader behaviour from a levels-of-analysis perspective. *European Journal of Work and Organizational Psychology*, 18 (2), 199-230.

DeNisi, A., & Kluger, A. N. (2000). Feedback effectiveness: Can 360-degree appraisals be improved? *The Academy of Management Executive* (1993-2005), 14 (1), 129-139.

DeNisi, A., & Murphy, K. (2017). Performance appraisal and performance management: 100 years of Progress? *Journal of Applied Psychology*, 102 (3), 421-433.

Denisi, A., & Pritchard, R. D. (2006). Performance appraisal, performance management and improving individual performance: A motivational framework. *Management and Organization Review*, 2, 253-277.

Dennerlein, T., & Kirkman, B. L. (2022). The hidden dark side of empowering leadership: The moderating role of hindrance stressors in explaining when empowering employees can promote moral disengagement and unethical pro-organizational behavior. *The Journal of applied psychology*.

Devanna, M. A., Fombrun, C., & Tichy, N. (1981). Human resources management: A strategic perspective. *Organizational Dynamics*, 9 (3), 51-67.

Dirican, C. (2015). The impacts of robotics, artificial intelligence on business and economics. *World Conference on Technology, Innovation and Entrepreneurship*, 195, 564-573.

Duncan, M., & Murdock, B. (2000). Recognition and recall with precuing and postcuing. *Journal of Memory and Language*, 42 (3), 301-313.

Echeverria, F., & Wilder, D. A. (2023). The performance diagnostic checklist and its variants: A systematic review. *Journal of Organizational Behavior Management*, 1-20.

Eva, N., Robin, M., Sendjaya, S., et al. (2019). Servant leadership: A systematic review and call for future research. *The Leadership Quarterly*, 30 (1), 111-132.

Faraj, S., & Sambamurthy, V. (2006). Leadership of information systems development projects. *IEEE Transactions on Engineering Management*, 53 (2), 238-249.

Ferreira, A., & Otley, D. (2009). The design and use of performance management systems: An extended framework for analysis. *Management Accounting Research*, 20 (4), 263-282.

Fong, C. J., Schallert, D. L., Williams, K. M., et al. (2018). When feedback signals failure but offers hope for improvement: A process model of constructive criticism. *Thinking Skills and Creativity*, 30, 42-53.

García-Carbonell, N., Martín-Alcázar, F., & Sánchez-Gardey, G. (2014). Understanding the HRM-performance link: A literature review on the HRM strategy formulation process. *International Journal of Business Administration*, 5, 71-81.

Garg, S., Sinha, S., Kar, A., et al. (2022). A review of machine learning applications in human resource management. *International Journal of Productivity and Performance Management*, 71 (5), 1590-1610.

Gravina, N., & Siers, B. (2011). Square pegs and round holes: Ruminations on the relationship between performance appraisal and performance management. *Journal of Organizational Behavior Management*, 31 (4), 277-287.

Greene, A. (2000). Primacy versus recency in a quantitative model: Activity is the critical distinction. *Learning & Memory*, 7, 48-57.

Haan, M., Dijkstra, S., & Dijkstra, P. (2005). Expert judgment versus public opinion-evidence from the eurovision song contest. *Journal of Cultural Economics*, 29, 59-78.

Hersey, & Blanchard. (1982). *Management of organizational behavior: Utilizing human resources/-4th ed*.

Hirt, M. J. K. (2016). Path-goal theory of leadership. In A. Farazmand (Ed.), *Global Encyclopedia of Public Administration, Public Policy, and Governance* (pp. 1-6). Springer International Publishing.

House, R. J. (1971). A path-goal theory of leader effectiveness. *Administrative Science Quarterly*, 16, 321-338.

House, R. J. (1996). Path-goal theory of leadership: Lessons, legacy, and a reformulated theory. *Leadership*

Quarterly, 7, 323-352.

Huselid, M. A., Jackson, S. E., & Schuler, R. S. (1997). Technical and strategic human resource management effectiveness as determinants of firm performance. *Academy of Management Journal*, 40 (1), 171-188.

Ivancevich, J. M. (1983). Contrast effects in performance evaluation and reward practices. *Academy of Management Journal*, 26 (3), 465-476.

Javidmehr, M., & Ebrahimpour, M. (2015). Performance appraisal bias and errors: The influences and consequences. *International Journal of Organizational Leadership*, 4, 286-302.

Jiang, K., Takeuchi, R., & Lepak, D. P. (2013). Where do we go from here? New perspectives on the black box in strategic human resource management research. *Journal of Management Studies*, 50 (8), 1448-1480.

Kaplan, R., & Norton, D. (2000). Having trouble with your strategy? Then map it. *Harvard business review*, 78, 167-176, 202.

Kaplan, R., & Norton, D. P. (1996). Using the balanced scorecard asa strategic management system. *Harvard Business Review*, 74.

Kaplan, R., & Norton, D. (1992). The balanced scorecard: Measures that drive performance. *Harvard Business Review*, 70 (1), 71-79.

Kaplan, R. S., & Norton, D. P. (2004). How strategy maps frame an organization's objectives. *Financial Executive*, 20 (2), 40-45.

Kay, E., & Meyer, H. H. (1965). Effects of threat in a performance appraisal interview. *Journal of Applied Psychology*, 49 (5), 311-317.

Kim, M., Beehr, T. A., & Prewett, M. S. (2018). Employee responses to empowering leadership: A meta-analysis. *Journal of Leadership & Organizational Studies*, 25 (3), 257-276.

Kirkpatrick, D. L. & Kirkpatrick, J. D. (2006). *Evaluating training programs: The four levels.* 3rd edition. Oakland, CA: Berrett-Koehler Publishers.

Kiron, D., & Spindel, B. (2020). Rebooting Work for a Digital Era: How IBM Reimagined Talent and Performance Management. In (pp. 157-172).

Kline, T., & Sulsky, L. (2009). Measurement and assessment issues in performance appraisal. *Canadian Psychology-Psychologie Canadienne*, 50 (3), 161-171.

Konczak, L. J., Stelly, D. J., & Trusty, M. L. (2000). Defining and measuring empowering leader behaviors: Development of an upward feedback instrument. *Educational and Psychological Measurement*, 60 (2), 301-313.

Lee, A., Willis, S., & Tian, A. W. (2018). Empowering leadership: A meta-analytic examination of incremental contribution, mediation, and moderation. *Journal of Organizational Behavior*, 39 (3), 306-325.

Levy, P. E., & Williams, J. R. (2004). The social context of performance appraisal: A review and framework for the future. *Journal of Management*, 30 (6), 881-905.

Lipe, M., & Salterio, S. (2000). The balanced scorecard: Judgmental effects of common and unique performance measures. *Accounting Review*, 75, 283-298.

Li, X., Zhang, T. (2017). An exploration on artificial intelligence application: From security, privacy and ethic perspective. *2017 IEEE 2nd International Conference on Cloud Computing and Big Data Analysis (ICCCBDA)*, 416-420.

Locke, E. A., & Latham, G. P. (2002). Building a practically useful theory of goal setting and task motivation. A 35-year odyssey. *The American psychologist*, 57 (9), 705-717.

Locke, E. A., & Latham, G. P. (2006). New directions in goal-setting theory. *Current Directions in Psychological Science*, 15 (5), 265-268.

Luo, X., Qin, M. S., Fang, Z., & Qu, Z. (2020). Artificial intelligence coaches for sales agents: Caveats and solutions. *Journal of Marketing*, 85, 14-32.

McCarthy, A. M., & Garavan, T. N. (2001). 360-degree feedback process: Performance, improvement and employee career development. *Journal of European Industrial Training*, 25 (1), 5-32.

Nishant, R., Kennedy, M., & Corbett, J. (2020). Artificial intelligence for sustainability: Challenges, opportunities, and a research agenda. *International Journal of Information Management*, 53.

Nkomo, S. M. (1980). Stage three in personnel administration: Strategic human resources management. *Personnel*, 57 (4), 69-77.

Otley, D. (1999). Performance management: A framework for management control systems research. *Management Accounting Research*, 10 (4), 363-382.

Page, L., & Page, K. (2010). Last shall be first: A field study of biases in sequential performance evaluation on the Idol series. *Journal of Economic Behavior & Organization*, 73 (2), 186-198.

Palmer, J., & Gore, J. (2014). A theory of contrast effects in performance appraisal and social cognitive judgments. *Psychological Studies*, 59, 323-336.

Parent-Rocheleau, X., & Parker, S. (2022). Algorithms as work designers: How algorithmic management influences the design of jobs. *Human Resource Management Review*, 32 (3).

Patterson, K. (2003). Servant leadership: A theoretical model. *Dissertation Abstracts International*, 64.

Pearce, C. L., & Sims Jr, H. P. (2002). Vertical versus shared leadership as predictors of the effectiveness of change management teams: An examination of aversive, directive, transactional, transformational, and empowering leader behaviors. *Group Dynamics: Theory, Research, and Practice*, 6 (2), 172-197.

Peiperl, M. (2001). Getting 360-degree feedback right. *Harvard Business Review*.

Phillips, J., Shafer, J., Ross, K., et al. (2006). Behaviorally Anchored Rating Scales for the Assessment of Tactical Thinking Mental Models. 67.

Rodgers, R. C., & Hunter, J. E. (1992). A foundation of good management practice in government: Management by objectives. *Public Administration Review*, 52 (1), 27-39.

Rodgers, R. C., & Hunter, J. E. (1991). Impact of management by objectives on organizational productivity. *Journal of Applied Psychology*, 76 (2), 322-336.

Sahlin, J., & Angelis, J. (2019). Performance management systems: Reviewing the rise of dynamics and digitalization. *Cogent Business & Management*, 6 (1).

Schweitzer, K., & Nunez, N. (2021). The effect of evidence order on jurors' verdicts: Primacy and recency effects with strongly and weakly probative evidence. *Applied Cognitive Psychology*, 35.

Spears, L. C., & Lawrence, M. (2002). Focus on leadership: servant-leadership for the twenty-first century.

Spence, J., & Keeping, L. (2011). Conscious rating distortion in performance appraisal: A review, commentary, and proposed framework for research. *Human Resource Management Review*, 21 (2), 85-95.

Stringer, C. (2007). Empirical performance management research: Observations from AOS and MAR. *Qualitative Research in Accounting & Management*, 4, 92-114.

Tang, P., Koopman, J., Yam, K. C., Cremer, D. D., Zhang, J. H., & Reynders, P. (2022). The self-regulatory consequences of dependence on intelligent machines at work: Evidence from field and experimental studies. *Human Resource Management*.

Tong, S., Jia, N., Luo, X., & Fang, Z. (2021). The janus face of artificial intelligence feedback: Deployment versus disclosure effects on employee performance. *Strategic Management Journal*, 42.

Varma, A., Pereira, V., & Patel, P. (2024). Artificial intelligence and performance management. *Organizational Dynamics*, 53 (1).

Vecchio, R. P., Justin, J. E., & Pearce, C. L. (2010). Empowering leadership: An examination of mediating mechanisms within a hierarchical structure. *The Leadership Quarterly*, 21 (3), 530-542.

Zenger J, Folkman J. (2014). Your employees want the negative feedback you hate to give. *Harvard Business Review*.

Zhang, X., & Bartol, K. M. (2010). Linking empowering leadership and employee creativity: The influence of psychological empowerment, intrinsic motivation, and creative process engagement. *The Academy of Management Journal*, 53 (1), 107-128.

Zimmermann, A., Schmidt, R., Jugel, D., & Moehring, M. (2020). *Evolution of Enterprise Architecture for Intelligent Digital Systems* (F. Dalpiaz, J. Zdravkovic, & P. Loucopoulos, Edited; 385, 145-153).